株主代表訴訟の終了制度

顧　丹丹著

成文堂

はしがき

　本書は株主代表訴訟の健全な利用を促進・確保するために必要となる終了制度のあり方について考察することを目的として、特に株主代表訴訟の終了をめぐる日米の法規制においてみられる、形式・内容および機能上の収斂と差異に注目し、現行会社法における株主代表訴訟の終了制度にある問題点を再整理し、可能な対策を検討したものである。

　株主代表訴訟制度への興味関心は、10年ほど前、私が修士課程の院生として上海外国語大学大学院に在学している時期から始まる。2005年の法改正により中国の会社法に株主代表訴訟制度が導入されたことをきっかけに、当該制度の果たしうる機能とその制度設計のあり方に疑問を抱くようになった。しかし、中国の会社法は株主代表訴訟を提起するために原告が満たすべき持株要件、事前の提訴請求手続きおよび訴訟の原因となりうる事由を定めた（2005年改正中国会社法152条、2013年改正中国会社法151条）にすぎず、当該制度に関する細則が存在しないのみならず、実務では株主代表訴訟が稀にしか提起されなかったため、その運用の実態を把握するには裁判実務の蓄積を待たなければならなかったことから、上記の疑問に対する答えを探るため日本法および米国法に目を向けた。研究を進めるにつれて、この抽象的な問題意識はさらに次のような具体的なものに変わった。すなわち、同じく単独株主権として株主代表訴訟を提起する権利を広く認めた日本と米国では、株主代表訴訟の担うべき役割およびコーポレート・ガバナンス・システムにおける位置付けが同様に理解できるか。また、株主代表訴訟が容易に提起できるがゆえに、濫用的あるいは不適切な訴訟を防ぎ、健全な利用を促進・確保するための法規制がより重要になってくると考えられるが、この点において日本および米国で採用された制度設計が異ならないか、機能的に同価値のものといえるか。

　これらの問題意識に基づき、総論的な検討として、日米における株主代表訴訟制度の沿革および利用の実態を踏まえて、両国において当該制度が果たしている機能およびその位置付けを検討してみた。そのうえで、より具体的に、終局判決に至る前の株主代表訴訟の終了に注目し、提訴、係属および和解の各段階におい

て、健全な「終了」を確保するために日米で用いられている法規制にみられる類似点と差異を分析することで、それと関連して現行会社法にある問題点をより明確にするとともに、可能な対策を検討してみた。

これらの検討により得られた一応の成果をまとめた本書は、私が2013年9月に首都大学東京に提出した博士学位論文に、その後の学説・判例の発展および会社法改正の動向を踏まえて、論旨がより明確に伝わるよう、大幅な加筆・修正を加えたものである。なお、この博士学位論文は、新たに書き下ろした第1章と終章を除き、それまでに独立した論文として首都大学東京法学会雑誌にて公刊したものに加筆・修正を施したものであるが、その基本的な考え方は執筆当初から変わっていない。本書の初出一覧は、以下のとおりである。

第2章　株主代表訴訟の機能と位置づけ
「株主代表訴訟制度の機能と位置づけ—株主代表訴訟制度に関する研究の序説」
　　法学会雑誌51巻1号141頁（2010年）
第3章　株主代表訴訟の法構造と提訴段階における会社の裁量
「代表訴訟の対象となる取締役の責任の範囲と提訴段階における会社の裁量」
　　法学会雑誌52巻2号275頁（2012年）
第4章　株主代表訴訟の提訴段階における濫用的訴訟と不適切な訴訟
「代表訴訟の提訴段階における濫用的訴訟と不適切な訴訟」
　　法学会雑誌53巻1号261頁（2012年）
第5章　組織再編後の株主代表訴訟の帰すう
「組織再編後の株主代表訴訟と二（多）重代表訴訟」
　　法学会雑誌53巻2号151頁（2013年）
第6章　株主代表訴訟の和解と裁判所の役割
「株主代表訴訟の和解と裁判所の役割（上）（下）」
　　法学会雑誌54巻1号475頁（2013年）、54巻2号235頁（2014年）

本書の内容は甚だ不十分なものであるが、このような形でこれまでの研究の結果を公表することができたのは、多くの先生方から賜ったご指導によるものである。

本書の刊行の機会に、特に大学院時代からの恩師である元首都大学東京教授、

現法政大学教授の潘阿憲先生および元上海外国語大学教授の王萍先生に、心から感謝を捧げたい。潘先生には、2008年に文部科学省国費外国人留学生として来日して以来、博士後期課程から今日に至るまで、常に温かいご指導をいただいている。浅学非才の私が曲がりなりにも研究者の道を歩み始めることができたのは、潘先生のお陰である。また、王先生は私の修士課程の指導教官であり、留学および博士後期課程への進学を後押し、私を研究の道まで導いてくださった方である。両先生の学恩に報いるためにも、今後より一層の研鑽を積んでいく所存である。

さらに、首都大学東京法学系商法分野の尾崎悠一先生および矢崎淳司先生には、大学院のゼミ等においてご指導いただいたのみならず、学位論文の執筆時または審査時に貴重なご意見を賜った。この機会に両先生に改めて感謝を申し上げたい。また，分野は異なるものの、首都大学東京法学系の先生方には、大学院時代から今日に至るまで、公私にわたって大変お世話になっている。心からお礼の言葉を申し上げる。

本書の刊行にあたっては、株式会社成文堂編集部の篠崎雄彦氏に多大なご尽力をいただいた。ここに厚くお礼を申し上げたい。

最後に私事ではあるが、遠く離れて暮らしている私のことを心配しながら、応援してくれている両親と兄弟の皆さん、およびいつも温かく励ましてくれている夫・健司にも感謝を伝えたい。

2018年1月

顧　丹　丹

目　次　*v*

目　次

はしがき

第1章　序　論

第1節　研究の視点・手法 …………………………………………………… *2*

1　コーポレート・ガバナンスにおける収斂と多様化　(*2*)

2　株主代表訴訟制度における収斂と多様化　(*10*)

3　収斂と多様化を論ずる意義　(*14*)

第2節　株主代表訴訟の終了制度を論ずる意義……………………… *16*

第3節　本書の構成………………………………………………………… *18*

第2章　株主代表訴訟の機能と位置づけ

第1節　問題の所在………………………………………………………… *21*

第2節　米国における株主代表訴訟制度の機能と位置づけ ………… *23*

1　成立過程および制度内容における特色　(*23*)

2　米国における株主代表訴訟制度の機能に関する実証研究　(*27*)

3　米国における株主代表訴訟制度の機能および位置づけ　(*33*)

第3節　日本における株主代表訴訟制度の機能と位置づけ ………… *36*

1　株主代表訴訟制度の導入およびその改正　(*36*)

2　日本における株主代表訴訟制度の機能に関する実証研究　(*49*)

3　日本における株主代表訴訟制度の機能および位置づけ　(*51*)

第4節　小　括……………………………………………………………… *55*

vi　目　次

第3章　株主代表訴訟の法構造と提訴段階における会社の裁量

第1節　問題の所在………………………………………………………… *61*

第2節　日米の比較からみた日本の株主代表訴訟の特殊性 …………… *62*
- 1　米国における株主代表訴訟の法構造および提訴段階の手続　*(62)*
- 2　日本における株主代表訴訟の法構造および提訴段階の手続　*(70)*
- 3　まとめ　*(79)*

第3節　学説および下級審判決からみた「取締役の責任の範囲」…… *80*
- 1　学　説　*(80)*
- 2　裁判例　*(83)*

第4節　最高裁判決に基づく「取締役の責任の範囲」に対する理解
……………………………………………………………………… *86*
- 1　最高裁判決の射程範囲に関する学説の見解　*(86)*
- 2　「取締役の地位に基づく責任」について　*(88)*
- 3　「取締役の会社に対する取引債務についての責任」について　*(89)*
- 4　最高裁判決の残す問題点　*(91)*

第5節　提訴段階における会社の裁量について…………………………… *94*
- 1　会社の裁量を認める必要性　*(94)*
- 2　現行法の問題点　*(97)*

第6節　小　括…………………………………………………………… *99*

第4章　株主代表訴訟の提訴段階における濫用的訴訟と不適切な訴訟

第1節　問題の所在………………………………………………………… *101*

第2節　訴訟提起の段階において制限すべき訴訟の類型 ……………… *101*

第3節　提訴段階における濫用的訴訟に対する法的規制 ……………… *105*
- 1　米国における strike suits に対する法的規制　*(105)*
- 2　日本法における濫用的訴訟に対する法的規制　*(114)*
- 3　まとめ　*(122)*

目　次　*vii*

第4節　提訴段階における不適切な訴訟に対する法的規制 ……………… *125*

　　1　米国法におけるデマンドの制度と不適切な訴訟の防止　*(125)*

　　2　日本法における提訴請求制度およびその問題点　*(140)*

第5節　不適切な訴訟に対する法的規制についての若干の検討 ……… *142*

　　1　学説の状況　*(142)*

　　2　不適切な訴訟提起の対応策のあり方について　*(144)*

第6節　小　括 ……………………………………………………………… *150*

第5章　組織再編後の株主代表訴訟の帰すう

第1節　問題の所在……………………………………………………………… *151*

第2節　米国判例法におけるルールの形成 ………………………………… *153*

　　1　合併・株式交換等組織再編後の株主代表訴訟の帰すうについて　*(153)*

　　2　組織再編後の株主代表訴訟と多重代表訴訟　*(162)*

第3節　会社法851条の制定およびその問題点 …………………………… *171*

　　1　会社法851条の立法経緯と制度趣旨　*(171)*

　　2　会社法851条の適用要件に関する問題点　*(177)*

　　3　まとめ　*(183)*

第4節　2つの問題点についての検討 ……………………………………… *184*

　　1　株式交換・株式移転後の株主代表訴訟と平成26年会社法改正　*(184)*

　　2　訴訟係属中に株式交換等が行なわれる場合における原告適格の維持の問題　*(188)*

　　3　株式交換等の後に訴訟が提起される場合における原告適格の問題　*(190)*

第5節　小　括 ……………………………………………………………… *192*

第6章　株主代表訴訟の和解と裁判所の役割

第1節　問題の所在……………………………………………………………… *195*

第2節　米国における株主代表訴訟の和解に関する規律 ……………… *197*

　　1　株主代表訴訟の和解を規律する必要性　*(197)*

　　2　制定法・裁判所規則における株主代表訴訟の和解に関する規定　*(204)*

　　3　判例法からみた裁判所の承認の要件　*(208)*

　　4　まとめ　*(220)*

viii　目　次

第3節　日本における株主代表訴訟の和解制度およびその問題点 ……　*221*
　　　1　会社法制定前の問題状況および法改正　（*221*）
　　　2　会社法上の株主代表訴訟の和解制度における問題点　（*226*）

第4節　公正かつ合理的な和解を確保するための対策 ……………………　*236*

第5節　小　括………………………………………………………………　*240*

終わりに………………………………………………………………………　*243*

　事項索引　………………………………………………………………　*249*

　判例索引　………………………………………………………………　*252*

第1章　序　論

　本書は株主代表訴訟の健全な利用を促進・確保するために必要となる終了制度のあり方を模索することを研究の目的として、20世紀末から21世紀初頭にかけて比較会社法の分野において盛んに行われたコーポレート・ガバナンスをめぐるルールの収斂（convergence：コンバージェンス）と多様化（divergence：ダイバージェンス）に関する議論を概観したうえで、日米の株主代表訴訟制度においてみられる法的ルールの形式・内容上の差異およびその機能上の収斂に注目し、とりわけ現行会社法における株主代表訴訟の終了制度にある問題点を再整理し、比較法的観点からその可能な対策を検討したものである。

　本書における検討は次のような基本的な問題意識を出発点とする。

　第一の問題意識は、日米をはじめとする多くの国・法域でみられる株主代表訴訟制度に関する1つの収斂として、株主代表訴訟の一般的な有用性、すなわち株主代表訴訟を可能にすることで株主による会社経営への介入と取締役等の経営上の裁量権とのバランス（株主と取締役等との緊張関係）を望ましい状態に保つことが認められるが、日本および米国においてはこの一般的な有用性の具体化、すなわち株主代表訴訟の果たしている（すべき）具体的な機能が異ならないか、またそれと関連して、両国のコーポレート・ガバナンス・システムにある差異により、その構成要素の1つである株主代表訴訟制度の位置づけが変わってくるかという点にある。第二の問題意識は、株主代表訴訟制度の具体的な制度設計、とりわけ株主代表訴訟の終了制度に関しては、日米においてより具体的に如何なる収斂と多様化がみられるか、そこから日本法にある問題点の解決のために如何なる示唆が得られるかという点である。

　具体的な検討に入る前に、まず本書の研究の視点・手法をより具体的に説明したうえで、研究の対象となる株主代表訴訟の終了制度を論ずる意義ならびに本書の構成を示しておきたい。

第1節　研究の視点・手法

1　コーポレート・ガバナンスにおける収斂と多様化

　20世紀末から21世紀初頭までのおよそ10年の間に、世界規模においてコーポレート・ガバナンスをめぐるルールの収斂（コンバージェンス）が生じているか否かに関する議論は比較会社法の分野において、特に英米で盛んに行われていた[1]。

　かかる収斂を強く主張する Hansmann & Kraakman によれば、社会経済の効率性および企業の国際的競争力を追求した結果、19世紀末から21世紀の初めにかけてとりわけ先進国（developed economies／leading jurisdictions）においては株式会社をめぐる法的規範の収斂が急速に進んできた[2]。具体的には、①株式会社組織の中心的な特徴および標準的な株主主権型のコーポレート・ガバナンス・モデル（the standard shareholder-oriented model）[3]への収斂——いわゆるイデオロギーの収斂のほかに、②取締役会の規模の縮小、独立（社外）取締役の増加、役員報酬と株式価値との連動性の強化、取締役会と機関投資家とのコミュニケーションの強化等をはじめとするコーポレート・ガバナンスの実態に関する収斂、ならびに③取締役会の構造、証券法と会計基準、株主訴訟、買収（takeover）および裁判所の裁量（judicial discretion）に関する法的ルールの収斂[4]が挙げられる。この見解は、株式会社から他の利害関係者と共通しない私的便益（the private value）を享受している支配株主および経営者が既得の権益を保持するためにコーポレート・

1　日本においては、コーポレート・ガバナンスの収斂（コンバージェンス）に関する議論が少ないようではあるが、加藤貴仁「コーポレート・ガバナンスをめぐるルールのコンバージェンス——独立取締役の導入と証券取引所の役割を題材として——」ソフトロー研究18号（2011）55頁以下、およびそれに対するコメントである藤田友敬「コーポレート・ガバナンスをめぐるルールのコンバージェンス：加藤報告に対するコメント」ソフトロー研究18号（2011）85頁以下がある。

2　Henry Hansmann & Reinier Kraakman, *The End of Corporate Law*, JEFFREY N. GORDON & MARK J. ROE ed., CONVERGENCE AND PERSISTENCE IN CORPORATE GOVERNANCE (Cambridge, 2004), at 35, 45~48.

3　Hansmann & Kraakman は、具体的に以下の5つの性質を有する会社組織を「標準的な株主主権型のコーポレート・ガバナンス・モデル」という。①株主による会社の終局的支配（ultimate control）、②会社経営者が株主の利益のために会社を経営する責任を負うこと、③会社の債権者、従業員、サプライヤーおよび顧客等の利害関係者の利益はコーポレート・ガバナンスへの参加ではなく契約および法によって保護されること、④非支配株主は支配株主による搾取から保護されること、⑤公開会社の株主の利益を測定する主要な手段は株式の市場価値であることである。*Id.* at 35.

4　*Id.* at 51~55.

ガバナンスの収斂の流れに抵抗する可能性があること、多様化（ダイバージェンス）が必ずしも非効率性を意味しないことおよび非効率的な収斂もありうることといった世界規模の収斂の進行を阻害する要素を認識しながらも、コーポレート・ガバナンスの効率性を高めようとする社会経済構造の内部に由来する圧力および製品市場・資本市場のグローバル化の進展により厳しさを増す国際競争から由来する外部の圧力を受けている中で、株主主権型のコーポレート・ガバナンス・モデルが主要な法域で共通するコンセンサスとして受け入れられるにつれて、コーポレート・ガバナンスの世界的収斂はさらに進むだろうと予測する[5]。

　それに対し、各国のコーポレート・ガバナンスをめぐる法的ルールはその国の経済・政治状況または歴史的な偶然により、多種多様な形態に形成されており、各国におけるコーポレート・ガバナンス・システムは制度発展の経路依存性（path dependency）——すなわち各国が現在有しているコーポレート・ガバナンス・システムは過去のそれに依存するという性質——により、ある特定の形へ収斂するのではなく、むしろ既存の多様性を維持し続ける傾向にあるという反論がある[6]。

　Bebchuk & Roe によれば、コーポレート・ガバナンスは株式所有の構造および株式会社をめぐる法的ルールの双方から影響を受けており、ある時点における一国の支配的な株式所有の構造および株式会社をめぐる法的ルールは前の時点の構造およびルールに依存するため、コーポレート・ガバナンスの収斂は容易に発生しない。Bebchuk & Roe はこのような依存現象をそれぞれ構造の経路依存（structure-driven path dependence）およびルールの経路依存（rule-driven path dependence）と呼ぶ[7]。

　前者の構造の経路依存については、次の2つの理由によるという。第一は、会社が常に効率的な株式所有の構造を選択することを前提としても、既存の株式所有の構造を変えることにより発生する調整コスト、制度間の補完性の毀損、ならびに支配的な株式所有の構造を選択することにより得られるネットワークの外部

5　*Id.* at 55~68.

6　Lucian Arye Bebchuk & Mark J. Roe, *A Theory of Path Dependence in Corporate Ownership and Governance*, JEFFREY N. GORDON & MARK J. ROE ed., CONVERGENCE AND PERSISTENCE IN CORPORATE GOVERNANCE (Cambridge, 2004), at 69. For an earlier version of this paper, *see* 52 *Stanford Law Review* 127 (1999).

7　*Id.* at 73~78.

4 第1章 序論

性、現状維持バイアスや複数の最適解の存在等により、ある時点においてある会社にとって効率的な株式所有の構造は当該会社および当該会社と同じ環境にある他の会社の前の時点の株式所有の構造に依存するからである[8]。第二は、ある会社の既存の株式所有の構造が非効率的であっても、当該構造内部におけるレント・シーキング（rent seeking）により、既存の構造は原状を維持する力（persistence power）を有するからである。なぜなら、新しい構造へ移行することにより全体的により高い効率が得られるとしても、既存の株式所有の構造のもとでほかと共通しない私的便益（private benefit）を享受する者（例えば、株式集中所有の構造における支配株主の支配的利益、または株式分散所有の構造における経営者による会社の支配）は、当該変化によりこの私的便益の一部または全部を失うことになるなら、新しい構造への移行に協力しないからである。その結果、効率的に劣後しても、既存の株式所有の構造は維持される[9]。もっとも、理論的には他の利害関係

8　Bebchuk & Roe はこの点を次のように説明する。①会社においては、既存の株式所有の構造（例えば、株式分散所有の構造）に適応するために、特定の体制（例えば、経営者のインセンティブ報酬スキームの利用や独立取締役の任用等）が整備されており、仮により効率のよい株式所有の構造があるとしても、この新しい構造に適応するために新たな体制の構築が必要であり、会社にとってこのような調整はサンクコスト（sunk adaptive costs）となるため、新しい株式所有の構造に必ずしも移行しない。②一国の制度、実務および技術はこの国の会社の株式所有の構造がうまく機能するようにあわせて発展してきたものであり、このような補完性（complementarities）は初期の株式所有の構造を持続させる。③ある国における支配的な会社所有の構造（例えば、株式集中所有の構造または株式分散所有の構造）を選択することによって、会社はネットワークの外部性（network externalities）を享受できるため、他の会社と同様の株式所有の構造を選択することが合理的である。④利害関係者は既存の支配構造のもとで有する地位と影響力（power）を高く評価し、現状を維持したい心理が働くため、いわゆる授かり効果（endowment effects）により初期の株式所有の構造が維持される。⑤異なる株式所有の構造であっても、それぞれ利点と欠点を有し、効用的には会社にとって同等の価値を有するため、すなわち複数の最適解（multiple optima）がありうるため、他の構造へ転換するためのコストを考慮すると、現状を維持したほうがより効率的であって合理的である。これらの要因が働く結果、初期に形成した会社の株式所有の構造はその国の後の株式所有の構造のパターンを決定する。*Id.* at 79~82.

9　もっとも、Bebchuk & Roe は新しい構造への移行が全く不可能ではないという。私的便益の享受者は当該移行により失う私的便益を超えるほどの利益を得られるときは、新しい構造への移行に協力すると考えられる。ただし、この条件が満たされない限り、私的便益の享受者から協力を得られないため、既存の構造を新しい構造へ変えるのは困難である。*Id.* at 87.
　　Bebchuk & Roe は株式集中所有の構造のもとにある支配株主を例として挙げた。それを要約して説明する。支配株主 C の株式所有割合は k、集中所有の構造のもとで会社の価値は V、支配株主 C が享受している私的便益は B であるとする。集中所有の構造における支配株主 C の利益状況は、少数株主と共通しない特殊利益（B）および残りの企業価値のうちその保有割合に応じて享受する分の合計であり、$(V-B)k+B$ である。仮に、支配株主 C が所有の株式を売却し、支配株が存在しない状態すなわち株式分散所有の構造になれば、会社の価値は V から $V+\Delta V$ へ増加するとする。そうすると、支配株主 C はこの構造の移行に協力すれば、支配株式を売却する対価

者と共通しないこのような私的便益を消滅させれば、新しい株式所有構造への移行に対してこれらの利害関係者が抵抗するインセンティブがなくなり、既存の構造は必ずしも維持されないと考えられる[10]。しかし、現実的には、一部の利害関係者しか享受できない私的便益を完全に消滅させることはほぼ不可能である[11]。

　また、前の時点の株式所有の構造は、後の株式所有の構造のみならず、後の株式所有の構造のもとで選択される株式会社をめぐる法的ルールにも影響を与えるため、法的ルールの経路依存も発生しているとされる。Bebchuk & Roe はその理由を次のように説明する。まず、国を超えて共通する法の一般原則が存在しても、それらの原則を具体化するために採用される法的ルールは国によって異なる。仮にこれらの法的ルールはもっぱら効率性を基準として選択されるとしても、ある時点において、法的ルールの変更による調整コストおよび複数の最適解の存在を考慮したうえで選択される効率的な法的ルールは、前の時点の株式所有の構造および前の時点に選択された法的ルールに依存する[12]。それに、既存の株式所有の構造は立法過程において各利害関係者の有する影響力を決定するため、ある時点では特定の利害関係者（例えば、支配株主または会社経営を支配している経営者）が支配権を有していれば、立法過程におけるこれらの特定の利害関係者の影響力により、後の時点でも当該利害関係者の好む法的ルールが選ばれる可能性が高い[13]。その結果、後の法的ルールの選択は既存の法的ルールに依存する。

　さらに、最も効率的な株式所有の構造および法的ルールのあるべき姿は理論的にも、実証的にも明らかにされていないため、既存の法的ルールが非効率である

　　として$(V+\Delta V)k$の利益を得られる。しかし、支配株主Ｃの協力を得られる条件は、移行後のＣの利益状況が移行前の利益状況に劣らないことであろう。すなわち、$(V+\Delta V)k \geqq (V-B)k+B$でなければ、支配株主Ｃはこの移行に抵抗する。言い換えれば、$\Delta V \geqq [(1-k)/k]B$でない限り、支配株主Ｃから協力を得られないため、株式集中所有の構造からより効率的な分散所有の構造へ移行することは困難である。*Id.* at 82~87. *See also*, Lucian A. Bebchuk, *Efficient and Inefficient Sales of Corporate Control*, 109 Q. J. Econ, 957, 971（1994）.

10　前掲注（９）における例でいうと、支配株主が享受している私的便益Ｂはゼロであれば、移行による会社の価値の増加は負でなければ$(\Delta V \geqq 0)$、支配株主は移行に抵抗しないはずである。

11　Bebchuk & Roe, *supra* note（6）, at 88.

12　この点の説明は、前掲注（８）の株式所有の構造の持続についての説明と同様である。すなわち、新しいルールを採用した場合には、それに適応するために新たな調整（投資）が必要となるため、サンクコストが発生する。また、異なるルールであっても、機能的には同等の価値を有すること、すなわち複数の最適解あるいはゲーム理論の複数均衡がありうるため、新しいルールへ変更するためにかかるコストを考慮すると、現状を維持したほうがより効率的である。その結果、既存ルールを維持することは効率的かつ合理的な選択になる。*Id.* at 96~97.

13　*Id.* at 97~109.

6   第1章　序論

かを判断すること自体は困難であること、ある国の会社にとっての最適な株式所有の構造および法的ルールはその会社の置かれている（市場、文化、イデオロギーおよび政治）環境に依存するため、世界共通の最適なコーポレート・ガバナンス・システムが必ずしも存在しないこと[14]も各国のコーポレート・ガバナンスが収斂しない原因になる。

　加えて、製品市場および資本市場のグローバル化は競争を促し、非効率的な株式所有の構造や法的ルールをより効率的なものへ変換するように働きかけるかもしれないが、株式所有の構造および株式会社をめぐる法的ルールにおける非効率性は常に当該会社の製品市場および資本市場における競争力の低下につながるわけではない[15]。Bebchuk & Roe は、市場のグローバル化および効率への追求は各国のコーポレート・ガバナンスに、望ましいと考えられる一定のパターンへ収斂する方向へ圧力を与えているにもかかわらず、株式所有の構造および株式会社をめぐる法的ルールの経路依存の働きにより、各国のコーポレート・ガバナンスにおける重要な差異は相変わらず存在しており、また将来にわたって存在し続けると主張する[16]。

　このほかに、Bebchuk & Roe の見解を踏まえて、とりわけコーポレート・ガバナンス・システムを構成する各制度間の補完性（complementarities）を強調し、コーポレート・ガバナンスの世界規模の収斂を疑問視する学説がある[17]。Schmidt & Spindler は、コーポレート・ガバナンスの経路依存性はその構成要素である各制度間の補完性およびシステム全体の安定性に由来するという。すなわちコーポレート・ガバナンス・システムを構成する各要素(制度)[18]が互いに適合し、システム全体が均衡状態にあるかは、個々の要素となる制度がほかより優

14　*Id.* at 109~112.

15　*Id.* at 91~93 & 100~101.

16　*Id.* at 113.

17　Reinhard H. Schmidt & Gerald Spindler, *Path Dependence and Complementarity in Corporate Governance,* JEFFREY N. GORDON & MARK J. ROE ed., CONVERGENCE AND PERSISTENCE IN CORPORATE GOVERNANCE (Cambridge, 2004), at 114. For an earlier version of this paper, *see* International Finance 5: 3(2002), at 311~333.

18　Schmidt & Spindler は、具体的に、会社所有権と残余財産請求権の配分、取締役会の構造および経営監視機能を担う機関の構造、経営者を拘束する会社の目的、会社法の構造、株主の得られる財務情報の質、株式市場の機能と役割、資本市場へのアクセス、インサイダー取引規制および買収規制を含む市場取引規則の性質、会社における支配的なキャリアパスならびに会社の意思決定における従業員の役割といった9種類の構成要素を挙げる。*Id.* at 121.

れているかまたは当該システムがどのタイプのシステムに属するかよりも重要である[19]。安定した状態にあるシステムの一部の構成要素を変えることは、各要素間の補完性およびシステムの安定性を害し、その結果、当該システムの有している効率性を害する[20]ため、均衡状態にあるコーポレート・ガバナンス・システムの一部の構成要素に変化を加えたことで、システム全体をよりの効率性の高い均衡へ導くことができない[21]。仮に最も良いシステムが発見・発明され、かつ全ての国に既存のシステム全体を完全にそれに置き換えるように説得できるとすれば、よりよいシステムへのコーポレート・ガバナンスの世界規模の収斂が期待できるが、それは現実的ではない[22]。

もっとも、各国のコーポレート・ガバナンス・システムは一定の経路に依存し、制度間の補完性を保つために既存の状態を維持する傾向にありながらも、市場のグローバル化による外圧や社会経済構造の内部における変化によって何らかの形の収斂を見せるかもしれない[23]。一部の研究は、日本、米国およびドイツにおける経営者に対するモニタリング・システムには制度の形式・内容（institutional form）の収斂を伴わない機能（function）の収斂またはこの2種類の収斂の中間にある第3の収斂あるいはこれらの収斂が混合した収斂が生じうることを示唆した[24]。

コーポレート・ガバナンスにおける機能的収斂を主張する Gilson の見解によれば、制度の外部または内部に生じた変化に適応するために、当該制度を構成する一部のルールの変更が必要となった場合であっても、制度発展に関する経路依存性およびルール間の相互補完性により、一部のルールの形式・内容を変えることは制度全体の効率性を向上させないばかりか、それを害する危険さえある[25]。

---

19 *Id.*

20 *Id.* at 120~121.

21 *Id.* at 123.

22 *Id.* at 124.

23 藤田・前掲注（1）87~89頁は、資本市場のグローバル化による外圧がもたらしたコーポレート・ガバナンスを構成する個々のパーツの「形」の収斂は形式的・部分的なコンバージェンスであり、社会経済構造における内部の変化がもたらしたのは内在的・実質的なコンバージェンスであるという。

24 Ronald J. Gilson, *Corporate Governance and Economic Efficiency: When Do Institutions Matter?*, 74 WASH. U. L. Q. 327 (1996).

25 Ronald J. Gilson, *Globalizing Corporate Governance: Convergence of Form or Function*, JEFFREY N. GORDON & MARK J. ROE ed., CONVERGENCE AND PERSISTENCE IN CORPORATE GOVERNANCE (Cambridge, 2004), at 139. For an earlier and lengthier version of this

8　第1章　序論

既存のルールの形式・内容を変更することはこのようなコストをもたらすため、経済環境の変化に反応して形式的収斂に先立ち、機能的収斂は生じうる[26]。しかし、制度の形式・内容に一切の変化を加えることなく、同様な機能を得られることは必ずしも検証されておらず、欧州諸国のベンチャー企業向けの新市場開設の経験はむしろ、機能的収斂がいずれ形式的収斂を求めることを証明したという[27]。すなわち、欧州における銀行融資を中心とした企業への資金提供のシステムは米国の株式市場を通じた資金調達の機能を代替できるのであれば、既存制度の形式を変えずに資本市場のグローバル化に適応できたはずであるが、1980年代以降、欧州諸国はベンチャー企業向けの株式市場の開設を試み、すなわち機能的収斂にとどまらず、形式的収斂に向けて努力してきた。また、米国のようなベンチャー・キャピタル市場を形成するには新しい株式市場の開設だけでは足らず、それを支える制度的基盤（ベンチャー・キャピタル組織や新興企業を株式公開へ導く経験のある投資銀行、企業家の存在等）が必要であり、欧州の新市場開設の試みが失敗に終焉を迎えたことは、これらの制度間の補完性の重要性を物語っているという。以上を要約すれば、機能的収斂は形式的収斂に先立ち発生しうるが、既存の制度の形式・内容を変えることなく純粋な機能的収斂を得ることが困難であるため、同様の機能を得るには制度の形式的収斂に向けた努力が必要となる一方で、制度間の補完性により、制度の部分的・形式的な変化は制度全体の効率性の低下をもたらすため、完全な形式的収斂は望ましいかもしれないが、容易に得られない。

　さらに、この見解は形式的収斂と機能的収斂の中間にある第3の収斂——契約による収斂（convergence by contract）がありうるとした[28]。具体的には、欧州のコーポレート・ガバナンス・システムを米国型のシステムへ（形式的に）収斂させることが困難であるが、米国の機関投資家はリミテッド・パートナーシップ契約により米国型のコーポレート・ガバナンスを欧州企業において実現することが可能であり、また米国の株式市場に上場した外国企業は米国の上場規則および米国法を遵守しなければならず、それによりコーポレート・ガバナンスが収斂する

---

　　paper, *see* 49 Am. J. Comp. L. 329(2001).

26　*Id.*

27　*Id.* at 144~145.

28　*Id.* at 146~151.

可能性がある。さらに、米国および EU では制度間競争（regulatory competion）の結果、他の州または法域の一部のルールを自主的に（voluntarily）採用することによって形式的収斂と機能的収斂が混合したいわばハイブリッド・コンバージェンス（hybrid convergence）も生じうるとした[29]。

このように、コーポレート・ガバナンスをめぐるルールの収斂と多様化に関する議論は多岐にわたり、必ずしも統一した結論が得られていない。しかし、これまでの議論からは少なくとも、制度の内容における形式的収斂とその運用（実務）における機能的収斂とを区別すべきであること[30]、ならびに制度発展の経路依存性および制度間の補完性によりコーポレート・ガバナンスの形式的収斂が容易でないことを確認できる。また、制度発展の経路依存性および制度間の補完性はコーポレート・ガバナンスをめぐる法的規範の収斂を困難にするが、一定の条件が満たせば経路の依存が崩れる可能性があり[31]、特に既存の法的規範の前提である株式所有の構造等の制度的基盤自体に一定の方向への収斂が生じれば、制度間の補完性が保った状態でコーポレート・ガバナンスをめぐる法的規範が収斂してゆく可能性も否定できない[32]。

以上の分析を踏まえて、日本におけるこれまでのコーポレート・ガバナンス改革の歴史およびその結果を次のように説明できると思われる。幾度の法改正を通して会社法には米国法をモデルとした制度が多数導入された結果、日本のコーポレート・ガバナンスは形式的・部分的に、米国型（いわゆる“A-model”）に近づきつつある[33]。しかし、会社法および日本のコーポレート・ガバナンスの前提である株式所有の構造や日本的雇用慣行には1990年代以後著しい変化が生じているものの、日本の独特な部分がなお存在しており[34]、コーポレート・ガバナンス・システムは米国型へ収斂するよりも、米国型のシステムの構成要素を吸収しつつ独自の内容を有する新しい日本型（“new J-model”）のシステムへ進化している[35]と

---

29 *Id.* at 151~157.

30 Zenich Shishido, *The Turnaround of 1997: Changes in Japanese Corporate Law and Governance*, MASAHIKO AOKI, GREGORY JACKSON & HIDEAKI MIYAJIMA ed., CORPORATE GOVERNANCE IN JAPAN (Oxford University Press, 2007), at 323.

31 前掲注（9）および（10）に挙げた例を参照。

32 前掲注（1）藤田コメント88~89頁を参照。

33 Shishido, *Supra* note（30）, at 324.

34 宍戸論文は、とりわけ金銭的資本の供給者（株主）および人的資本の供給者（経営者）の動機づけに関して日本は独特なインセンティブ・パターン（incentive patterns）を有するという。

10 第1章 序論

みることができる。もっとも、日本企業の特徴とされてきた株式の相互持合いおよび終身雇用や年功序列型賃金等の日本的雇用慣行が大きく崩れていることは指摘さており[36]、これは日本の社会経済構造ないし株式会社をめぐる法制度の基盤においても米国型への収斂が生じている[37]ことを意味するなら、新しい日本型のコーポレート・ガバナンス・システムは最終的に米国型へ収斂する方向へ変容していくと考えることができる[38]。

2 株主代表訴訟制度における収斂と多様化

コーポレート・ガバナンスにおける収斂と多様性をめぐる議論の状況を背景にして、本書の検討との関係で特に重要になるのは、コーポレート・ガバナンスの構成要素である株主代表訴訟制度について同様な傾向がみられるかという点である。以下ではそれについて検討する。

株主代表訴訟制度の起源はイギリスの判例法に求めることができるが、イギリスでは長い年月、制定法上の規定がなく、株主代表訴訟を原則、認めない古い判例が効力を有する判例法上の制度にとどまっていた[39]。しかし、イギリス以外の旧英連合諸国においては、1960年代から制定法において株主代表訴訟制度に関する規定を設ける例が相次いで現れてきた[40]。もっとも、イギリスにおいては、2006年の会社法改正により、株主代表訴訟が制定法で規定されることになったものの、必ずしも利用しやすい制度になっていないようである[41]。それに対し、ア

Supra note (30), at 324.

35　*Id.* at 327. *See also,* Bruce E. Aronson, *Reconsidering the Importance of Law in Japanese Corporate Governance: Evidence from the Daiwa Bank Shareholder Derivative Case,* 36 CORNELL INT'L L. J. 11, 53~56 (2003).

36　加藤・前掲注（1）60~61頁。宮島英昭「ポスト持ち合いにおける2つの課題——新たな長期株式戸ブロック株主」宍戸善一＝後藤元編著『コーポレート・ガバナンス改革の提言——企業価値向上・経済活性化への道筋』（商事法務、2016）18~30頁。

37　現在の日本の上場企業の株式所有構造は、英・米と大陸欧州・韓国のちょうど中間にあるとされている。宮島・前掲注（36）22頁。今後、上場企業の株式所有構造は英米型の分散所有へさらに収斂する可能性がある。

38　また、「長い時間軸を見ると、日本企業のガバナンスは欧米のそれに収斂（conversion）しつつあると考えられる」という見解がある。大杉謙一「日本型取締役会の形成と課題」宍戸善一＝後藤元編著『コーポレート・ガバナンス改革の提言——企業価値向上・経済活性化への道筋』（商事法務、2016年）213頁。

39　川島いづみ「イギリス会社法における株主代表訴訟の展開」奥島孝康教授還暦記念『比較会社法研究第1巻』（成文堂、1999）48頁。Foss v. Harbottle, (1843) 2 Hare 461.

40　川島・前掲注（39）52頁。

メリカの株主代表訴訟制度はイギリスの判例法から様々な影響を受けていたものの、独自な発展を遂げ[42]、現在では株主代表訴訟を認めた国々の中で最も豊富な判例を有しており、制度としては最も熟していると思われる。近年、株主代表訴訟の発祥地である英米にとどまらず、EU 諸国[43]やアジアの国々[44]でもコーポレート・ガバナンスの強化の一環として、株主代表訴訟制度が採用されてきた。

　株主代表訴訟が多数の国において認められるようになってきたこと自体は世界規模で生じた一種の収斂であるといえよう。このほかに、株主代表訴訟制度をめぐって各国で行われてきた議論を概観する限りでは、株主代表訴訟制度の意義を肯定しながらも、当該制度が潜在的に（原告株主または原告側弁護士に）濫用されうるという問題点を認識している点においてもほぼ一致しているようである[45]。これは、コーポレート・ガバナンスの手段として、より具体的には株主による会社経営への介入と取締役をはじめとする経営者の有する経営上の裁量権とのバランスをとるための手段としての株主代表訴訟制度の有用性（機能）[46]、ならびにその効率性に係る問題点[47]についての認識においては、一定の収斂がみられている

41　PAUL L. DAVIES & SARH WORTHINGTON, PRINCIPLES OF MODERN COMPANY LAW 591~613（10th ed. 2016）.

42　川島・前掲注（39）48頁。

43　代表的な国はドイツであると思われる。2005年改正前のドイツ株式法には、株主が直接に取締役等の会社に対する損害賠償責任を追及するという一般的な意味の株主代表訴訟制度が存在していなかった。高橋英治「ドイツ法における株主代表訴訟の導入――UMAG 報告者草案とわが国法制への示唆」商事法務1711号（2004）13頁以下。

　　しかし、1998年の「企業領域における監督と透明性のための法律」（「KonTraG」）の改正による会社の取締役等に対して有する損害賠償請求権の実効性の強化に続き、2005年には「企業組織の統合と株主総会決議取消訴訟の現代化のための法律」が施行され、改正後の株式法においては株主代表訴訟制度が明文化されている。高橋均『株主代表訴訟の理論と制度改正の課題』（同文館、2008）193~201頁。

44　中国、韓国およびシンガポールにおける株主代表訴訟制度の内容およびその利用状況については、株主代表訴訟研究会編『アジアにおける株主代表訴訟制度の実情と株主保護』（商事法務、2010）、または Dan W. Puchniak et al. eds., THE DERIVATE ACTION IN ASIA: A COMPARATIVE AND FUNCTIONAL APPROACH（Cambridge University Press, 2012）が詳しい。

45　MATHIAS M. SIEMS, COVERGENCE IN SHAREHOLDER LAW（Cambridge, 2008）, at 217.

46　大陸法系に属するか、それとも英米法系に属するかにかかわらず、この点についての理解はほぼ同様である。例えば、アジアの代表的な法域では、大陸法系に属する地域（中国、日本、韓国および台湾）であれ、英米法系に属する地域（インド、シンガポールおよび香港）であれ、株主代表訴訟制度の果たすこの機能は例外なく肯定されている。Dan W. Puchniak, *The Derivative Action in Asia: A Complex Reality*, Berkeley Business Law Journal Vol. 9. 1, 25（2012）.

47　ここでいう効率性の問題は、株主代表訴訟のもたらす効果と、それに伴うコストとがトレード・オフの関係にあることに起因する。個々の株主は株主代表訴訟により、直接に取締役等の会社に対する損害賠償責任を追及することができるため、株主代表訴訟には取締役等の違法行為ま

ことを意味する。しかし、如何なる形で前者の株主代表訴訟の機能を果たさせ、また如何なる方法により後者の効率性に関する問題へ対応するかについては、国・法域によってあるいは時代によって、採用される措置が異なっており、各国・法域の株主代表訴訟制度を構成する法的ルールは多様化している[48]。

日本の株主代表訴訟制度に関しては、制度導入時のモデルとなったのは米国の株主代表訴訟制度であり、その後の改正によって米国の当該制度により一層近似するような制度になりつつある[49]。また、実際の利用状況からみても、株主代表訴訟制度を採用した国が増えてきているが、米国と同様にレギュラーベースで頻繁に株主代表訴訟が提起されている[50]国は日本以外にほとんどみられず[51]、コー

たは著しい不合理な経営判断を抑止する効果、ならびに敗訴した被告取締役等による損害賠償という形で会社の被った損害の一部を補てんすることが期待できる。しかし、現実的には純粋に会社の損害回復を目的とする株主代表訴訟があれば、政治的・社会的正義を実現するために、または個人的主張を会社に押し付けるために、株主代表訴訟の本来の趣旨からかけ離れた目的により提起されたもの、あるいは原告の株主代表訴訟によるコストとベネフィットを正確に判断に必要な認知能力の限界に起因する誤った判断等により非合理的に提起されたものも多く存在すると指摘されている。後者の類型に属する株主代表訴訟であっても、違法行為・任務懈怠抑止の機能を果たしうるが、それによって会社が損害賠償を得られる可能性が低いほか、訴訟提起による会社信用の低下や被告取締役等の応訴の負担による業務執行への悪影響、結果責任の追及による取締役等の過小なリスクティク等のコストを考慮すると、株主代表訴訟の提起または係属の結果、会社の利益にならないばかりか、それを害する場面さえあると考えられる。第2章第4節を参照。

48　SIEMS, *Supra* note（45）, at 211~217. Puchniak, *Supra* note（46）, at 25.

49　SIEMS, *Supra* note（45）, at 216.

50　デラウェア州では、1999年〜2000年の間、株主代表訴訟の年間平均提訴件数は約40件であった。Robert B. Thompson & Randall S. Thomas, *The Public and Private Faces of Derivative Lawsuits*, 57 VAND. L. REV. 1747, 1762（2004）. また、完全な統計でないものの、2000年〜2007年第1四半期までの間にデラウェア州法準拠会社のみでは、デラウェア州裁判所では121件、連邦裁判所では173件の株主代表訴訟の提起が確認された。Kenneth B. Davis, Jr., *The Forgotten Derivative Suit*, 61 VAND. L. REV. 387, 418（2008）. なお、2005年7月〜2006年6月までの1年間では、連邦裁判所の新受件数はデラウェア州の年間平均提訴件数（40件）をはるかに超えた182件であるとされた。Jessica Erickson, *Corporate Governance in the Courtroom: An Empirical Analysis*, 51 WM. & MARY L. REV. 1749, 1761~1762（2010）.

それに対し、日本における株主代表訴訟の新受件数は次のとおりであり、1996（平成8）年〜2016（平成28）年までの21年の間、新受件数が最も多い2012（平成24）年には106件、最も少ない2016（平成28）年には36件の株主代表訴訟が提起されており、単純平均の新受件数は年間約75件である。

平成	8年	9年	10年	11年	12年	13年	14年	15年	16年	17年	18年	19年	20年	21年	22年	23年	24年	25年	26年	27年	28年
件	73	68	88	73	95	84	66	78	85	70	72	70	64	69	80	83	106	98	58	59	36

（注）平成8~19年までのデータは資料版商事法務334号（2012）72頁、平成20~29年までのデータは商事法務2138号（2017）57頁に基づく。

ポレート・ガバナンス・システムにおける株主代表訴訟の位置づけについても、日米は特に類似していると思われる。したがって、仮により広範で複雑な制度からなるコーポレート・ガバナンス・システムのレベルにおいて、日本法は米国型へ収斂しないとしても、その構成要素の1つである株主代表訴訟制度に限っては米国型へ収斂している（する）可能性があると考えられる。

しかし、本書第2章以降の検討から明らかになったように、現状についていえば、日本の株主代表訴訟制度の一般的な機能および当該制度に潜在する効率性の問題、またはいわゆる濫用の問題[52]の本質についての理解は米国のそれと異ならないものの[53]、株主代表訴訟の有する法構造および株主代表訴訟の健全な利用を確保するために採用された具体的な制度設計には米国法に類似する点とともに、それと異なる点も多い[54]。

前述したコーポレート・ガバナンスをめぐる法的規範における収斂と多様化に関する議論を前提とすれば、日米の株主代表訴訟訴度にみられる類似点および差異を次のように説明できると考えられる。まず、前者の類似点については、日米に限らず、現代の株式会社制度を採用している限りでは、出資者（株主）による会社経営への介入と経営者の（経営に関する）裁量権とのバランス（均衡）を如何にとるべきかという課題が共通して存在しているといえる。この問いに対して可能な回答が複数存在しうるが、コーポレート・ガバナンスの実効性・効率性を高めようとする社会経済構造の内部に由来する圧力および製品市場・資本市場のグローバル化の進展により厳しさを増す国際競争から由来する外部の圧力を受けている中で、世界最大の経済体である米国で発展を遂げた株主代表訴訟制度は（複数ありうる）均衡解の一つとして日本を含む多くの国・法域で選択された。同様な機能を得るには必ずしも同様な制度内容を有さなければならないわけではないが、純粋な機能的収斂を得ることが容易でないため、日米の株主代表訴訟制度には機能上の収斂とともに、制度内容の一部における形式的収斂もみられ、日米の

51　Dan W. Puchniak & Masafumi Nakahigashi, *Japan's Love for Derivative Action: Irrational Behavior and Non-Economic Motives as Rational Explanations for Shareholder Litigation,* 45 VAND. J. TRANSNAT'L L. 1, 6 (2012).
52　ここで用いる「濫用の問題」という用語は広義の濫用（的）訴訟（abusive lawsuits）を意味している。すなわち株主権の濫用にあたる濫用的訴訟の問題のほか、会社（全株主）の利益に合致しないような不適切な訴訟に関する問題も含まれている。
53　詳細については、本書第2章ないし第3章を参照。
54　詳細については、本書第3章～第6章を参照。

14　第1章　序論

株式代表訴訟制度にある類似点は両国の同制度の機能的収斂と形式的収斂の混合であると理解できる。他方で、後者の差異については、制度発展に関する経路依存性および制度間の補完性を用いて説明することができると思われる。すなわち、日米の株主代表訴訟制度はそれぞれ異なる生成および発展の経路を辿って現在の状態に至っており[55]、制度発展の経路依存性および株式会社をめぐる他の制度との補完性の働きにより、日本または米国の法制度全体ないしその社会に親和する制度設計が求められた結果、異なる法構造と内容を有するものになった[56]。

3　収斂と多様化を論ずる意義

以上の検討から、コーポレート・ガバナンスの構成要素としての株主代表訴訟制度は収斂（コンバージェンス）する傾向にあるのか、それとも多様化（ダイバージェンス）する方向へ進んでいるのかという問題意識に対して、次のように答えることができる。すなわち、株主代表訴訟の一般的な機能および当該制度における基本的な問題点に対する認識に関しては世界的な収斂がみられていると同時に、当該制度を構成する具体的な法的ルールにおける多様化もまた明らかである。

コーポレート・ガバナンスまたは株主代表訴訟制度における収斂と多様化を論ずる意義は、世界的に共通した望ましい仕組みまたは制度のモデルが存在するかを探求することにあると考えられるかもしれない[57]。しかし、そもそもある仕組みまたは制度モデルが望ましいか否かを判断するための世界共通の基準があるかについても、必ずしも明らかではない。また、仮に何らかの基準をもって共通の望ましい仕組みや制度のモデルを定めることができるとしても、各国の制度発展の経路依存性および既存の制度間の補完性があるため、直ちに現行の制度をこの一般的に望ましいとされる仕組みや制度のモデルへ移行させることは困難であると考える。

もっとも、このことは収斂と多様化を論ずる意義を否定するものではない。仮に世界的に共通した望ましい仕組みまたは制度のモデルを発見・発明することが

55　詳細については、本書第2章第2節および第3節を参照。

56　なお、日米の株式会社制度全体にみられる差異についても、同様に説明できると思われる。米国および日本における株式会社という組織形態および株式会社制度の異なる歴史的展開については、松井秀行『株式会社制度の基礎理論――なぜ株主総会は必要なのか』（有斐閣、2010）134~162頁および302~316頁を参照。

57　加藤・前掲注（1）55頁を参照。

第 1 節 研究の視点・手法 *15*

できないとしても、2 国または多国の制度においてどのような収斂と多様化が生じており、そして、何故それが生じているかを明らかにすることは、現行制度をどのように改善すべきかに関する方向性を示すうえでは一定の意義を有すると考えられる。

とりわけ日米の株主代表訴訟制度に関しては、前述のとおり日本の株主代表訴訟制度は米国の同制度をモデルとしているが、当該制度における機能的または形式的な収斂とともに、同様な機能を果たすために採用した制度の内容（形式）における多様化もみられている。比較法的視点を用いて、これらの収斂と多様化を明らかにすることおよびそれらが生じた原因を究明することは、日本の株主代表訴訟制度における問題点の解明および可能な対策の模索にあたって、解釈論的または立法論的検討の方向性を示すという点において重要な意味を有すると考える。

また、前述したように、株主代表訴訟を認めている国は多く存在しているが、株主代表訴訟が頻繁に提起され、コーポレート・ガバナンスの手段として現実に重要な役割を果たしている国は米国と日本以外にほとんどみられない。比較法的視点から検討を行うには米国の株主代表訴訟制度が最適な比較の対象である。そこで、本書は前述した収斂と多様化を論ずる意義を念頭に置きながら、とりわけ株主代表訴訟の終了[58]に関連する会社法上の制度における問題点を明らかにすること、およびその可能な対策を模索することを研究の目的として、日米の株主代表訴訟制度に考察を加える。

なお、米国では代表訴訟（representative action）という用語は、原告株主が自らの有する訴権を行使すると同時に、当該訴権に関連する（自らと同じ立場にある）他の多数の株主の権利をも主張し、多数の株主を代表して訴訟を提起する場合の訴訟形態を指す。例えば、ある株主が会社解散判決を求めるために、社外株式の希釈をもたらす会社の行為を差し止めるために（to enjoin the dilution of out-

---

58　本書でいう株主代表訴訟の終了とは、より具体的に原告株主が訴訟を提起したものの、終局判決に至る前に、訴訟提起の段階で却下または棄却され、係属の段階で会社の組織再編行為等により原告適格が失われることにより、あるいは訴訟当事者の和解により継続できなくなることを意味する。従来の研究には、米国の株主代表訴訟制度を考察する文脈において、提訴段階における裁判所の却下による株主代表訴訟の終了のみを「株主代表訴訟の終了」というものがある。釜田薫子「米国の株主代表訴訟と企業統治――裁判例にみる取締役責任追及の限界」（中央経済社、2001）113頁以下。この意味において、本書でいう終了はより広義の終了といえる。

16 第1章 序論

standing shares)、ある種類の株式の有する議決権を確認するために、または財務諸表における虚偽の記載により株主らが被った損害の回復を求めるために提起する訴訟等は全て代表訴訟にあたる[59]。それに対し、会社の有する権利を、会社の取締役（会）がそれを行使できないまたは行使しない場合に原告株主は二次的に行使するために利用される訴訟形態を派生訴訟（derivative suit/derivative action）という[60]。通常、米国法に対する日本語による説明において使用されている株主代表訴訟（または代表訴訟）という用語は後者の派生訴訟を意味している。本書においてはとりわけ米国法に対する検討の中で、代表訴訟と派生訴訟を区別する必要があるが、日本では派生訴訟という用語を使用した文献が少数にとどまっていることもあり、特別な説明がない限り、基本的に株主代表訴訟（または代表訴訟）という表現を用いることとする。

第2節　株主代表訴訟の終了制度を論ずる意義

　国・法域を問わず、株式会社をめぐる訴訟の中で、株主代表訴訟は次のような点において特殊性を有する。第一に、株主代表訴訟は原告株主に会社の訴権に基づき、会社に代わって取締役等の会社に対する責任を追及すること、言い換えれば株主に対して他人（独立した法人格を有する会社）の権利を行使することを認めている。第二に、出資者である株主が会社の経営に関する意思決定を取締役等に委任したことを前提としつつも、個々の株主が株主代表訴訟を通じて、取締役等の責任を訴訟によって求めるか否かについての会社の（米国では取締役会、日本では取締役会または監査役・監査等委員会・監査委員会による）意思決定のプロセスに介入することを可能にする。

　このような特殊性、すなわち株主代表訴訟により株主は会社の訴権を代わりに行使でき、会社経営の意思決定のプロセスに介入できることが認められるからこそ、株主代表訴訟制度は、株主による会社経営への介入と取締役をはじめとする

59　William E. Haudek, *The Settlement and Dismissal of Stockholders' Actions*――*PartI*, 22 Sw. L. J. 767, 768（1968）.

60　Black の法律辞書は派生訴訟を以下のように定義している。"a suit asserted by a shareholder on the corporation's behalf against a third party（usu［ally］a corporate officer）because of the corporation's failure to take some action against the third party." BLACK'S LAW DICTIONARY 475（8th ed. 2004）.

経営者の有する裁量権とのバランスをとるための手段として機能しうるといえる。なぜなら、株主代表訴訟は、会社の（取締役等に対する）損害賠償請求権の行使を株主のイニシアティブによって実現させ、株主による権利行使がなければ回復することのできなかった会社ひいては株主の損害を回復させる役割（損害回復機能）とともに、取締役等の違法行為・任務懈怠を抑止して会社の健全な経営を促進する役割（違法行為抑止機能または任務懈怠抑止機能）を果たすからである。これらの機能を十分に得られるには、株主代表訴訟の途を安易に閉ざすべきではない。そのため、日米では、単独株主権として個々の株主に代表訴訟提起権を認める等の制度上の工夫がなされていると言える。

　他方で、株主代表訴訟は特殊な訴訟形態であるために、通常の民事訴訟と較べ、その提起、継続ないし終了について、訴訟当事者の処分権に多くの制限が課されている。このようなの制限を課すべきとした理由はその特殊な訴訟構造（前述した特殊性）に由来し、株主代表訴訟に内在するインセンティブの問題に対応するためであると説明されることが多い。具体的には、株主代表訴訟の原告は会社の有する訴権に基づき、会社のために訴訟を提起・継続するものの、最終的に勝訴したとしてもその利益が直接会社に帰属し、原告株主自身にとって特に固有の利益を得られるわけではない。それにもかかわらず、株主代表訴訟を提起した原告株主の動機として考えられるものには、会社の被った損害を回復させる（原告株主は株式の保有を通じて間接的に経済的利益を享受する）という正当な目的のほか、株主代表訴訟を武器に会社から不当な利益を得ようとする目的、取締役等会社役員に対する嫌がらせを主眼とする目的、またはもっぱら個人的主義・主張や政治的・社会的目的を達成する等の意図もあろう。後者のような動機に基づく株主代表訴訟の提起・継続は会社に不当に多額の訴訟費用または弁護士費用を負担させ、会社の経営活動に支障をきたし、会社のレピュテーションの毀損や信用の低下、または企業秘密の漏洩や会社の自己負罪等のマイナスの影響をもたらしうるため、制度の健全な利用とはいえない場合がある。そのため、株主代表訴訟制度の健全な利用を促進・確保するためには、会社の利益にならないまたはそれを害する危険性の高い正当性および合理性が認められない株主代表訴訟の提起を予防すること、およびすでに提起されたこのような訴訟を早期に終了させることも重要である。

　以上を要約すれば、株主による会社経営への介入と取締役等の経営上の裁量権

18　第1章　序論

とのバランスあるいは株主と取締役等との緊張関係を望ましい状態に保つには、株主代表訴訟を通じて株主が会社経営の意思決定のプロセスに介入することを可能にすることには重要な意義があるが、会社の経済的利益を害する過度な介入や不適切な介入を防ぐための措置が必要である。株主代表訴訟制度の健全な利用を促進・確保するには、株主代表訴訟の「入口」（開始）に係る制度設計のみならず、「出口」（終了）の制度設計も重要である。もっとも、「入口」に係る制度設計を重視するか、それとも「出口」に係る制度設計を重視するか、加えてそれぞれの視点からどのような制度を採用するかは国・法域によって、また時代によって異なりうる[61]。世界共通の最適な株主代表訴訟制度のモデルが必ずしもみられていないものの、日米のように、株主に対して厳格な原告適格の要件を求めることなく、また株主による訴訟提起を会社が基本的に阻止できないとすることにより、株主代表訴訟への「入口」を比較的広く設けている場合は、「出口」に係る制度設計、すなわち株主代表訴訟の終了制度をどのように整備すべきかが特に重要な課題となると思われる。

第3節　本書の構成

　欧米とアジア諸国におけるコーポレート・ガバナンスおよび株主代表訴訟制度にみられた収斂と多様化、ならびにこのような収斂と多様化を論ずる意義を念頭に置き、本書（特に第3章～第6章）は株主代表訴訟の終了制度の重要性に着目し、日米の比較法的視点から株主代表訴訟制度に考察を加える。

　具体的には、本章の冒頭に述べた2つの問題意識（①株主代表訴訟制度の有する機能および位置づけについて日米では如何なる収斂と差異がみられるか。②日米の株主代表訴訟の終了に関する制度設計には如何なる収斂と差異があるか。そこから如何なる示唆が得られるか）に基づき、次のような検討を通じて現行会社法上の株主代表訴訟

61　アジア諸国における株主代表訴訟制度の比較は、前掲注（44）に挙げた株主代表訴訟研究会編『アジアにおける株主代表訴訟制度の実情と株主保護』（商事法務、2010）、または Dan W. Puchniak et al. eds., THE DERIVATE ACTION IN ASIA: A COMPARATIVE AND FUNCTIONAL APPROACH（Cambridge University Press, 2012）を参照。イギリスとドイツとの比較は、Crasten A. Paul, *Derivative Actions under English and German Corporate Law—Shareholder Participation between the Tension Filled Areas of Corporate Governance and Malicious Shareholder Interference*, 7 ECFR 81（2010）を参照。

の終了制度における問題点を明らかにしたうえで、その可能な対策を検討する。

　前者の問題意識に対して、第2章では総論的な検討として、日米両国における株主代表訴訟制度の沿革を踏まえたうえで、株主代表訴訟の利用実態に関する実証研究とあわせ、両国における株主代表訴訟制度の機能およびコーポレート・ガバナンス・システムにおける位置づけを検討する。それを踏まえて日本において、株主代表訴訟制度の健全な活用を促進・確保するために必要となる株主代表訴訟の終了制度を検討する際に用いるべき視点、その検討の方向性を明らかにする。

　続いて、後者の問題意識に基づき、第3章〜第6章では日米の株主代表訴訟の終了制度の具体的な内容について検討を加える。この検討は次の考え方により、株主代表訴訟の提訴、係属および和解という3段階に分けて行われる。すなわち、株主代表訴訟の終了に関しては2つの基本的な問題があると考える。第一は、株主による会社経営への過度な介入または不適切な介入をもたらす正当性および合理性のない株主代表訴訟を如何に選別し、早期にそれを終了させるべきかの問題である。第二は、他方で、正当性と合理性を有する訴訟が不当に終了させられないように、如何なる措置をとるべきかの問題である。この2つの問題は訴訟の進行過程の各段階に存在するものの、訴訟の進行により特に対処すべき対象が変わってくる。より具体的には、訴訟提起（訴訟開始）の段階においては前者の問題が特に重要であり、濫用的または不適切な訴訟を如何にスクリーニングし、早期に終了させるかは重要な課題となる。それに対し、訴訟の係属段階においては、正当かつ合理な株主代表訴訟が会社（実質的には取締役会が決めた）の組織再編行為等により不当に終了させられる危険性があり、また和解の段階においては会社の利益にならないまたはそれを害するような（原告株主と被告取締役等との）馴れ合いによる和解が行われるおそれがあるため、訴訟の係属段階および和解段階では後者の問題がより重要になってくる。

　そこで、第3章ではまず、株主代表訴訟の提訴段階の終了制度における問題の所在を検討する。具体的には、日米の株主代表訴訟の法構造および提訴段階における制度設計からみた提訴に関する会社の裁量の比較を通じて、日本においては株主代表訴訟の対象となる「取締役の責任の範囲」が議論され続けてきた背景および理由を明らかにしたうえで、日本法においては「取締役の責任の範囲」を定めることによって、現行の提訴請求制度が会社の利益にそぐわない訴訟を阻止する手段としての実効性を欠くという問題を解決できるかを検討し、提訴段階にお

いて特に解決すべき問題点をより明確にする。

　第4章では、第3章における検討に基づき、日米の株主代表訴訟の提訴段階における濫用的訴訟と不適切な訴訟を規律するために用いられている具体的な法規制の形式・内容とともに、それらが実質的に果たしている機能を比較することにより、両国の制定法および判例法を含む法的ルールにおいてみられた相違点と共通点を明らかにし、日本法にはとりわけ不適切な訴訟を制限するための制度上の配慮が欠如しているという問題点を具体的に指摘したうえで、それと関連する他の制度との整合性を重視しつつ、可能な対策の提言を試みる。

　第5章では、訴訟係属の段階における終了の問題について、まず原告株主が自らの意思にかかわらず会社の組織再編行為等によって株主の資格を失った場合において、例外として原告適格の維持を認めるべきと考えられる場面とその判断基準のあり方および組織再編後の株主代表訴訟の帰すうの問題と多重代表訴訟の可否との関係を明らかにするために、米国法および日本法のとったアプローチの異同につき検討を行う。そのうえで、日本法における問題点を指摘し、当該問題に対する可能な対策を検討する。

　第6章では、和解による株主代表訴訟の終了における馴れ合いの問題が生じる原因の究明から検討を始め、米国の制定法・裁判所規則における規定および判例法の状況の両面から、米国において馴れ合いによる和解を阻止するために用いられる規制の実態を考察したうえで、日本法において認められている株主代表訴訟の和解制度の有する理論構造を踏まえて、立法論を含め、公正かつ合理的な和解を確保するための対策を検討する。

　最後に、終章ではこれまで行われてきた検討によって明らかになったことをまとめ、今後の課題を示したうえで、本書の検討を終えたい。

第2章　株主代表訴訟の機能と位置づけ

第1節　問題の所在

　近年、日本ではコーポレート・ガバナンス（corporate governance：企業統治）に関する議論が盛んになってきた[1]。日本においてコーポレート・ガバナンス論が

1　コーポレート・ガバナンスという用語は必ずしも統一した定義を有していない。専門分野により、論者により強調される側面はそれぞれ異なる。

　経営学者の菊澤研宗は、組織の経済学のアプローチから、コーポレート・ガバナンスが「企業をめぐって相互に対立する複数の利害関係者が、多様な批判的方法を駆使して、企業を監視し規律を与えることである」と定義した。菊澤研宗『比較コーポレート・ガバナンス論』（有斐閣、2004）272頁。また、同じく経営学者である伊丹敬之は、コーポレート・ガバナンスとは、「企業が望ましいパフォーマンスを発揮し続けるための、企業の『市民権者』による経営に対する影響力の行使」というものであると定義付けた。そして、伊丹は、日本コーポレート・ガバナンス・フォーラムのコーポレート・ガバナンス原則策定委員会の定義すなわち「企業統治とは、統治の権利を有する株主の代理人として選ばれた取締役が構成する取締役会が、経営方針、戦略について意思決定するとともに、経営者がヒト・モノ・カネ等の経営資源を用いて行う企業の経営──マネジメント──を監督する行為である」ことに対して、この定義が企業の主権者を株主に限定するため、狭すぎると批判し、企業の主権者には逃げられないリスクを負って資本を提供している株主のほか、企業に長期的コミットしている従業員（厳密にはコア従業員）も含まれると主張した。伊丹敬之『日本型コーポレート・ガバナンス──従業員主権企業の論理と改革』（日本経済新聞社、2000）17~28頁。そのほかに、土屋守章＝岡本久吉は、日本型コーポレート・ガバナンスはすなわち、「①企業コミュニティの存続と発展を重視する、②内部昇進型経営者によって担われた、③物言わぬ安定株主と株式の持ち合い、④メインバンク・システムと間接金融、⑤その他のステークホルダー（とりわけ正社員）との長期的信頼関係に支えられた、⑥インサイダー型の二重監督システムである」という。土屋守章＝岡本久吉『コーポレート・ガバナンス論』（有斐閣、2003）44頁。

　他方、法学者の見解としては、江頭憲治郎はコーポレート・ガバナンスで論じられている内容が国によって異なり、日本では①公開会社を念頭に「会社は誰のものか」および、②公開会社の運営・管理機構（取締役（会）、監査役（会）、株主総会等）につき「組織のあり方」および「行動のあり方」を論じてきたという。江頭憲治郎「コーポレート・ガバナンスの課題」銀行法務21 558号（1999）5頁。龍田節は「コーポレート・ガバナンスは、一口でいえば、会社の運営が公正かつ効率的に行われるようにする仕組みの問題である」と述べた。龍田節「日本のコーポレート・ガバナンスの基本的問題」商事法務1692号（2004）4頁。また、神田秀樹は「コーポレート・ガバナンス（企業統治）とは、どのような形で企業経営を監視する仕組みを設けるかとの問題である」と定義している。神田秀樹『会社法（第19版）』（弘文堂、2017）178頁。

　なお、OECDのコーポレート・ガバナンス原則を踏まえ、コーポレート・ガバナンスの概念を

22　第2章　株主代表訴訟の機能と位置づけ

起こった背景にはバブル経済の崩壊によって企業の不祥事が表面化したことがあるが、この議論に対する企業関係者の関心が高まったきっかけは、平成5年の商法改正によって株主代表訴訟が提起されやすくなり、また実際に株主代表訴訟が激増したことであると考えられている[2]。

　もともと日本の株主代表訴訟制度は、昭和25年の商法改正時に株主総会の権限を縮小し取締役の権限を拡大して会社の機関の権限を再分配するとともに、取締役の責任の厳格化と株主の地位強化を図るために、米国法にならって採用されたものである[3]。取締役の会社に対する責任は、本来会社自身が追及すべきものであるにもかかわらず、責任を負っている取締役とそれ以外の取締役等の役員との特殊な関係から、事実上追及がなされず、会社ひいては株主全体の利益が害される可能性がある。そこで、会社法上、株主が会社に代わって取締役等役員の会社に対する責任を追及する株主代表訴訟制度が認められるようになった[4]。当該制度に関連する商法改正は平成5年の訴訟費用の低廉化の改正に続き、平成13年には取締役等の役員の責任の一部免除制度の創設や株主の提訴請求に対する会社の考慮期間の延長、訴訟提起の公告・通知、訴訟上の和解、および会社の被告取締役等役員側への訴訟参加といった株主代表訴訟制度の合理化作業が行われ、さらに平成17年会社法制定の際には、却下制度と不提訴理由書制度の導入、組織再編行為に伴う原告適格喪失の見直しが行われた。平成26年会社法改正により親会社株主の権限強化のために、多重代表訴訟および組織再編後の旧株主による子会社の取締役等役員の責任追及のための株主代表訴訟も認められる今日に至っては、株主代表訴訟がコーポレート・ガバナンスを構成した重要な仕組みの1つであるという考え方が広く受け入れられるようになった[5]。

　　整理したものとして、大杉謙一「コーポレート・ガバナンスと日本経済：モニタリング・モデル、金融危機、日本経営」金融研究32巻4号（2013）107~110頁が詳しい。

2　北村雅史「コーポレート・ガヴァナンスと株主代表訴訟」小林秀之＝近藤光男編『新版・株主代表訴訟大系』（弘文堂、2002）26~27頁。

3　江頭憲治郎『株式会社法（第7版）』（有斐閣、2017）493頁。

4　株主代表訴訟の制度趣旨についての説明は、田中誠二『再全訂会社法詳論（上巻）』（勁草書房、1986）438頁、上柳克郎＝鴻常夫＝竹内昭夫編『新版注釈会社法（6）』（有斐閣、1987）355頁〔北沢正啓〕、大隅健一郎＝今井宏『会社法論中巻（第3版）』（有斐閣、1992）271頁等がある。

5　例えば、早くも株主代表訴訟制度研究会「株主代表訴訟に関する自民党の商法等改正試案骨子に対する意見」商事法務1471号（1997）3頁は、「株主代表訴訟制度は株式会社におけるコーポレート・ガバナンスの重要な支柱の一つであり、その機能を安易に減殺させるべきではない」と指摘した。また、伊藤眞「コーポレート・ガバナンスと民事訴訟――株主代表訴訟をめぐる諸問題」商事法務1364号（1994）18頁は、「コーポレート・ガバナンスの方策として、取締役の義務

株主代表訴訟制度が重視されてきた理由は一般的に、当該制度が損害回復機能と任務懈怠抑止機能という２つの機能を有しているからであると考えられている。損害回復機能とは、会社に損害を及ぼした取締役等の役員の責任が会社により追及されなかった場合に、株主が会社に代わってその責任を追及することにより、会社ひいては全株主の損害が補てんされる機能である。他方で、取締役等の役員は株主代表訴訟の脅威を意識し、または訴訟がマスコミに報道されることによりマイナスの社会的影響を受けることを恐れて、違法行為・任務懈怠のないように職務を行うことが予測されるため、株主代表訴訟には任務懈怠抑止機能も期待されている。しかし、以上のような説明は理論的なものにとどまっており、株主代表訴訟の両機能が実際どのような関係を有し、そして両者が常に両立しうるかは明らかではない。さらに、株主代表訴訟の２つの機能のどちらを強調するかによってこの制度のあり方に対する考え方が変わりうるため、現行の株主代表訴訟制度における個々の問題点についての解釈論的または立法論的な検討は、当該制度の役割やコーポレート・ガバナンスのシステムにおける位置づけを踏まえたうえで、とりわけ当該制度の有する右の２つの機能の均衡を考慮しながら行われるべきであると考えるが、現在ではこのような検討は必ずしも十分に行われていないようである。

本章は以上のような問題意識に基づき、株主代表訴訟の終了制度に関する研究の総論として、日米両国における株主代表訴訟制度の成立・沿革および制度内容における特色を踏まえ、株主代表訴訟の利用実態に関する実証研究とあわせ、株主代表訴訟制度の機能およびその位置づけについての考え方を示し、とりわけ日本の株主代表訴訟制度の健全な活用を目指す株主代表訴訟の終了制度に対する検討の方向性を明らかにしたい。

第２節　米国における株主代表訴訟制度の機能と位置づけ

1　成立過程および制度内容における特色

株主代表訴訟制度はその起源がイギリスの衡平法に求めることができるが、イ

の強化、あるいは株主に対する経営情報の開示の強化等と並んで、株主代表訴訟の制度があげられる」と述べた。

24 第2章 株主代表訴訟の機能と位置づけ

ギリスでは長い年月、制定法上の規定がなく、古い判例が効力を有する判例法上の制度にとどまっていた[6]のに対し、米国では大きな発展を遂げた[7]。

米国では、19世紀初頭から、株主による取締役の責任を追及する訴えが判例法により認められ、取締役の責任を追及するには実体法的に取締役・株主間の信託関係という法理を利用することができ、手続法上は株主代表訴訟ないしクラス・アクションとして処理することができる[8]。しかしその後、株主が一定の条件のもとで会社の代わりに、会社の債務者に対し派生的に（derivatively）訴訟を提起することが法により認められるべきであると考えられるようになり[9]、派生的な性質を有する株主代表訴訟は、クラス・アクションと異なるものであると考えられるに至った。なぜなら、株主代表訴訟は株主が会社の権利を会社に代わって行使する派生訴訟であるのに対して、クラス・アクションは株主が自らの権利を訴求する直接訴訟であると考えられるからである[10]。

1855年に、株主代表訴訟を認める米国連邦最高裁判所の判決[11]が下され、後に、その判断が直接連邦民事訴訟規則（Federal Rule of Civil Procedure）の改正内容となった連邦最高裁判所の判例[12]もあった。言い換えれば、株主代表訴訟に関する早期の規定は主に連邦裁判所の判例がその基礎となっている[13]。1966年に、連邦民事訴訟規則の改正が行われ、この改正によって、それまで1つの条文のなかでまとめて規定されていたクラス・アクションと株主代表訴訟は、別の条文に

6　2006年に、株主代表訴訟制度はようやくイギリス会社法（Companies Act 2006）において明文化された。*See*, Companies Act 2006, Part 11 Derivative Claims and Proceedings by Members, § 260~269.

7　川島いづみ「イギリス会社法における株主代表訴訟の展開」奥島孝康教授還暦記念・比較会社法研究第1巻（成文堂、1999）48頁。

8　竹内昭夫「株主の代表訴訟」『会社法の理論Ⅲ　総論・株式・機関・合併』（有斐閣、1990）224頁（初出は、法学協会編『法学協会百周年記念論文集第3巻』（有斐閣、1983））。

9　ALI, PRINCIPLES OF CORPORATE GOVERNANCE: ANALYSIS AND RECOMMENDATIONS (1994), Vol. 2, at 4.

10　田中英夫＝竹内昭夫『法の実現における私人の役割』（東京大学出版社、1987）37頁。

11　Dodge v. Woolsey, 59 U. S. (18 How.) 331 (1855).

12　早期の著名な判例 Hawes v. Oakland, 104 U.S. 450 (1881) においては、株主代表訴訟の提起に関して2つの制限が加えられた。すなわち、株主は①保有する株式の会社の有する訴権に基づき、かつ②会社内部の全ての合理的な救済手段を使い尽してはじめて株主代表訴訟を提起することができるという2つの制限である。この2つの制限は後の連邦民事訴訟規則の1966年改正の際に採用され、改正後の連邦民事訴訟規則23（b）において定められるようになった。

13　HARRY G. HENN & JOHN R. ALEXANDER, LAW OF CORPORATIONS AND OTHER BUSINESS ENTERPRISES 1044 (West Group, 1983).

分けて規定されることとなった[14]。現在、連邦民事訴訟規則の規定と同時に、米国の各州の会社法または裁判所規則においても株主代表訴訟に関する明文の規定が設けられている[15]。今日の米国では、株主代表訴訟はいわゆるクラス・アクションとは別のものと考えられるようになっているが、その沿革が示すように、両者は共通の発想に基づいて生まれてきたものである[16]。また実務上、株主は株主代表訴訟とクラス・アクションのいずれかの方法を選択して、取締役の責任を追及することができる。

　もっとも、米国においては手続法としての連邦民事訴訟規則が制定されており、それは各州の民事手続法の基準となっているが、実体法としての会社法は、連邦法としては存在せず、各州法に委ねられているため、株主代表訴訟に関する法的ルールは各州で必ずしも統一していない。米国法律協会（American Law Institute、以下「ALI」という）は1980年前後から10年強の議論を重ねてまとめた「コーポレート・ガバナンスの原理――分析と勧告」（以下「分析と勧告」という）において、株主代表訴訟について詳細に論じている[17]。以下は、米国の代表訴訟制度の内容における特色について、「分析と勧告」に基づき、とりわけ日本法との比較から、本書の検討対象と関連して特に重要であると考える部分を紹介する[18]。

　まず訴訟の構造について、米国では、株主は株主代表訴訟により、会社の取締役等役員だけでなく、その他の会社の債務者である第三者に対して会社の有する訴権を、会社に代わって行使することもできる。このいずれの場合であっても日本法と同様に、株主代表訴訟による救済は原告株主ではなく直接会社に帰属する[19]。ただ、正式事実審理（trail）に入った後、会社は当然の訴訟当事者として基本的には被告となる[20]ため、日本において大いに議論されてきた会社の被告取締

14　竹内・前掲注（8）224~225頁。

15　*See, e. g.,* N.Y. Bus. Corp. Law § 626, Cal. Corp. Code § 800, Delaware General Corporation Law § 327, Del. Ch. Ct. R. § 23.1.

16　田中＝竹内・前掲注（10）38頁。

17　ALI, *supra* note（9）, at 3~213.

18　米国の株主代表訴訟制度を紹介する文献が多く存在している。例えば、竹内・前掲注（8）の文献のほか、安部一正「米国における株主代表訴訟の実態調査報告」商事法務1446号（1997）9~17頁、手塚裕之「米国株主代表訴訟制度の現代的動向と日本における代表訴訟［Ⅰ~Ⅲ］」商事法務1334号40~44頁、1336号30~37頁、1337号17~24頁（1993）、または北沢正啓「米国会社法における株主の代表訴訟」法学協会雑誌68巻6号（1950）659頁等がある。

19　ALI, *supra* note（9）, § 7. 16, at 203.

26　第2章　株主代表訴訟の機能と位置づけ

役側への訴訟参加の問題はそもそも生じない[21]。

　次にとりわけ訴訟提起の段階の手続については、次のような特色がある。株主の代表訴訟提起権は単独株主権として認められているが、問題となる被告取締役等の行為が行われたときから引き続き株主であることが提訴の資格要件（いわゆる行為時株式所有の要件）とされている[22]。また、提訴株主は同様の状態にある株主の利益を公正かつ適切に（fairly and adequately）代表していること（いわゆる適切代表性の要件）も要求されている[23]。さらに、株主は代表訴訟を提起する前に、原則として取締役会に対して訴訟を提起することを請求するためのデマンド（demand）を行う必要があり[24]、かつ訴えを提起するか否かについての取締役会や独立取締役からなる特別訴訟委員会の判断は、経営判断原則により裁判所によって尊重されることが多い。かかる判断が経営判断として位置づけられているため、取締役会や特別訴訟委員会が株主からの提訴の請求を拒否した場合は、株主は直ちに代表訴訟を提起することができず[25]、提訴の請求を拒否した取締役会等の決定が取締役の信認義務違反となるか否かがまず争われることになる。

　さらにデマンドの手続の免除等により、株主によって訴訟が提起された場合であっても、利害関係のない独立取締役から構成される取締役会や取締役会が委任した特別訴訟委員会は、適切な調査に基づき、訴訟を提起しないほうが会社の最善の利益になると判断した場合に、裁判所に対して株主代表訴訟の却下を申し立てることができる[26]。

20　米国の株主代表訴訟における会社の地位については、かかる訴訟が会社のために行われ、会社が救済の帰属を受けかつ判決によって拘束されるため、会社は必要不可欠な当事者であるとされる。そして、会社は任意に原告とならなかった以上、被告となるほかないため、会社は受益的・名目上の被告である。HENN & ALEXANDER, *supra* note (13), at 1037. もっとも、株主が株主代表訴訟によって会社に対し、会社に属する権利の行使を強制すると解しうる限り、会社は実質的な被告ともいえるという見解がある。北沢・前掲注 (18) 672頁。

21　なお、日本法においては、株主が原告となって会社のために株主代表訴訟を提起した場合、会社は当事者とならないが、その判決の効力は当然会社に及ぶ（民事訴訟法115条1項2号）。

22　ALI, *supra* note (9), §7.02 (a)(1)(2), at 32~33.

23　*Id.* §7.02 (a)(4), at 33.

24　*Id.* §7.03 (a), at 51~52. ただし、第3章第2節で検討するように、デマンド制度の具体的な内容は州によって異なりうる。

25　ただし、デラウェアのようなデマンドの免除を認める州においては、被告取締役の支配等の事情があり、提訴請求が無益（futile）とされる場合は事前の提訴の請求が免除される。免除の場合、株主は直ちに株主代表訴訟を提起することができる。カーティス・J・ミルハウプト編『米国会社法』（有斐閣、2009）122~125頁等参照。

26　取締役会また特別訴訟委員会の独立性については ALI, *supra* note (9), §7.09, at 117~118を、

また、被告取締役等の申立てにより、裁判所は原告株主に担保の提供を命ずる場合もある。例えば、ニューヨーク州会社法は、株主代表訴訟を提起した者が発行済株式の5%未満の株主である場合には、その持株の時価が5万ドル以上でない限り、会社の請求に応じて担保を提供しなければならないと規定する[27]。

加えて株主代表訴訟の和解については、裁判所の承認を得たことを前提に、原告・被告間の合意による和解[28]と原告の同意のない被告・会社間の合意による和解[29]が認められる。和解の承認を求める者は、その和解が会社および株主の最善の利益となることについての立証責任を負担しなければならない[30]。ただ、和解の条件は会社に対する金銭的支払いのほか、非金銭的な救済も認められる[31]。例えば、和解の内容の一部として監査委員会や指名委員会の設置、自己取引にかかわった取締役や役員の解任等の是正措置を、和解により訴訟を終了させるための対価とすることができる。

以上のように、米国では株主代表訴訟の濫用を防ぐために、訴訟の提起から和解までの各段階において、多様な対策がとられている。米国の株主代表訴訟制度の内容においてみられたこれらの特色は、米国における当該制度の有する機能およびその位置づけに対する考え方と一定の関係を有すると考えられる。そこで、次は米国における株主代表訴訟制度の機能に関する実証研究を踏まえたうえで、当該制度の機能および位置づけについて、米国ではどのように理解されているかを検討する。

2　米国における株主代表訴訟制度の機能に関する実証研究

長い歴史と豊富な判例の蓄積を有する米国でも、株主代表訴訟制度の機能については、古くから論争があるものの、なかなか収束せず[32]、実証研究についても

　　却下請求に基づき裁判所の判断については *id.* § 7.10, at 124~126を参照。

27　N.Y. Bus. Covp. Law § 627. それに対し、カリフォルニア州では株式保有高による区分を設けず、当該訴訟は会社または株主に利益を与える相当な見込みがないこと、または被告取締役が問題の取引に関与していないことを立証した場合は、裁判所は原告に5万ドルを限度に担保提供を命ずることができると定められる。詳細については、本書第4章第3節を参照。

28　ALI, *supra* note (9), § 7.14, at 176.

29　*Id.* § 7.15, at 189.

30　*Id.* § 7.15, at 184.

31　*Id.* § 7.14, at 186.

32　三輪芳朗「株主代表訴訟」三輪芳朗＝神田秀樹＝柳川範之編『会社法の経済学』（東京大学出版社、1998）163頁。

28 第2章 株主代表訴訟の機能と位置づけ

1940年代から続々と行われてきたが、統一した結論が得られていないようである[33]。

　1980年代に行われた株主代表訴訟に関する実証研究の多くは株主代表訴訟によって会社と株主が利益を得られることについて懐疑的あるいは否定的な態度をとっている[34]。1990年代以降の実証研究には、株主代表訴訟のもたらす（会社や株主の得られる）経済的利益に対しては懐疑的でありながらも、それと異なる視点から、株主代表訴訟の意義を検証したものがみられる。

　まず、他の学者によって頻繁に引用されている米国の法律学者 Romano の実証研究[35]をみることとする。Romano は、ニューヨーク証券取引所または NAS-DAQ に上場されている、または過去に上場されていた会社から、ランダムに535社をサンプルとして抜き出して、1960~1987年に提起された株主による（株主代表訴訟とクラス・アクションを含む）訴訟に関するデータをもとに、訴訟によって株主が得られる直接的（direct）および間接的（indirect）なベネフィットについて調査を行った[36]。しかし、これらのデータに対する分析の結果によれば、株主による訴訟がコーポレート・ガバナンスの仕組みとして効果のないものではないとしても、弱いものであるという結論であった[37]。

33　ALI, *supra* note（9）, at 9.
　　最初の実証研究の成果は、1944年の「wood report」に遡ることができる。Franklin Wood は、1936~1942年の間にニューヨークシティーで提訴された1400件の株主代表訴訟を対象に研究し、株主代表訴訟の一貫したパターン（a consistent pattern）をまとめた。すなわち、①原告株主の保有株式が多くの事案において僅かな数にとどまり、②原告側が訴訟の勝利を得たケースが稀であり、③（会社はほとんど何も得られなかった）私的和解が一般的であるというパターンである。それに基づき、Wood は株主代表訴訟のコストがそのベネフィットを上回ると結論づけた。

34　*See, e. g.,* Daniel R. Fischel & Michael Bradley, *The Role of Liability Rules and the Derivative Suit in Corporate Law: A Theoretical and Empirical Analysis,* 71 Cornell L. Rev. 261（1986）; John C. Coffee, Jr., *The Unfaithful Champion: The Plaintiff as Monitor in Shareholder Litigation,* 48 Law and Contemp. Prob. 5（1985）; Bryaant G. Garth, Ilene H. Nagel & Sheldon J. Plager, *Empirical Research and the Shareholder Derivative Suit: Toward a Better-Informed Debate,* 48 Law and Contemp. Prob. 137（1985）; Thomas M. Jones, *An Empirical Examination of the Resolution of Shareholder Derivative and Class Action Lawsuits,* 60 B. U. L. Rev. 542（1980）. なお、それらの研究の結果のサーベイとして、ALI, *supra* note（9）, at 9~12を参照。
　　もっとも、米国法律協会（ALI）はそれまでの実証研究に対して、株主代表訴訟の任務懈怠抑止機能が十分に検討されていないという問題を指摘し、その結論に対する評価は消極的である ALI, *supra* note（9）, at 12. "The existing state of the empirical data does not answer many important questions."

35　Roberta Romano, *The Shareholder Suit: Litigation Without Foundation?* 7 J. Law, Econ., & Org. 55（1991）.

36　*Id.* at 55.

当該研究において結論として示されたのは、以下の5点である[38]。①公開会社
(the public corporation) においては、株主による訴訟の提起は稀にしか起こらな
い出来事であり、かつそのほとんどは和解で終了し、和解においては会社が極め
て僅かな賠償金しか得られない。そして和解で終了した事案のうち、金銭的な救
済が得られたものは少なく、取締役会の構成の変更等をはじめとする構造的な救
済を要求した和解のほとんどは実質を伴わない表面的な変更の提案にとどまって
いる。したがって、訴訟によってベネフィットを受けるのは、会社に実質的な救
済をもたらさない和解においても常に報酬を得られる株主側の弁護士であると考
えられる。②トップ経営陣の交代と訴訟の関連性に対する分析からみれば、株主
の提起した訴訟による具体的な抑止 (specific deterrence) の証拠はほとんど見当
たらない。③経営陣の違法行為が株主訴訟の提起の見込み (the prospect of share-
holder litigation) によって抑止されているため、実際に起こった訴訟が些細な違
反についてのものにほかならないという解釈もありうるが、具体的な抑止を示す
証拠が見つからないため、その一般的な抑止 (general deterrence) も弱いと考え
る。ただし、④経営陣に対する予備的なモニターとして (as a backup monitor of
management) の訴訟の間接的なベネフィットについては、訴訟が取締役会に代
替するガバナンス・メカニズム (an alternative governance mechanism) として機能
していることを示す証拠が乏しいが、株式の大量保有者である大株主にとって
は、会社の政策を変更させるために、訴訟が有益なものでありうる。最後に⑤
コーポレート・ガバナンスを構成した1つの仕組みとしての役割に付随する潜在
的な社会的ベネフィット (one potential social benefit)、すなわち取締役等の可能な
行動の範囲を明確にする裁判所の判断によって株主代表訴訟の対象となった会社
のみならず、全ての会社が便益を得る可能性については、検証はしなかったが、
法的ルールを生じさせるには多数の訴訟が必要であるため、現在の訴訟レベルは
何らかの公共財としての便益 (public good benefits) をもたらすに最適 (optimal)
であると信じる理由がない。

また、Thompson & Thomas による実証研究[39]は、公開会社 (public company)

37　*Id.* at 84.

38　*Id.* at 84~85.

39　Robert B. Thompson & Randall S. Thomas, *The Public and Private Faces of Derivative Law-
suits*, 57 VAND. L. REV. 1747 (2004).

30　第2章　株主代表訴訟の機能と位置づけ

においては株主代表訴訟が新しい法的ルールの誕生を促す効果を有し、私会社（private company）においては株主の利益をめぐる紛争と取締役の注意義務の違反を規制するうえで役割を果たしうる[40]と主張した。それを証明するために、Thompson & Thomas は1999年および2000年の2つの年度にデラウェア州衡平法裁判所（Delaware Chancery Court）に対して提起された全ての会社訴訟（corporate litigations）を調査した。その結果、公開会社に対して提起された株主代表訴訟と私会社に対して提起されたそれとは大いに異なる役割を有していることを指摘した[41]。私会社の場合には、株主代表訴訟は事後的な救済措置として株主間の紛争を解決するうえで重要な役割を果たすと考えられるものの、手続の便宜上の理由で直接訴訟のほうが好まれ、濫訴防止のために多数の制限が設けられた株主代表訴訟に対する需要は多くないようである[42]。他方で、公開会社に関してはとりわけ（支配株主と会社または現職経営者と会社との間にあった）利益相反取引といった典型的な忠実義務違反が問題とされた場合に、株主代表訴訟が会社に金銭的救済をもたらし、株主によるモニタリングとして一定の価値があると考えられる[43]。以上を踏まえて、両教授は公開会社の株主代表訴訟につき、特に機関投資家による監督を促進すべきであるとして、訴訟提起の手続の障害（procedural barrier）を減らすために事前の取締役会に対するデマンドの要求（the demand requirement）を緩和することおよび少なくとも取締役の忠実義務違反に関する訴訟では、持株比率が1％以上である株主に対してデマンドを免除すべきであることを提言した[44]。

　その後、Davis は2000年から2007年第1四半期までの間にデラウェア州法準拠会社において提起され、（株主代表訴訟として申し立てられたもののほか、事前の提訴請求を要求するデマンドの手続きを免れるために直接訴訟として提起されたものの、派生的なものであると裁定されたものを含む）派生的な訴訟請求が含まれた294件の訴訟を調査し、これらの訴訟を3種類、すなわち閉鎖会社型（closely held firms）、公開会社の不正行為型（corporate impropriety）および公開会社の支配権濫用型（exploitation of control）に分類したうえで、それぞれの種類の株主代表訴訟の機能につ

40　*Id.* at 1749.
41　*Id.* at 1784.
42　*Id.* at 1785.
43　*Id.* at 1786.
44　*Id.* at 1792.

いて検討を行った[45]。

この研究は次のことを指摘した[46]。株式会社、有限責任会社および有限責任パートナーシップを含む閉鎖会社においては、株主代表訴訟が株主間紛争の解決に用いられるが、これらの紛争は事前の契約または事後の直接訴訟により解決されうるため、第1種の閉鎖会社型の株主代表訴訟による救済は必要不可欠でない。公開会社の財務上の虚偽記載や証券詐欺、取締役の監視義務違反ならびに役員報酬を問題とする第2種の不正行為型の株主代表訴訟については、効率な証券市場、マスコミによる精査（media scrutiny）および公的機関によるエンフォースメントにより、株主代表訴訟の機能が代替可能であり、かつこれらの手段を利用することにより濫訴のコストと混乱を回避できるメリットがあるため、第2種の株主代表訴訟の意義も限定的である。ただし、会社と支配権株主との利益相反取引等が問題となる公開会社における支配権濫用の場面においては、閉鎖会社の株主のように契約によるアレンジメント（private arrange ments）または株主に対する個別な救済（shareholder-specific remedies）が利用できないだけでなく、多くの会社は財務アナリストやマスコミによる厳格な精査を受けられるほどの規模を有しないため、第3種の支配権濫用型の株主代表訴訟は決定的な重要性（critical importance）を有する。もっとも、第2種の不正行為型の株主代表訴訟は研究対象のなかで最も大きい割合を占めており、先例を創出することによりいわば公共財としての意義を有すると考えられる[47]。

さらに、Erickson による研究[48]は、2005年から2006年までの12カ月の間に連邦裁判所において提起された182件の株主代表訴訟を調査し、研究対象の約3割が和解により終了した[49]ことに注目し、和解条項の内容を検討した結果、次のことを示唆した。

45　Kenneth B. Davis, Jr., The Forgotten Derivative Lawsuits, 57 VAND. L. Rev. 387（2008）.

46　*Id.* at 450.

47　*Id.* at 435~438.

48　Jessica Erickson, *Corporate Governance in the Courtroom: An Empirical Analysis*, 51 WM. & MARY L. REV. 1749（2010）. 当該研究によれば、デラウェア州で提起された株主代表訴訟の数（年に約40件）をはるかに超える多くの株主代表訴訟は連邦裁判所で提起されている。*Id.* at 1761~1762.

49　調査対象の訴訟の約4割は（主に訴訟手続上の理由により）却下され、全体の2割以上は（原告株主側により）取り下げられた。勝訴した2件および係属中の12件を除き、残りの全部（全体の約3割）は和解により終了した。*Id.* at 1788~1795.

32　第2章　株主代表訴訟の機能と位置づけ

　閉鎖会社の株主代表訴訟の和解に関しては、入手できた限られた和解条項をみるかぎりでは、会社に金銭的な損害賠償を与えたものがなく、原告株主の株式を会社が買い取る等原告側にとって有利な内容が含まれるものが存在している。それに対し、公開会社に関しては、会社に経済的利益（金銭的な支払いまたはストック・オプションの取消または再評価）をもたらしうるものは18件（研究対象全体の13.5%）あるものの、うちの16件がストック・オプション関係の株主代表訴訟であり、さらに D&O 保険によるカバーを考慮すると、これらの和解は会社に実質的な経済的利益をもたらさないと考える[50]。また、公開会社の株主代表訴訟の和解の多く（35件、研究対象全体の26.3%）にはコーポレート・ガバナンスの改善を内容とする条項が盛り込まれているが、コーポレート・ガバナンス全般に関わるものが多く、訴状における原告の主張に直接対応するものが少ないため、これらの和解条項の具体的な不正行為を抑止する効果が限定的であるという[51]。さらに、本来株主代表訴訟の果たすべき役割は取締役等役員の信認義務のエンフォースメントであるにもかかわらず、一部の機関投資家をはじめとする行動主義の投資家が自らのコーポレート・ガバナンスに関する理念を会社に受け入れてもらうための手段として利用されているようであるため、実質的に当該会社のコーポレート・ガバナンスの改善につながるかは明らかでない[52]。

　以上のように、株主代表訴訟制度が最も発展し成熟している米国においても、株主代表訴訟が実際に果たしている機能については、多数の研究の蓄積があるものの、コンセンサスが必ずしも得られていない。しかし、これらの研究の結果からは少なくとも2つの共通点がみられる。すなわち、コーポレート・ガバナンスの手段としての株主代表訴訟の果たしうる役割については、会社ひいてはその株主に賠償金をもたらし損害を回復させるという機能に限界があると考えられること、および特に公開会社においては経営判断の原則が適用されない取締役の忠実義務のエンフォースメント手段としては、その存在価値を完全に否定すべきではないし、または実際に測ることが困難であるが、社会全体にとっては経営者に対して一般的な抑止効果を有する可能性があり、先例を創出することによりいわば公共財としての意義を有すると考えられることである。

50　*Id.* at 1798～1803.
51　*Id.* at 1808～1811.
52　*Id.* at 1811～1816.

3 米国における株主代表訴訟制度の機能および位置づけ

「分析と勧告」によれば、株主代表訴訟の主な機能（目的）は取締役等の違法行為・任務懈怠行為の抑止（deterrence）および会社（株主）の損害回復（compensation）である[53]。この2つの機能は、併存しながらも、しばしば乖離するという関係（competing）にあるため、米国の裁判所は、ある場合には株主代表訴訟制度の任務懈怠抑止機能を強調するが、別の場合には損害回復機能を重視する[54]。以下は、株主代表訴訟の有する上記の2つの機能の相互関係およびそれによって生じる問題を具体的に検討した代表的な学説をみることとする。

Coffee, Jr. & Schwartz[55]は以下のように、株主代表訴訟の損害回復機能には限界があることおよび株主代表訴訟の中心的な役割は経営者の違法行為・任務懈怠行為に対する抑止であることを説明した。具体的には、まず株主の構成は株式の譲渡によって絶えず変動するため、会社の被った損害の発生時に当該会社の株主であった者が株式を譲渡した場合には、仮に会社が株主代表訴訟を通じて損害賠償を受けられるとしても、（その前に株式を手放した）株主の被った損害は回復されず、後に株主となった者はたなぼたの利益（a windfall gain）を受けることになるという問題があると考えられる[56]。確かに、米国法は株主代表訴訟によって回復される損害を（個々の株主ではなく）会社のそれとみること、および株主代表訴訟の原告に対してかかる損害をもたらした取締役等の違法行為・任務懈怠行為が発生した時から当該会社の株主であることを提訴の資格要件（行為時株式所有の要件）として要求することによって、この問題に対応した。しかし、この解決方法は新たな問題をもたらした。すなわち、仮に株主代表訴訟によって回復されるのは（個々の株主の損害ではなく）会社の損害であるならば、行為時株式所有の要件を満たさない現在の株主にも原告適格を認めるべきであるという矛盾がある。Cottee, Jr. & Schwartz は、米国法はあえてこの矛盾を容認したことに鑑みれば、米国における株主代表訴訟の主な目的は（損害回復機能ではなく）任務懈怠抑止機能であると解すべきであるという[57]。また、仮に株主代表訴訟の損害回復機能を重視するならば、取締役等の信認義務違反があったときに株主は会社の被っ

---

53 ALI, *supra* note (9), at 12.

54 *Id*. at 12~14.

55 John C. Coffee, Jr. & Donald E. Schwartz, *The Survival of the Derivative Suit: An Evaluation and a Proposal for Legislative Reform*, 81 COLUM. L. REV. 261 (1981).

56 *Id*. at 302~303.

34　第 2 章　株主代表訴訟の機能と位置づけ

た損害を通じて間接な損害を受けるほか、当該違反のもたらした株価の変動等による影響も受けるため、会社は株主代表訴訟を通じて損害賠償を得られるとしても、株主の被った損害はそれによって必ずしも完全に回復されず[58]、会社は相当な損害賠償を受けたときであっても、株主は自らの保有株式数に応じて割合的な利益しか受けられない[59]という点に問題がある。これらのことは、株主代表訴訟の損害回復機能の存在およびその重要性を否定するものではないものの、当該機能が株主代表訴訟を認める中心的な目的でないことを示唆している[60]。

　しかし、株主代表訴訟の損害回復機能と任務懈怠抑止機能の有するこのような関係は 2 つの機能間の均衡をどのようにとるべきかという困難な課題をもたらす。例えば、株主代表訴訟によって会社が得られる損害賠償の額が訴訟のコストを下回るときは本来なら争う余地のある（meritorious）訴訟を終了させるべきか、または被告取締役等に対して株主代表訴訟で争われている任務懈怠行為が実質的に会社に利益をもたらしたという抗弁を認めるべきかといった問題に関しては、損害回復の機能を重視すれば肯定する結論になるが、任務懈怠抑止の機能はその逆の結論を導くと考えられる[61]。また、ある任務懈怠行為の抑止が会社の将来の利益に大きく貢献する場合には、損害賠償の目的より任務懈怠抑止の目的を優先にして原告株主の訴えを広く認めるべきであると考えられるが、他方で株主代表訴訟により求められる高額の損害賠償が取締役等の行動を委縮させ、さらに将来の取締役等の選任の困難や報酬の高騰等をもたらし会社の利益に悪影響を与える可能性が高い場合には、このような株主代表訴訟はかえって会社の利益に反するものになると考えられる[62]。したがって、株主代表訴訟の任務懈怠抑止機能は重要な機能であるものの、あらゆる場面においてそれだけを重視すればよいというわけではない。

　この問題と関連して、「分析と勧告」はとりわけ株主代表訴訟の提訴段階において、取締役会または特別訴訟委員会が当該訴訟の追行が会社にもたらすコストおよびベネフィットを勘案して下した当該訴訟を却下すべきであるという判断が

57　*Id.* at 303.

58　*Id.* at 304.

59　*Id.* at 305.

60　*Id.*

61　*Id.*

62　三輪・前掲注（32）173頁。

第 2 節　米国における株主代表訴訟制度の機能と位置づけ　　*35*

裁判所の審査基準を満たした場合には、裁判所は当該訴訟を却下しなければなら
ないとする一方、非難の度合いの大きい違法行為に対しては訴え却下の判断を慎
重に行い、社会的に強く非難すべき取締役等の行為を訴える株主代表訴訟を却下
すべきでないとした[63]。前者の提言は株主代表訴訟の損害回復機能を重視してい
るのに対し、後者の提言はその任務懈怠抑止機能を重視しているようである[64]。

　以上のような検討だけでは米国において株主代表訴訟の両機能の均衡がどのよ
うにとられているかを必ずしも十分に説明することができないものの、訴訟の提
起段階においては、また和解の段階においても、取締役会または特別訴訟委員会
等が当該訴訟の継続が会社の最善の利益にならないとして、株主のデマンドを拒
絶しまたはいったん提起された株主代表訴訟を却下させ、あるいは和解によって
終了させることを裁判所に求めた場合には、裁判所はその判断を尊重することが
多いという事実に鑑みれば、米国においては株主代表訴訟の主な機能（目的）は
経営者の違法行為・任務懈怠行為の抑止であると解されているものの、具体的な
制度設計や裁判所の判断においては、損害回復機能の限界に由来する会社の利益
にそぐわない訴訟の提起に対応するために一定の考慮がなされているようで
ある。

　これは実証研究の結果および米国のコーポレート・ガバナンスの現実に整合し
ていると思われる。実証研究の結果によれば、株主代表訴訟の果たしうる損害回
復機能には一定の限界があるものの、とりわけ公開会社においては株主によるモ
ニタリングの仕組みとしての価値を有する。また現実としては、米国では株主代
表訴訟の提起が会社や株主の利益にならないかもしれないという懸念の声が高
かったにもかかわらず、コーポレート・ガバナンスの重要な構成要素として古く
から重視されてきた[65]。

　また、このような役割および限界を有する株主代表訴訟制度の位置づけについ
て、「分析と勧告」は、株主代表訴訟は経営者の違法行為・任務懈怠行為から株

63　ALI, *supra* note（9），§ 7.10, at 129~131.

64　北村・前掲注（2）33~34頁。

65　「分析と勧告」の第Ⅶ編「救済」の25ヵ条のうち、株主代表訴訟が17ヵ条を占めているのが象徴
　　的である。ALI, *supra* note（9），at 3~221.

　　なお、近時でもとりわけ株主代表訴訟の任務懈怠抑止機能を評価した研究は少なからず存在す
　　る。*See, e.g.*, Daniel J. Morrisey, *Shareholder Litigation after the Meltdown*, 114 W. VA. L. REV.
　　531（2012）; Kenneth B. Davis, Jr., *supra* note（45）.

36 第2章 株主代表訴訟の機能と位置づけ

主を保護するための第一の（initial）手段ではなく、またそのための主要な（primary）手段でもないが、専門家としての経営者に求められる行動規範、社外取締役による監視、市場の矯正力、および株主の議決権の行使等様々な仕組みと補いあって、会社経営者の説明責任（accountability）を強化することができると示した[66]。

第3節　日本における株主代表訴訟制度の機能と位置づけ

1　株主代表訴訟制度の導入およびその改正

（1）昭和25年商法改正による日本法への導入

　昭和25年改正前、ドイツ法を継受した[67]日本の商法は、取締役の会社に対する責任の追及に関して、株主総会での提訴決議と少数株主による監査役（会）に対する提訴請求を認めるにとどまっていた[68]。昭和25年、連合軍司令部（以下「GHQ」という）の指導のもとで経済科学局（ESS: Economic and Scientific Section）が中心となって日本側と協議を重ね、このような背景のもとで商法改正は行われた[69]。当時、GHQ は株式会社の民主化を狙って、株主地位の強化を強く要請し、最終的に日本法に導入された株主代表訴訟に関する規定は、当該改正の主要項目の1つである「少数株主の権利および救済」の一部として GHQ 側によって提案され、日本側の立案担当者は GHQ の原案を日本の法律構造に合致させるように、訴訟技術の点において修正して受け入れたものである。GHQ は最初米国型のクラス・アクション的な株主代表訴訟の直接的な導入を考えていたようであ

66　ALI, *supra* note（9）, at 5; *See also*, Jill E. Fisch, *Teaching Corporate Governance Through Shareholder Litigation*, 34 GA. L. REV. 746, 747（2000）.

67　周剣龍『株主代表訴訟制度論』（信山社、1996）223頁。江頭・前掲注（3）493頁。

68　昭和25年改正前の商法において、取締役の会社に対する責任を追及する訴訟については、株主総会において取締役に対して訴えを提起することを決議したときは、会社は決議の日から1ヶ月以内に訴えを提起しなれればならない。また、株主総会において取締役に対して訴えを提起することを否決した場合は、会日の3ヶ月前より引続き資本の10分の1以上に当たる株式を有する株主が訴えの提起を監査役に請求したときは、会社は請求の日から1ヶ月内に訴えを提起しなければならない（明治32年商法178条）。昭和25年商法改正前の取締役責任追及の制度についての説明として、上柳ほか編・前掲注（4）〔北沢〕355~356頁、德田和幸「株主代表訴訟と会社の訴訟参加」法曹時報48巻第8号（1996）1667~1690頁等がある。

69　昭和25年に株主代表訴訟制度が制定された経過について、田中＝竹内・前掲注（10）40~43頁、德田・前掲注（68）1669~1680頁、中島弘雅「株主代表訴訟における訴訟参加」小林秀之＝近藤光男編『新版・株主代表訴訟大系』（弘文堂、2002）243~250頁が詳しい。

るが、株主権の濫用を懸念する日本側の要望に妥協した結果、裁判所による原告株主の適切代表性の判断の規定[70]を削除し、会社の訴訟参加（昭和25年改正商法268条1項）、詐害再審の訴え（同法268条の3第1項）、担保の提供（同法267条3項）[71]を認める法案が成立した。

このように、昭和25年商法改正により株主の単独訴権として株主代表訴訟が認められるようになったのは、戦後、米国の強力な指導のもとにおかれていた特殊な政治環境によるものであった。当該改正商法の立法過程および立法当時参照可能であった米国の株主代表訴訟制度の規定に関する当時の解釈に鑑みれば、日本の株主代表訴訟を「個々の株主が、会社の権利（損害賠償請求権）を、全株主の代表者の資格で行使する訴訟」であると解すべきであり[72]、導入の際にはその機能に関して、主に損害回復機能が念頭におかれていたといえよう。

（2）平成5年商法改正

日本法に導入された株主代表訴訟制度は、米国の当該制度と比べれば株主が提訴する段階で会社の業務執行機関等の判断を待つ必要がなく、裁判所が原告株主の提訴権限を判断しないということから、提起しやすい制度設計であると言われてきた[73]。ただ、実際の利用件数をみると、昭和25年導入されて以来、長い間活用も濫用もされていない状態にあった[74]。その利用の実態につき、当時の学説の中で「濫用防止の名の下に、活用できない制度にしてしまうのは、まさに角を矯めて牛を殺す類いの行為であろう」という厳しい指摘があり、株主代表訴訟制度の活用はかねてから唱えられてきた[75]。

90年代に入ってから、バブル経済の崩壊にともない、証券会社の損失補てんや

70　GHQ側の原案（1949年5月4日付）第1項。徳田・前掲注（68）1672頁。

71　もっとも、昭和25年改正商法は、訴えの提起に対する経済的な面からの制約を除くために、いったん担保の提供に関する規定を廃止したが、昭和26年における改正法施行前の再改正で修正のうえそれを復活させた。上柳ほか編・前掲注（4）372頁〔北沢〕。

72　中島弘雅「株主代表訴訟の制度趣旨と現状」民商法雑誌115巻4・5号（1996）510頁。

73　山田泰弘「代表訴訟と役員等の責任」浜田道代先生還暦記念『検証会社法』（信山社、2007）228頁。

74　初めての事案は北日本製鉄株式会社株主代表訴訟事件（東京地判昭和39・10・12下民集15巻10号2432頁）である。また、初期の有名な事案としては、八幡製鐵株主代表訴訟事件（最判昭和45・6・24民集24巻6号625頁）、横河電気製作所株主代表訴訟事件（最判昭和51・3・23金融・商事判例503号16頁）、三井鉱山株主代表訴訟事件（最判平成5・9・9民集47巻7号4814頁）等がある。

75　竹内・前掲注（8）284~287頁。

38　第 2 章　株主代表訴訟の機能と位置づけ

飛ばしといった金融不祥事、ゼネコンによる贈賄問題、総会屋に対する利益供与、使途不明金問題等の大企業がからむ企業不祥事が続発し、取締役あるいは監査役等に対するチェック制度が十分に機能していないのではないかという意見が主張されるようになった[76]。また、制度改正の直接的な契機になったわけではないが、1990年より始まった日米の貿易不均衡の原因をなす構造的な障壁を解消することを目的とする日米構造協議（SII: Structural Impediments Initiative）において会社法の見直しという事項が盛り込まれ、そこにおいて、米国側から株主代表訴訟制度の改善という問題も提起された[77]。このような背景のもと、昭和25年の受け身の改正とは異なり、法制審議会商法部会会社法小委員会は自ら株主の権利の強化を取り上げ、株主代表訴訟制度の改善をめぐり審議を重ねた[78]。

　それを受けて行われた平成 5 年の商法改正には、株主代表訴訟に関する改正として、従来実務上の見解が分かれていた原告株主が提訴時に裁判所に納付する申立手数料[79]を一律8,200円[80]とすることおよび勝訴株主が会社に対して勝訴のために支出した費用のうち相当額の支払いを請求できるようにしたこと[81]という 2 点があった。

76　北村・前掲注（ 2 ）44頁。

77　岩原紳作ほか「〈座談会〉株主代表訴訟制度の改善と今後の問題点」商事法務1329号（1993）11頁（吉戒発言）。

78　岩原ほか・前掲注（77） 6 頁（吉戒発言）。

79　株主代表訴訟の申立手数料の算定については、学説の中で、請求容認の場合に会社が受ける利益が訴訟の目的価額であるとして原告の請求額に基づき申立手数料を算定すべきであるとする見解（いわゆる「請求額説」）と、請求容認の場合に株主の受ける利益の算定が困難であるため、民事訴訟費用等に関する法律 4 条 2 項に準じて訴訟の目的の価額を95万円とみなして申立手数料を算定すべきであるとする見解（いわゆる「95万円説」）とが対立していた。北村・前掲注（ 2 ）45頁。
　　また、裁判実務での取扱いも分かれていた。代表的な裁判例として、日興証券代表訴訟事件があげられる。一審判決（東京地判平成 4 ・ 8 ・11判例タイムズ797号285頁）は前者の請求額説をとり、原告に手数料の不足額 2 億3,537万円余の印紙の追貼を命じた。原告が控訴したところ、控訴審判決（東京高判平成 5 ・ 3 ・30判例タイムズ823号131頁）は、後者の95万円説をとり、手数料は8,200円で足りるとした。上告審判決が出たのはもはや平成 5 年商法改正の後であったが、最高裁（最判平成 6 ・ 3 ・10資料版商事法務121号149頁）は、原審判断は是認し得ないものではないとして上告を棄却した。

80　当時の商法267条 4 項と民事訴訟費用 4 条 2 項によれば、株主代表訴訟が財産権上の請求でない訴えとみなされるため、訴訟の目的の価額は95万円とみなされ、その額をもとに算出する訴訟費用は8,200円であった。現行会社法では、株主代表訴訟の訴訟費用の額は平成26年改正会社法847条の 4 第 1 項（改正前会社847条 6 項）および民事訴訟費用 4 条 2 項によって算出され、一律13,000円となる。

81　平成17年改正前商法268条の 2 第 1 項、会社法852条 1 項。

第3節　日本における株主代表訴訟制度の機能と位置づけ　*39*

　株主代表訴訟制度の利用上の大きな阻害要因を除去したこれらの改正に対して、当時の学界および経済界はいずれも比較的冷静に受け止めた。学説では、株主代表訴訟は原告株主にとって勝訴しても経済的には得るものが少なく、今度の改正によって、その利用を阻害する要因がなくなっただけであって、株主には株主代表訴訟を提起するインセンティブが依然として少ないため、提訴件数は激増することがないだろうとの見解が多かった[82]。また経済界では、この改正に対して、被告の立場に立たされる可能性のある経営陣が歓迎するはずがないものの、意外に強い反対がなかった。それは当時の社会状況によるものであると考えられる。なぜなら、企業不祥事が相次ぎ、企業に対する不信感が高まっていた中、株主代表訴訟の利用上の障害を除去する法改正に反対することは経済界に対する批判を助長させる結果になりかねないからである[83]。

　しかし、平成5年の改正を契機に、株主代表訴訟の提訴件数の著しい増加や請求金額の高額化はその後実際に生じた[84]。訴訟費用の低廉化と企業不祥事の表面化とが相まって、急激に増加した株主代表訴訟は経営者に緊張感をもたらしたとみられている。取締役会の経営判断の慎重化は、特に不良債権問題を抱える銀行や損失補てん問題が取り上げられた証券会社において顕著であったとされる[85]。実質的に機能し始めた株主代表訴訟は、違法・不当な経営に対する最も効果的なチェック手段であるといわれ[86]、バブル経済崩壊後のコーポレート・ガバナンスの強化に一役買ったとみられる。

（3）平成13年商法改正

　平成5年商法改正によって訴訟費用の面において提訴が容易になった株主代表訴訟は、市民運動型の事件[87]が増加する傾向にあると指摘され、株主代表訴訟の

82　竹内昭夫「株主代表訴訟の活用と濫用防止」商事法務1329号（1993）35頁、岩原ほか・前掲注（77）11頁（高橋発言）。

83　山田・前掲注（73）232頁、岩原ほか・前掲注（77）11頁（高橋発言）。

84　通商産業省産業政策局産業資金課編『株主代表訴訟の現状と課題』別冊商事法務173号（1995）5〜6頁。1996（平成8）年〜2016（平成29）年までの株主代表訴訟の年間新受件数の統計は、序章第1節注（50）を参照。

85　前掲注（84）別冊商事法務173号18頁以下。

86　岩原紳作「株主の代表訴訟」ジュリスト1206号（2001）123頁。

87　代表的な例として、原子力発電所の建設反対を目的として原発建設のための支出金を会社に支払うことを請求した中部電力事件（名古屋高決平成7・11・15判例タイムズ892号121頁）がある。

40   第2章　株主代表訴訟の機能と位置づけ

濫用や高額の損害賠償の可能性が経営の委縮を惹起することが懸念され、株主代表訴訟の濫用防止策や取締役の責任の制限・免除等が議論の対象となった[88]。

　株主代表訴訟を制限すべきであるという経済界からの要望を受け、自由民主党政務調査会法務部会商法に関する小委員会が平成9年9月8日に発表した「コーポレート・ガバナンスに関する商法等改正試案骨子」には、監査役（会）制度の見直しと併せて、株主代表訴訟制度の見直しが盛り込まれた[89]。株主代表訴訟に関する提案には、株主の提訴資格の限定、会社の被告取締役側への補助参加、会社の（提訴）考慮期間の延長、取締役の責任の減免、訴訟上の和解等が取り上げられた。その後、商法学者を中心とした研究会の意見が公表され[90]、各界の意見を踏まえて検討がなされた結果、議員立法による監査役（会）制度の強化と株主代表訴訟制度の見直しが実現するに至った。成立した法律（平成13年法律第149号）における具体的な改正として、取締役の責任の一部免除制度（平成13年改正商法266条7～23項）、監査役の（提訴）考慮期間の延長（同法267条3項）、一般株主に対する訴訟提起の公告・通知（同法268条4項）、株主代表訴訟の訴訟上の和解（同法268条5～7項）および会社の被告取締役側への補助参加（同法268条8項）がある。

　当該改正の背景には、平成5年商法改正以降、株主代表訴訟による被告取締役等に対する損害賠償請求額の高額化が指摘され、被告の支払い能力をはるかに超えた損害賠償が容認された判決[91]が下されたという事情があった。被告取締役等の任務懈怠行為に故意があり、かつ違法性に対する認識の可能性や会社の被る損害の予見可能性が十分にあるとすれば、損害額がどれだけ大きくても、その全額につき損害賠償責任を認めるべきであることは論を待たないが、取締役等の不注意等の過失によって損害が発生した場合には、経営判断原則が適用される場合はともかく、それが適用されないこともありうるため、取締役等の責任制限の必要性を感じられる場合がある[92]。なぜなら、仮に被告取締役等に責任があるとして

88　北村・前掲注（2）46頁。

89　自由民主党法務部会商法に関する小委員会「コーポレート・ガバナンスに関する商法等改正試案骨子」商事法務1468号（1997）29～30頁。

90　前掲注（5）商事法務1471号9頁以下。

91　大和銀行株主代表訴訟事件1審判決（大阪地判平成12・9・20判例時報1721号3頁）は、任務懈怠責任が認められた大和銀行の取締役12人に、同行に対する1人当たり最高7億7,500万ドル（約829億円）、最低7,000万ドル（約75億円）の損害賠償を命じた。

92　岩原紳作「大和銀行代表訴訟事件一審判決と代表訴訟制度改正問題（下）」商事法務1577号（2000）12～13頁。

第3節　日本における株主代表訴訟制度の機能と位置づけ　*41*

も、それまでの功績や他の取締役等のリスクティクに与える影響等会社の長期的
利益を考慮して一定の免責を与えるほうが適切であると判断された場合や、余り
に巨額の損害賠償請求は被告取締役等の支払い能力に限界があることから、責任
追及の方策として実質的には無意味であり、むしろ被告取締役等が賠償できる範
囲まで免責を認める代わりに、速やかに賠償を実行させるほうが会社の利益にな
ると考えられる場合等がありうるからである。この問題に対して、裁判所の解釈
論的努力によって責任を制限し、それによって具体的で柔軟性のある解決が図ら
れることを期待できないわけではないが、解釈論としての限界から、責任に限度
を設けるのではなく、（過失の認定が厳格になりすぎたりすることによって）責任その
ものを否定する結果になってしまい、取締役等の責任追及が困難になるという逆
説的な状況が生じるおそれがあると指摘された[93]。株主全員の同意によってはじ
めて取締役等の責任が免除できるという従来の制度を緩和する立法の必要性は現
実に生じてきた。それらの点を勘案して取締役等の責任の一部免除制度が創設さ
れることにより、株主総会の特別決議や取締役会決議等の方法による取締役等の
責任の一部の免除が法定化されるようになった。

　平成13年商法改正の背景に鑑みれば、取締役等の責任の一部免除制度の創設は
株主代表訴訟の損害回復機能の限界とともに、任務懈怠抑止機能の実効性の確保
を考慮したものであると考えられる[94]。このほかに、平成13年改正商法は、株主
代表訴訟制度の合理化の一環として株主から提訴請求を受けた場合に、会社の検
討期間を従来の30日から60日に延長した。また、原告以外の株主に訴訟参加の機
会を確保し、馴れ合いによる訴訟追行の弊害を防ぐために[95]、一般株主に対する
公告・通知を制度化した。さらに訴訟の長期化や被告取締役等の資力の限界から
現実的な解決方法となる和解や、従来から学説・判例の見解が激しく対立してい
た[96]会社の被告取締役側への補助参加も明文化した。ただし、当初の改正提案に
あった原告適格の見直し、経営判断原則の法定化、担保提供制度における悪意の
疎明の明確化等提訴件数の増加に伴う濫用的な訴訟に対応するための立法措置は

93　岩原・前掲注（92）13頁。
94　北村雅史「取締役の責任軽減と株主代表訴訟」民商法雑誌126巻4・5号（2002）568~569頁。
95　前田雅弘「株主代表訴訟制度」森本滋編著『比較会社法研究──21世紀の会社法制を模索し
　　て──』（商事法務、2003）281頁。
96　小林秀之＝高橋均『株主代表訴訟とコーポレート・ガバナンス』（日本評論社、2008）35~41頁
　　を参照。

42 第2章 株主代表訴訟の機能と位置づけ

見送られた[97]。

その前の平成5年改正についてはそれが株主代表訴訟制度の利用件数を増やしただけではなく、それまで潜在的に存在した違法・不当な経営の問題に光を当て、株主代表訴訟の本来の機能を働かせることを促したとみるべきであるという意見[98]がある。経済界が懸念しているいやがらせ訴訟や濫訴に対応する必要性があるか否かはともかく、平成13年商法改正によって、原告株主が会社経営に関する情報を必ずしも十分に有していない等株主代表訴訟の構造上の不備を補完するために会社の株主代表訴訟への関与のあり方（被告側への会社の補助参加の手続き）を明確にし、株主代表訴訟を和解で終了させるための制度を整え、制度の実効性を高めるための措置がとられたといえよう。経済界の懸念が示唆した株主代表訴訟の損害回復機能の限界よりも、従来の制度設計の基本的な枠組みを維持して、コーポレート・ガバナンスの構成要素としての機能を発揮させることが重要であることは認識されていたと思われる[99]。

（4）平成17年会社法制定時における改正

平成17年会社法制定の際にも、経済界から株主代表訴訟制度の利用制限についての強い要請があった[100]。これを受け、内閣提出法案には「責任追及等の訴えにより、当該株式会社の正当な利益が著しく害されること、当該株式会社が過大な費用を負担することとなることその他これに準ずる事態が生ずることが相当の確実さをもって予測される場合」（修正前の会社法案847条1項2号）に株主の取締役等役員の責任追及訴訟が認められないという実質的にいわゆる「適切代表性」に類似する要件が盛り込まれた[101]。しかし、国会における審議では、「事前規制の緩和に伴い取締役の行動の自由度が拡大しているため、その行動を事後の責任追及で制御することが有効かつ重要な方策であり、新たに訴訟要件を法定すること

---

97 小林＝高橋・前掲注（96）44頁。
98 岩原・前掲注（86）123頁。
99 山田・前掲注（73）237頁。
100 具体的には原告適格について株式所有数・割合等の要件の設定、行為時株主要件の採用、担保提供命令要件の拡大、会社による情報提供の容認、株主全体（会社）の利益を考慮する仕組みの創設、取締役等の責任一部免除制度の拡充等が主張された。西川元啓「株主代表訴訟制度のさらなる見直し――適正な制度の構築のために――」商事法務1697号（2004）32~36頁。
101 岩原紳作「新会社法の意義と問題点（日本私法学会シンポジウム資料）Ⅰ総論」商事法務1775号（2006）9頁。

第3節　日本における株主代表訴訟制度の機能と位置づけ　*43*

により過度に株主代表訴訟の提起を委縮されるべきでない」との意見が続出し、結局修正前の会社法案における当該事項が削除された[102]。もっとも、修正前の会社法案に当該事項が挙げられた趣旨は、株主代表訴訟制度が監査役等の取締役の会社に対する責任追及の懈怠により会社の被った損害を回復するための制度であり、当該訴訟提起によって当該会社の正当の利益が著しく害されることにより、取締役の会社に対する責任を追及した結果、得られた利益を超える損害が生じる等の場合には、株主代表訴訟がかえって会社に損害を与えることになり、株主代表訴訟の（会社の）損害回復の趣旨が没却されることになることから、そのような場合には提訴できないことを明らかにするということであった[103]。

　その結果、会社法制定に伴う株主代表訴訟制度の改正内容には、訴訟を却下する要件（会社法847条1項但書）の追加、不提訴理由通知書制度（同法同条4項）の導入、組織再編行為に伴う原告適格喪失の見直し（同法851条）が含まれた。また、株主代表訴訟の提訴対象については、従前の取締役、監査役、執行役に加え、会計監査人および会計参与が含まれるようになった（同法847条1項）。平成17年改正前後の変化については具体的に、以下のとおりである。

　まず、会社法制定前の株主代表訴訟制度には、裁判所の審理に入る前に、原告株主の訴えが却下されうることに関する規定がなかったが、平成17年改正は「責任追及等の訴えが当該株主若しくは第三者の不正な利益を図りまたは当該株式会社に損害を加えたことを目的とする場合」に、株主は株主代表訴訟を提起することができないとし、訴訟提起に一定の制限を加えた。しかし、会社法制定の過程における内閣が提出した法律案から株主代表訴訟の提起を認めない実質的に「適切代表性」の要件を求める条文が削除されたという経緯、および立法担当官の説明[104]に鑑みれば、会社法に導入された当該却下制度の趣旨は従前にある特殊株主等の濫用訴訟を防止するにとどまり、訴訟提起のハードルを高めようとするものではないと考えられる。

　また、会社法に導入された不提訴理由通知書制度は株主の提訴請求に対する会社の判断プロセスの開示により、役員間の馴れ合いで提訴しない事態を防ぐとと

102　山田・前掲注（73）241~242頁。

103　相澤哲編『一問一答　新・会社法〔改訂版〕』（商事法務、2009）244頁。

104　法務省の立法担当官は、この規定が適用される場面として、①総会屋が金銭を要求する目的で株主代表訴訟を提起した場合、②株主が事実無根の名誉毀損的主張をすることにより株式会社の信用を傷つける目的で株主代表訴訟を提起した場合をあげた。相澤編・前掲注（103）245頁。

44　第2章　株主代表訴訟の機能と位置づけ

もに、原告株主の必要な訴訟資料の収集を可能にすることを目的としたものであると解されている[105]。

　さらに、組織再編行為に伴う原告適格喪失については、多重代表訴訟[106]を認めていなかった日本では、下級審裁判例[107]は、株式交換・株式移転により被告取締役等のいる会社が他の会社の完全子会社となった場合に、原告株主が当該会社の株主でなくなり、株主代表訴訟を提起・継続する資格を喪失すると解していた。そうであるとすると、完全子会社の唯一の株主が親会社であり、親会社が提訴権を行使しない限り、完全子会社の取締役等の責任が追及されないことになる。これらの下級審判決に対して、学説はそれを強く批判した。学説には、このような場合には原告株主に株主代表訴訟を継続するための当事者適格を例外として認めるべきであるとする見解があるほか、株式交換・株式移転後の株主代表訴訟の帰すの問題は多重代表訴訟を容認することによって解決されると示した見解[108]もある。それを受け、平成17年改正は、株主代表訴訟係属中に完全親会社の株主になった原告株主には原告適格が維持され、引き続き被告取締役等の責任追及を追行することを認めた。株式交換・株式移転等の組織再編行為を認めた趣旨は経営の機動性を高めるためであり、被告取締役等のいる会社がかかる組織再編行為によって他の会社の完全子会社となったからといって、当該取締役等が元の会社に対して負担している責任が追及されなくなることを認めることは当該株主代表訴訟により完全子会社とった元の会社ないし元の会社の完全親会社の株主となった原告の被った損害が回復される可能性はともかく、株主代表訴訟の（取締役等の）

105　相澤編・前掲注（103）250頁。

106　もっとも、従来から二重代表訴訟または多重代表訴訟を認めるべきとする学説が、多く存在する。森本滋「純粋持株会社と会社法」法曹時報47巻12号（1995）3048頁、黒沼悦郎「持株会社の法的諸問題（3）」資本市場120号（1995）74頁、前田雅弘「持株会社」商事法務1466号（1997）28頁、柴田和史「二段階代表訴訟」岩原紳作＝神田秀樹編『竹内昭夫先生追悼論文集・商事法の展望──新しい企業法を求めて──』（商事法務研究会、1998）487頁、山田泰弘『株主代表訴訟の法理』（信山社、2000）等。

107　著名な事例として、日本興業銀行事件（東京地判平成13・3・29判例時報1748号171頁）、東海銀行事件（名古屋地判平成14・8・8判例時報1800号150頁）、三井不動産販売事件（東京地判平成15・2・6判例時報1812号143頁）、横浜松坂屋事件（東京高判平成15・7・24判例時報1858号154頁）等がある。

108　浜田道代「役員の義務と責任・責任軽減・代表訴訟・和解」商事法務1671号（2003）42~45頁、鳥山恭一「判批」法学セミナー577（2002）119頁、新谷勝「持株会社の創設と株主代表訴訟の原告適格──大和銀行株主代表訴訟の和解が残した問題点」判例タイムズ1085号（2002）39頁、南隅基秀「判批」札幌学院法学18巻2号（2002）128~129頁、周劍龍「判批」金融・商事判例1127号（2001）66頁等。

第3節　日本における株主代表訴訟制度の機能と位置づけ　*45*

任務懈怠抑止機能を無にするおそれがあることから考えれば、かかる改正は評価すべきであると考える。

（5）平成26年会社法改正

　平成26年6月20日に「会社法の一部を改正する法律（平成26年法律第90号）」および「会社法の一部を改正する法律の施行に伴う関係法律の整備等に関する法律（平成26年法律第91号）」は衆議院本会議において可決され、成立し、同月27日に公布され、平成27年5月1日に施行された。平成26年会社法改正は企業統治のあり方および親子会社に関する規律を見直したものであり、後者の親子会社に関する規律の見直しの一部として、親会社株主の保護を目的とする多重代表訴訟制度を創設するとともに、株式交換・株式移転等がなされた場合における株主代表訴訟の原告適格の拡張を認めた規定が新設された。

　新たに導入された多重代表訴訟制度に基づき、株式会社の最終完全親会社等の総株主の議決権または発行済株式の1％（これを下回る割合を定款で定めた場合にその割合）以上を6ヶ月（これを下回る期間を定款で定めた場合にその期間）前から引続き有する株主は、当該株式会社（子会社）に代わって当該株式会社の取締役等の責任を追及する訴訟を提起できる（会社法847条の3第1項）。通常の株主代表訴訟を提起する権利は、株式会社の株式を1株または1単元でも一定期間保有している株主であれば、認められる単独株主権であるのに対し、多重代表訴訟を提起する権利は最終完全親会社の一定割合以上の議決権・株式を保有している株主のみに与えられる少数株主権であり、平成26年会社法改正により創設された多重代表訴訟制度は通常の株主代表訴訟制度より、厳格な持株要件を要求する。

　このほか、通常の株主代表訴訟と比べ、多重代表訴訟により追及できる責任の範囲もよりより限定的なものである。具体的には、多重代表訴訟の対象となる責任は、責任の原因となる事実が生じた時点において、当該株式会社の株式の帳簿価額が最終完全親会社の総資産額の5分の1を超える完全子会社（以下「重要な子会社」という）の取締役等の責任（条文では「特定責任」と呼ばれる。会社法847条の3第4項）に限定されている。また、責任追及の対象となる取締役等のいる株式会社に損害が発生していても、責任の原因となる事実によって最終完全親会社に損害が生じていない時[109]は、最終完全親会社の株主は当該株式会社に生じた損害に係る特定責任の追及に利害関係を有さないことを理由として、多重代表訴訟が認

46 第2章 株主代表訴訟の機能と位置づけ

められないとされている（以下「損害要件」という。同法同条第1項第2号)[110]。このように、通常の株主代表訴訟は、会社の被った損害がどれほど小さくても、すなわち原告株主の受ける影響の大きさにかかわらず認められる制度設計となっているのに対し、（株式保有が間接的である）完全親会社株主が多重代表訴訟により子会社取締役等を直接に監督是正するには、その提訴権を法的に基礎付けられるほどの正当な利害関係を有さなければならない[111]とされている。

　このような多重代表訴訟制度を創設する趣旨については、立法担当官は次のように説明する。すなわち、持株会社等の企業グループでは重要な子会社のように、完全子会社の企業価値が完全親会社の企業価値に重大な影響を与え得るが、完全子会社の取締役等が当該子会社に対して責任を負っている場合であっても、当該取締役等と完全親会社の取締役との人的関係や仲間意識により、当該取締役等の責任を追及することを懈怠するおそれが類型的かつ構造的に存在するため、完全子会社の損害が回復されない結果、完全親会社ひいてはその株主が不利益を受けることとなる可能性があるからである[112]。

　制度趣旨についての立法担当官の説明をみる限りでは、平成26年改正により創設された多重代表訴訟制度には、通常の株主代表訴訟と同様に、（子会社ひいては親会社およびその株主の）損害回復機能とともに、（子会社の取締役等の）任務懈怠抑止機能が期待されているようである。ただし、多重代表訴訟制度の必要性が論じられてきた経緯からみると、多重代表訴訟が認められるように至ったのは組織再編の自由化や規制緩和に伴い、企業グループや親子会社における親会社株主の保護の問題が顕在化してきたからである[113]。また、多重代表訴訟の対象は重要な子会社の取締役等の特定責任に限定されており、かつ損害要件が満たされなけれ

109　典型的に想定しているケースは、同一の企業グループに属する完全親子会社間または完全子会社間で不公正な条件の取引がなされた場合のように、完全子会社に損害が生じているものの、利益移転により完全親会社には損害が生じない場合である。このような場合に、多重代表訴訟による責任追及を認めると、完全親会社株主が不当に利益を得ることになるため、制限を設けたのである。藤田友敬「親会社株主の保護」ジュリスト1472号（2014）35頁。

110　もっとも、多重代表訴訟の本案における損害論でこの問題を処理できる可能性を考慮すれば、このような限定を設けることには疑問がないわけではない。前田雅弘「親会社株主の保護」ジュリスト1439号（2012）41頁。

111　前田・前掲注（110）41頁、加藤貴仁「多重代表訴訟等の手続に関する諸問題——持株要件と損害要件を中心に」商事法務2063号（2015）11頁。

112　坂本三郎編著『一問一答　平成26年改正会社法』（商事法務、2014）160頁。

113　高橋陽一『多重代表訴訟制度のあり方——必要性と制度設計』（商事法務、2015）13〜30頁。

第3節　日本における株主代表訴訟制度の機能と位置づけ　*47*

ば、かかる訴訟が認められないといった点を踏まえて考えると、当該制度を創設した主な狙いは親会社株主の経済利益の保護を強化することにあったといえる。したがって、少なくとも制度の創設に至るまでは、通常の株主代表訴訟と同様に、多重代表訴訟が一般的な任務懈怠抑止機能を担うことに対する期待がさほどなかったと思われる[114]。多重代表訴訟制度の創設に至る議論の状況ならびに規定の内容からみれば、平成26年会社法改正により導入された多重代表訴訟制度は、どちらかといえば当該制度の有する損害回復機能に軸足を置いたものであると言える[115]。

　また、平成26年会社法改正では多重代表訴訟制度とともに、「旧株主による責任追及等の訴え」の規定が新設された。この改正には次のような背景があった。平成26年改正前の会社法では、訴訟係属中に株式交換・株式移転等が行われた場合には株主代表訴訟の原告適格の維持が認められる（会社法851条1項）[116]が、訴訟提起前に株式交換・株式移転等が行われた場合には株式交換・株式移転後に完全親会社の株主となった者であっても、株主代表訴訟を提起する資格が認められない。訴訟提起が株式交換・株式移転等の前か後かで重大な差が生じていたことの合理性が従来から疑問視されており、それを解消するために、また企業グループにおける親会社株主の権限強化（株式交換・株式移転等による株主の監督是正権の縮減を防ぐこと）の一環として、「旧株主による責任追及等の訴え」の規定が追加された。これにより、株式交換・株式移転等の効力発生6カ月前から効力発生日まで、当該株式会社の株主であって、株式交換・株式移転等により当該株式会社の完全親会社の株主となった者は、完全子会社に対して、株式交換・株式移転等の

114　もっとも、多重代表訴訟制度の導入の是非をめぐる議論においては、企業グループにおける親会社の株主の保護にとどまらず、子会社における取締役等役員責任追及の実効性の強化の観点から多重代表訴訟制度の必要性を主張する見解（神作裕之「会社法制の見直しの動向──会社の機関・親子会社・組織再編関係を中心として」月刊監査役586号（2011）59頁）や子会社役員の法令遵守義務ないし子会社の内部統制システムに実効性を持たせる点においても多重代表訴訟制度に意義があるとする見解（加藤貴仁「企業グループのコーポレート・ガバナンスにおける多重代表訴訟の意義（下）商事法務1927号（2011）41頁）がある。

　　また、多重代表訴訟制度の創設を前提として、会社経営における不正の抑止および法規範の形成の観点から、多重代表訴訟制度が通常の株主代表訴訟と同様に、親会社株主の利益にとどまらず、子会社をめぐる利害関係者の利益、さらに社会全体の利益につながるとして、多重代表訴訟の意義を論じる見解もある。高橋・前掲注（113）257~261頁。

115　川島いづみ「多重代表訴訟の導入」金融・商事判例1461号（2015）55頁。

116　もっとも、会社法851条の解釈自体には問題がないわけではない。詳しくは第5章第3節を参照。

48   第2章　株主代表訴訟の機能と位置づけ

効力発生前に生じていた原因に基づき株主代表訴訟を提起することができるようになった（同法874条の2第1項）。この定めに基づき提起される訴訟は、多重代表訴訟に類似する構造を有するものの、原告が株式交換・株式移転等の前に株式会社の取締役等に対して有していた株主代表訴訟提起権の行使を、例外として株式交換等の後にも認めた結果に過ぎない。

　以上のように、平成5年商法改正以来、経済界から株主代表訴訟を制限しようとする要望が強かったにもかかわらず、今日までの改正はそういった要望に対して極めて慎重な態度をみせ、株主代表訴訟制度を委縮させるべきでないという判断に基づき、その基本的な枠組みを維持するものとしながら、従来見解が分かれていた一部の訴訟手続の明文化や制度の合理化を図り、当該制度の健全かつ実効性のある活用を重視してきた。株主代表訴訟制度の日本法への導入およびその沿革の経緯からは、次のようなことがいえると思われる。すなわち戦後日本のコーポレート・ガバナンスの改革は、株主の地位を強化する傾向にあり、株主総会や取締役会、監査役（会）によるコーポレート・ガバナンスの実効性を補うための仕組みとして株主代表訴訟制度特にその任務懈怠抑止機能を重視してきたこと、および（それゆえに）株主代表訴訟の制度設計では、当該制度の損害回復機能における限界による問題（すなわち、場合によって株主代表訴訟の提起がかえって会社の経済利益を害する懸念があること）がそれほど考慮されてこなかったことである。もっとも、平成26年会社法改正により導入された多重代表訴訟制度は損害回復機能を重視した制度設計を採用したが、それは多重代表訴訟制度を株主代表訴訟の延長として位置付けているというよりも、企業グループにおける親会社株主の経済利益の保護に特化したものとして捉えているためであると考えられる。多重代表訴訟制度の導入により、通常の株主代表訴訟の果たしている中心的な機能に対する主流的な理解が直ちに改められることはないと思われる[117]。

117　もっとも、多重代表訴訟制度の導入、解釈および運用をめぐる議論は、コーポレート・ガバナンスにおける株主代表訴訟制度の果たすべき役割を再検討する契機になると考えられる。加藤貴仁「株主代表訴訟は『銀の弾丸』か？――現在における存在意義を問い直す」ビジネス法務14巻5号（2014）140頁。

2 日本における株主代表訴訟制度の機能に関する実証研究

日本においては、株主代表訴訟制度のあり方をめぐって制度の内容に関する理論的な研究が多数存在する。しかし、株主代表訴訟の利用実態や実際果している機能を検証した実証研究はごく僅かである。

その1つは、経済学者である福田充男の実証研究[118]である。この研究は株主代表訴訟が株主の利益の最大化のために、または経営者に適正的かつ効率的に経営を行わせるために、一定の機能を果たしているか否かを検証したものである。当該研究においては、考察の対象が上場会社に限定され、研究の対象は1978年11月から1997年8月までに提起された51件の株主代表訴訟であった。しかし、当該研究の結果として挙げられたのは全体的には提訴後の裁判経過が遅いこと、原告に有利の判決が少ないこと、経営上の失敗に対して裁判所が損害賠償を命じたケースが少ないことおよび提訴された会社には有名の大企業が多く含まれていることであり、そのいずれも株主代表訴訟が会社や原告株主の被った損害を回復させることを否定するものであった。

福田は主に株主代表訴訟に対する株式市場の短期的反応、株主代表訴訟前後の長期株式収益率および株主代表訴訟前後の企業業績を分析した。具体的には、まず株式市場の短期的反応をみる限りでは、株主代表訴訟は訴訟の対象となった企業の価値を高める方向へ作用しないばかりか、むしろ将来の企業収益にマイナスの効果を及ぼし、訴訟の継続を困難にさせる担保提供命令はかえって企業価値を増加させる傾向にあるようである。次に、株主代表訴訟の提起前後48ヵ月にわたる被提訴企業の株価の長期パフォーマンスを調べた結果、株主代表訴訟がコーポレート・ガバナンスの手段として企業価値の増加のために有効に機能していないことを指摘した。さらに、提訴された年を含む前後5年間の（被提訴企業の）年次売上高利益率ないし総資産利益率を同業他社と比較しても、株主代表訴訟の後に企業業績が改善したという証拠が見当たらなかったため、株主代表訴訟は企業のパフォーマンスを高めるように有効に機能しているとはいえないと指摘した。最後に当該研究は、有効なコーポレート・ガバナンスの手段として役立つ制度になるには株主代表訴訟の行動主体に専門的能力が要求されることを示したうえで、機関投資家に対して株主代表訴訟を活発に利用するインセンティブを与えるべき

118　福田充男「株主代表訴訟はコーポレート・ガバナンスの手段として有効か」小佐野広＝本多佑三編著『現代の金融と政策』（日本評論社、2000）347~362頁。

50 第2章 株主代表訴訟の機能と位置づけ

であることを主張した。

　株主代表訴訟の提起による会社の市場株価への影響について、福田研究とほぼ一致した結果を示した実証研究はほかにもある。ミシガン大学日本研究所のWest は、1993年～1999年の間、株主代表訴訟が提起された東京証券取引所の上場会社51社を対象に、提訴日前後3日間の株価の反応を検証した[119]。福田研究と同じように、株主代表訴訟の提訴による株価への影響が少なかったことや担保提供命令が出された場合に株価の小幅の増加があったこと等が確認された。

　また、近時の研究としては、Puchniak & Nakahigashi による実証研究がある[120]。1993（平成5）年商法改正以降、2009（平成21）年の末までに提起された148件の株主代表訴訟を調査したこの研究は、株主代表訴訟による会社や原告株主の損害回復機能の実態について、福田や West の研究とほぼ同様の結果を得た。それによれば、株主代表訴訟により会社ひいては株主が金銭利益（損害賠償や和解金）を得られるケースが少なく、また勝訴判決や和解に反応して一時的に僅かな株式の上昇があったものの、これは原告株主に株主代表訴訟に伴うコストをまかなうに十分な経済的利益を与えたものではない[121]。それにもかかわらず、なぜ日本において米国に劣らない頻度で株主代表訴訟が頻繁に提起されているかという問題意識に基づき、当該研究は次のような検討を行った。まず、弁護士費用を原則、勝敗にかかわらず、訴訟当事者各自が負担する日本の弁護士報酬制度のもとでは単に弁護士が経済的利益を得るために主導で株主代表訴訟が提起される可能性が必ずしも高くないため、原告株主自身は非経済的あるいは非合理的な動機により株主代表訴訟を提起している可能性を指摘した。そのうえで、それを検証するために、複数の株主代表訴訟において繰り返し原告代理人または原告となった3種類の訴訟当事者――株主オンブズマン、総会屋および環境運動家の提訴動機について分析を行った。結論は、原告側の提訴のインセンティブとなったのは株主代表訴訟により経済的利益が得られることよりも、自らの政治的理念等を会社に受け入れてもらうことや、会社に対して金銭を強要すること、または原

119　Mark D. West, *Why Shareholders Sue: The Evidence from Japan*, Journal of Legal Studies, V30 N2, 351 (2001).

120　Dan W. Puchniak & Masafumi Nakahigashi, *Japan's Love for Derivative Action: Irrational Behavior and Non-Economic Motives as Rational Explanations for Shareholder Litigation*, 45 Vand. J. Transnat'l L. 1 (2012).

121　*Id.* 37~43.

子力発電等による環境問題への社会的関心を寄せること等であること、および経済的合理性が全くなくても、認知心理学で指摘される過信バイアス（"an overconfidence bias"）等による非合理的な行動として株主代表訴訟が提起されている可能性があることであった[122]。

これらの実証研究から得られた結論は次の点において、米国のそれと共通している。第一に、これまでの株主代表訴訟では、会社ひいては株主が金銭的な救済を得られたケースが僅かであり、株価の変動等をみても、株主代表訴訟の提起が企業価値の増加や企業業績の改善に寄与するという結論が得られていないため、会社および原告株主は株主代表訴訟により経済的な利益を得られていない可能性が高い。第二に、厳密に検証することが困難であるが、株主が株主代表訴訟を通じてコーポレート・ガバナンスに影響を与えていることが確認されており、経営者に対するモニタリングの手段として、株主代表訴訟は一定の意義を有すると考えられる。

前者については、これまでの実証研究は株主代表訴訟に対する株式市場の反応を重視しているため、株主代表訴訟の任務懈怠抑止機能が現実に果たしているかどうかを反映できないという指摘がある[123]。日本においては、法の建前として確かに損害回復機能に重点があったとはいえる[124]ものの、株主代表訴訟制度が導入されてから今日までの改正の経緯および利用の実態からみれば、事実上期待してきたのは、企業経営の健全性を確保するためのコーポレート・ガバナンスを構成する重要な要素の一つとしての任務懈怠抑止の機能である。また、次にみるように、現行法における株主代表訴訟の制度設計はもっぱら株主代表訴訟の取締役等役員の任務懈怠を抑止する機能を重視しているともいえる。しかし、問題は具体的な制度設計において、（実際に期待できないと考えられる）損害回復の機能を全く考慮しなくてよいかという点にある。

3　日本における株主代表訴訟制度の機能および位置づけ

日本の株主代表訴訟制度には、株主に単独株主権として提訴権が認められることや株主が提訴する前に提訴請求を行う必要があること、そして株主が勝訴すれ

122　*Id.* 43~64.
123　田中亘「会社法の経済分析──忠実義務と代表訴訟を素材にして」法学教室253号（2001）83頁。
124　北村・前掲注（2）34頁。

52   第2章　株主代表訴訟の機能と位置づけ

ば救済が直接会社に帰属する等の点において、立法のモデルとなった米国の株主代表訴訟制度と共通する部分がある。他方で、米国の当該制度との比較からみれば、日本の株主代表訴訟制度はとりわけ次の点において一定の独自性を有する。

第1は、日本では株主代表訴訟によって責任が追及される者や訴訟の対象となる取締役の責任の範囲が限定されているという点である。米国では株主代表訴訟提起権が取締役等の責任追及に限らず会社のあらゆる訴権の行使可能性を株主に対して認めている[125]のに対し、日本の場合は、それが取締役等の役員の任務懈怠行為を監督是正する権利に特化された[126]。

第2は、日本の株主代表訴訟制度の象徴的特殊性としてしばしば指摘されてきたのは提訴株主の原告適格の要件である[127]。米国では、原告適格の要件として適切代表性の要件[128]および被告の違法行為があった時から株式を所有しているといういわゆる行為時株式所有の要件が規定されているのに対し、日本の株主代表訴訟の原告適格は6ヵ月前から継続して株式を所有しているという要件のみである[129]。

第3に、日本においては、株主が裁判所に対して訴訟を提起したとき、会社にはそれを打ち切る権利が与えられていない。それに対し、米国では訴訟の正式事実審理に入る前に独立した取締役会や特別訴訟委員会の経営判断により株主代表訴訟を終了させることが可能である。もっとも、日本では、被告取締役等は「責任追及等の訴えが当該株主若しくは第三者の不正の利益を図り又は当該株式会社に損害を与えることを目的とする」ことを主張し、立証できた場合には、原告株主の提訴を打ち切ることができる（会社法847条1項但書）が、米国の制度と趣旨を異にする[130]。

第4に、担保提供制度は日米の株主代表訴訟において利用されているが、具体

---

125   北沢・前掲注（18）670~671頁。

126   近藤光男『コーポレート・ガバナンスと経営者責任』（有斐閣、2004）22頁。

127   三輪・前掲注（32）177頁。

128   米国では、株主代表訴訟は実体法的に取締役・株主間の信託関係に基づく訴訟であり、法構造としてクラス・アクションと同類であると考えられるために、原告株主の適格要件には株主全体の利益を適切に代表していることすなわち適切代表性の要件が基本的な要件とされている。竹内・前掲注（8）242~243頁。適切代表性の要件を求める趣旨や米国における運用の実態、それに関する学説の議論等は、第4章第3節の1を参照。

129   公開会社の場合はこの6ヵ月継続保有の要件を定款により短縮することが可能である（会社法847条1項）。また、公開会社の以外の会社の場合には、6ヵ月継続保有の要件は課されない（同法同条2項）。

130   日本の却下制度については第4章第3節の2を、米国のデマンド制度については第4章第4節の1をそれぞれ参照。

的な制度設計が異なる。日本では、主として、訴訟の提起が被告取締役等に対する不法行為となる場合に、被告取締役等の損害賠償請求権を担保するための規定として、当該制度を位置づけており、被告取締役等が裁判所に対して原告への担保提供の申立てをするには原告株主の（被告取締役等に対する）「悪意」を疎明する必要がある。それに対し、米国では、持株数が少ない株主の濫用的訴訟を防ぐために、ニューヨーク州をはじめとする一部の州では一定の持株数しか持っていない原告株主に対して、会社は一律に担保提供の請求を申立てることができる[131]。

　最後に、日本の株主代表訴訟において、会社は当然の訴訟当事者ではないことである。米国では、会社が不可欠な当事者として本訴において基本的には被告となるのに対し、日本では、会社は当然には訴訟当事者となることがなく必要に応じて訴訟参加できるに過ぎない。これは日米における株主代表訴訟の法構造の相違と一定の関係を有する[132]と思われるものの、前述した「第3」の特徴と同様に株主代表訴訟による取締役等の責任追及に対する会社の意見が必ずしも重視されていないことを示唆している。

　以上のような特色からは次のことがいえると考える。日本の株主代表訴訟制度はとりわけ提訴段階において原告株主に対して厳格な要件を求めておらず、また当該原告株主による取締役等の責任の追及に対して会社がそれを断ち切ることができないという点に鑑みれば、米国法と比べ、日本法のもとでは株主代表訴訟が提起されやすいほか、株主の提訴権は非常に強いものとなっている。そのために、株主代表訴訟制度は取締役等の会社に対する責任を追及する強力な制度になりうると評価することができる。しかし、それと同時に、現行法には株主代表訴訟よる取締役等の責任の追及に対する会社の意見を表明させ、合理であればそれを尊重するための効果的な仕組みが必ずしも存在しない点には問題があると考える。会社の被告取締役側への補助参加を明文で認めた平成13年商法改正前の学説ではあるが、会社内部の取締役会等経営機構による関与を排除するという株主代表訴訟制度はその基本的な枠組み・前提に重大な欠陥があるという厳しい指摘があった[133]。

131　米国の担保提供制度については第4章第3節の1を、日本の担保提供制度については第4章第3節の2をそれぞれ参照。
132　詳細については、第3章第2節における日米の代表訴訟の法構造に関する検討の部分を参照。
133　三輪・前掲注（32）157頁。

54 第2章 株主代表訴訟の機能と位置づけ

　また、前述したように、米国においても日本においても、株主代表訴訟には損害回復機能と任務懈怠抑止機能という2つの機能が想定されているが、平成5年、平成13年および平成17年の商法改正の行われた背景、趣旨および具体的な改正の内容からみると、当該制度は、事実上その損害回復機能よりも任務懈怠抑止機能が特に評価（または期待）されてきたことが分かる[134]。株主総会が必ずしも十分に機能せず、また株主総会——取締役会——取締役という株式会社制度における通常の意思決定ルートでは会社経営の健全性を確保するための制度の実効性が高く期待できないという状況の中では、直接に株主からの「脅し」を経営陣に感じさせるという「ショック療法」のような役割[135]を特徴とする株主代表訴訟こそ、有効な制度であるかもしれない[136]。言い換えれば、取締役会、監査役（会）等からなる会社内部の健全性確保システムが必ずしも十分であるとはいえない現実[137]があるから、事後的に取締役等の会社に対する任務懈怠責任の追及を確実にするために株主代表訴訟の役割が期待されているわけである。

　これは実証研究の結果とも整合している。これまでの実証研究によれば、提訴された会社が裁判によって得た金銭的救済や会社の株価の変動等をみる限り、株主代表訴訟の提起は企業価値の増加や企業業績の改善に寄与しておらず、会社や原告株主に経済的利益を与えていないようである。これは驚くべき結果ではないと思われる。なぜなら、取締役の違法行為・任務懈怠行為によって会社が被る損害はほとんどの場合において高額なものであり、また会社が訴訟の費用を負担しなければならないこともあるため、事後的に取締役等の現に履行しうる損害賠償を履行させたからといって、会社の全体的な利益または原株主の僅かな持株に反映される経済的利益がほとんど期待できないと考えるからである。しかし、取締役会等会社内部の健全性確保システムによる監督是正の実効性が高く期待できないという指摘を前提とすれば、株主代表訴訟を通じて取締役等の責任を追及する

---

[134]　もっとも、学説においては異なる見解がある。河本一郎ほか「〈座談会〉株主代表訴訟」民商法雑誌110巻2号（1994）198~203頁。

[135]　山田・前掲注（73）247頁。

[136]　この意味においては、株主代表訴訟制度は取締役等の責任を追及すべきという少数株主の判断と多数株主の判断が異なる場合に、少数株主の利益が害される蓋然性があることを前提として、少数株主の判断によって多数株主の判断を覆すことができるとする立法政策上特別に認められる制度であるとみることもできる。土田亮「多重株主代表訴訟の法構造についての一考察」名城法学53巻1号（2005）46~48頁。

[137]　森本滋「大会社の経営機構と取締役の法的地位」法学論叢140巻5・6号（1997）109~154頁。

権利を個々の株主に対して与えることによって、株主に違法行為や任務懈怠行為のないように経営者を監督させることができ、株主代表訴訟制度は会社経営の健全性を確保する強力な手段として重要な役割を果たしていると考えるべきであろう。しかし、株主代表訴訟制度はコーポレート・ガバナンスの構成要素の一つに過ぎず、会社経営の健全性を確保するための会社内の仕組みである取締役会、監査役（会）や監査委員会等の機能と補完し合って全体として機能している。したがって、経営の健全性を担保できるような会社内部の監督是正システムが確立されれば、株主代表訴訟の必要性が減じ、より限られた場面のみにおいて利用される制度とし、健全かつ効率的なコーポレート・ガバナンス・システムに親和的な形へ制度設計を改める必要がでてくることも考えられる[138]。

　株主代表訴訟の損害回復機能の限界により会社の利益にそぐわない訴訟が発生しうるという問題をほとんど考慮せず、もっぱら任務懈怠抑止機能を重視するともいえる現在の制度設計[139]は取締役会、監査役（会）等の会社内部の監督是正機関の実効性が高く期待できないという文脈においては、一定の合目的性と合理性を有する。ただし、問題は比較法的な観点からより明らかになったように、米国では株主代表訴訟の損害回復機能と任務懈怠抑止機能との均衡のとり方が重視されているのに対し、日本においてはそれがほとんど考慮されていない点にある。その結果、会社の利益にならない、またはそれに反する濫用的・不適切な株主代表訴訟であっても、その提起を阻止することができず、早期に終了させることもできない。特に近年取締役会等による監督機能が強調されている中で、この点については疑問を禁じえない。

第4節　小　括

　以上の検討から、株主代表訴訟制度のあり方や具体的な制度設計を検討する際

138　山田・前掲注（73）247頁。

139　なお、本書においては、議論の便宜のために、公開会社と閉鎖会社を区別していない。ただ、閉鎖会社の場合には株式の保有が分散しておらず、会社の経営と所有が完全には分離していないため、このような会社のコーポレート・ガバナンスは公開会社のそれと異なる実態を有すると考える。また、株主代表訴訟が同族会社の内部紛争等に利用される傾向にあるという指摘があるように、閉鎖会社における株主代表訴訟は公開会社の場合と異なる機能を有することも考えられる。もっとも、株主代表訴訟の健全な利用を促進・確保すべきであることは会社の種類にかからず、重要であり、そのための終了制度のあり方も基本的に異ならないと思われる。

56　第2章　株主代表訴訟の機能と位置づけ

には、①株主代表訴訟制度の機能および（2つの機能がしばしば乖離することにより
もたらされた）限界の両方を考慮し、とりわけその損害回復機能と任務懈怠抑止
機能との均衡を如何にとるべきか、および②コーポレート・ガバナンス・システ
ムを構成する諸制度の機能（株主代表訴訟による監督と他の経営監督機関の役割）上の
補完性と整合性を如何に図るべきかという基本的視点が必要かつ重要であると考
える。この2つの視点はいずれもの抽象的・理念的なものに過ぎないため、ここ
で本書の検討の対象である株主代表訴訟の終了制度の文脈の中でその意味を再確
認する。

　先述したように、日本においては株主代表訴訟は個々の株主のイニシアティブに
よる取締役等の（会社に対する）責任追及を認めることによって企業経営の健全性を
確保するための強力な仕組みである。これは、日本においては株主代表訴訟による
取締役等の任務懈怠抑止機能が重視されているということを示唆していると同時
に、濫用的訴訟や不適切な訴訟が発生する危険性が高いという問題をも示している。

　通常の民事訴訟と異なり、株主代表訴訟の結果は原告株主ではなく、直接会社
に帰属するため、原告株主は勝訴しても、会社に利益が帰属することの反射的効
果として、その持株割合に応じて（ほとんどの場合、僅かな）利益を間接的に受け
るに過ぎない。したがって、合理的な原告株主には訴訟を提起する経済的なイン
センティブが少ないと考えられる[140]。本来なら個人の株主には株主代表訴訟を提
起する経済的なインセンティブが少ないにもかかわらず、実際に株主代表訴訟が
多数発生しているという事実は、原告株主はどのような動機に基づき訴訟を提起
したかという疑問をもたらす。

　この点に関して米国で最もよく指摘されたのは、事実上株主代表訴訟を主導し
ている原告の代理人弁護士が報酬の獲得のために、会社の利益を無視した形で訴
訟を提起してしまうという懸念である[141]。弁護士費用制度を異にする日本におい
ては、米国のように弁護士報酬の獲得のための株主代表訴訟が多くないと考えら
れるが、原告やその弁護士の非金銭的な動機により会社の利益に反する訴訟が提
起される可能性は否定できない。一部の研究によれば、弁護士が代理人としての

140　竹内・前掲注（8）277頁。

141　*See, e.g.,* Fisch, *supra* note（66）, at 750.

　　See also, FRANK H. EASTERBROOK & DANIEL R. FISCHEL, THE ECONOMIC STRUC-
　　TURE OF CORPORATE LAW 101（Harvard University Press, 1991）.

第4節　小括　　*57*

報酬を得る目的のほか、売名または個人的主張や（正義のためという）利他主義等の非金銭的な動機に基づき株主代表訴訟を主導する事例は、日本においても現実に存在しているようである[142]。さらに、近時の研究によれば、日本において現実に提起された株主代表訴訟には総会屋と呼ばれる特殊な株主によるもののほか、NPO法人である株主オンブズマンおよび環境保全主義者の非経済的な動機によるもの[143]やいわゆるメンタルヒューリスティック（mental heuristics）による不合理な行動（irrational behavior）によるもの[144]が多く観察されている。非経済的な動機または非合理的な行動により提起された株主代表訴訟[145]に対してどのような態度をとるべきかは難問であるが、株主代表訴訟の損害回復機能と任務懈怠抑止機能との適切な均衡を保つべきことを前提とすれば、この類型の訴訟に対しては慎重な態度をとるべきであると考える。その理由は以下のとおりである。

　仮に株主代表訴訟の任務懈怠抑止機能のみを重視するならば、政治的・社会的正義の実現等の目的のために、または原告株主の不合理的な行動によって提起された株主代表訴訟であっても一定の意義を有するかもしれない。しかし、形式的には取締役等の責任が認められるときであっても、実質的にみて会社の損害が軽微でかつ取締役等の違法性の程度が低いため、株主代表訴訟を提起することにより会社が得られる利益よりも、会社の信用の低下や被告取締役等の応訴の負担による業務執行への悪影響、取締役および従業員のリスク回避等マイナスの影響が大きい場合や大多数の株主が取締役等の任務懈怠責任を損害賠償以外の方法（解

142　West, *supra* note (119), at 365~372.

143　Puchniak & Nakahigashi, *supra* note (120), at 54~58. これによれば、これまで日本で提起された株主代表訴訟のほとんどは株主オンブズマンの政治的な目的に基づいたものであり、少なくとも5％は総会屋が利益を強要するために提起されたものであり、さらにおよそ2％は環境保全の目的と何らかの関係を有するものである。

144　*Id.* at 58~64. 具体的には、当該論文は①行動者の一般的な傾向としては身近に参照しやすい事例だけに頼ってしまう傾向（availability heuristic）があるため、三井鉱山株主代表訴訟事件（東京地判昭和61・5・29民集47巻7号4893頁）において東京地裁が下した（原告にとって有利な）判決をきっかけとするマスコミの大げさな報道等による影響を受け、それによって作り上げられた株主代表訴訟があたかも原告株主に現実に利益をもたらすという虚偽の印象に基づき、不合理な行動として株主代表訴訟は提起された可能性があること、②原告株主が自らの勝訴する確率を過大に評価しがちであるということ（overconfidence bias）によって、株主代表訴訟は提起される可能性があること、③株主代表訴訟の急増は単に一種の流行（a kind of fashion）でありうることという3点を指摘した。

145　このような訴訟は具体的には濫用事例、濫用的事例および不適切訴訟に分類され、またこれらと別の視点から問題とされる事例として市民運動型の事件をも含むとされている。前掲注（84）別冊商事法務173号6頁。

58 第 2 章 株主代表訴訟の機能と位置づけ

任・退任、退職金の減額等）で処理することが適当であると考えられる場面もあり
うる。それにもかかわらず、極少数の株主が株主代表訴訟を提起した場合に、か
かる訴訟の提起または継続は会社の被った損害の回復に寄与しないばかりか、新
たな損害をもたらす懸念さえある。換言すれば、株主代表訴訟の損害回復機能を
含めて考えれば、このような訴訟を阻止しまたは早期に終了すべきであると考え
られる。

　とりわけ株主代表訴訟の提訴段階における終了制度との関係においては、株主
代表訴訟の有する任務懈怠抑止機能のみならず、2つの機能間の均衡をも重視す
べきであり、提訴の段階においては会社の利益にならない、または会社の利益を
害するような株主代表訴訟を阻止し、早期に終了させるための措置を講じるべき
である。

　また、制度間の機能上の補完性と整合性を重視する視点からは、以下のことが
いえると思われる。これは株主代表訴訟制度のコーポレート・ガバナンス・シス
テムにおける位置づけに関係するほか、第1章で検討してきたコーポレート・ガ
バナンスをめぐる法的規範の収斂と多様化に関する検討から得られた示唆でもある。

　株主代表訴訟はコーポレート・ガバナンスを構成する制度の1つに過ぎず、企
業経営の健全性を確保するための（企業内部の監督是正機関に対して）補完的制度で
あるという位置づけを踏まえて考えれば、株主代表訴訟の実効性および効率性を
改善するには他の監視・監督の仕組みとの補完性と整合性を持たせることが特に
重要になる[146]。従来の日本型コーポレート・ガバナンスの特徴はメインバンク・
システムやもの言わぬ安定株主と株式の持ち合いであるとされている[147]が、1980

---

[146] 詳細については、第4章以降の検討において具体的に説明するが、制度間の補完性と整合性を
　重視した考え方は従来の研究にもみられる。
　　例えば、株主からの請求を受けて取締役等の責任を追及する訴えを提起するか否かを判断する
　には、米国式の訴訟委員会制度を新たに導入するよりも、監査役の機能の強化が期待できると
　し、会社法は監査役の不提訴判断を絶対視せずに、株主による代表訴訟の提起を認める一方、不
　提訴理由通知書によって監査役の不提訴判断についての情報開示を求めているため、不提訴理由
　通知書制度の活用により、会社（監査役）の判断の適正性を確保すると同時に、会社の立場を明
　らかにし、不合理な代表訴訟を抑止することが可能であるという見解がある。近藤光男「代表訴
　訟と監査役の機能」江頭憲治郎先生還暦記念『企業法の理論（上）』（商事法務、2007）621頁。
[147] 日本型コーポレート・ガバナンスの通説的定義は「①企業コミュニティの存続と発展を重視す
　る、②内部昇進型経営者によって担われた、③物言わぬ安定株主と株式の持ち合い、④メインバ
　ンク・システムと間接金融、⑤その他のステークホルダー（とりわけ正社員）との長期的信頼関
　係に支えられた、⑥インサイダー型の二重監督システムである」とされている。土屋＝岡本・前
　掲注（1）44頁。

年代から始まった金融の自由化と国際化の進行および90年代初期のバブル経済の崩壊により、それは次第に崩れつつある。日本の株式市場に参入してきた外国の機関投資家の活発な行動による影響を受け、国内の機関投資家も運用先の企業における議決権行使を中心としたガバナンス行動を積極的にとるようになってきており[148]、株主総会や訴訟以外の形での株主の経営者に対するモニタリングは活性化しつつある[149]。さらに、社外取締役の役割を重視した取締役会制度の改革が進んでおり[150]、会社内部にあるモニタリング・システムの整備と改善に伴い、株主代表訴訟制度の「ショック療法」的な意義とともに、株主代表訴訟が容易に提起でき、かつ基本的に会社がそれを阻止できないという制度設計の合理性を再検討する時期が迫ってきているかもしれない。株主代表訴訟制度と補完関係にある他の制度に生じたこれらの変化を前提として、株主代表訴訟の終了制度のあり方を検討しなければならない。

　また、コーポレート・ガバナンスを構成する諸制度に限らず、株主代表訴訟制度を構成する諸規定もその機能が互いに補完していると考えられる。本書の検討の対象となる株主代表訴訟の終了制度自体における問題点およびそれを解決するための対策を考える際には、終了制度を構成する諸規定の間の補完性と整合性を考慮する必要がある。また、その考慮にあたっては株主代表訴訟の終了をめぐる異なる内容の法規制が、機能的な視点からみれば、類似する機能を果たしている可能性があるため、とりわけ株主代表訴訟の終了に関する法規制の機能上の補完性に留意する必要がある。

　これらを念頭におき、第3章および第4章は提訴段階における株主代表訴訟の終了制度のあり方、第5章は組織再編後の株主代表訴訟の帰すうに関する現行法の問題点および対策、第6章は公正かつ合理的な和解を確保するための制度のあり方について、検討を試みたい。

148　若杉敬明監修・財団法人年金総合研究センター編『機関投資家の株主議決権行使とコーポレート・ガバナンス』別冊商事法務274号（2004）97~105頁。

149　土屋＝岡本・前掲注（1）188頁。

150　大杉謙一「日本型取締役会の形成と課題」宍戸善一＝後藤元編著『コーポレート・ガバナンス改革の提言──企業価値向上・経済活性化への道筋』（商事法務、2016年）210~211頁、後藤元「社外取締役・独立取締役はどのような役割を期待されている─近時の企業統治改革の効果の検証に向けて」宍戸善一＝後藤元編著『コーポレート・ガバナンス改革の提言──企業価値向上・経済活性化への道筋』（商事法務、2016年）215頁等。

第3章 株主代表訴訟の法構造と提訴段階における会社の裁量

第1節 問題の所在

前述したように、日本の株主代表訴訟制度は昭和25年商法改正の際にGHQから株主地位の強化の要請を受けて導入されたものであり、米国の同制度をモデルとしているものの、米国側の要求と日本側の立法者の要望との妥協の結果、米国の同制度と異なる内容を有するようになった[1]。実際、日米の株主代表訴訟制度の違いはその内容面にとどまらず、当該制度の法構造にも及ぶ。そのために、日本の株主代表訴訟制度の運用にあたって、米国ではそもそも議論の対象にならない点においても重要な問題が生じることがある。その1つは株主代表訴訟によって追及しうる取締役等役員の責任の範囲（以下単に「取締役の責任の範囲」という）に関する問題である。

本章は株主代表訴訟の提訴段階の終了制度における問題の所在を明らかにすることを目的とする。具体的にはまず日米の株主代表訴訟の比較を通して法構造と関連づけて、日本の株主代表訴訟の提訴段階の制度設計にみられる特殊性を検討し、「取締役の責任の範囲」が議論され続けてきた背景と理由を明らかにする。さらに米国のデマンド制度と日本の事前の提訴請求制度の相違を踏まえたうえで、日米において株主の代表訴訟提起権を制限するために採用した制度の相違を示す。次に、日本法において、「取締役の責任の範囲」を定めることによって、事前の提訴請求制度の実効性を欠くことを補うことができるかという問題意識から、「取締役の責任の範囲」に関する学説および下級審判決における見解の対立を概観し、平成21年の最高裁判決によって明かになった「取締役の責任の範囲」に関する最高裁としての立場を如何に理解すべきかを検討したうえで、株主の代表訴訟提起権に一定の制限をかけるべきではあるが、「取締役の責任の範囲」の

---

1 詳細については、本書第2章第3節を参照。

限定は問題の解決として不十分であることを指摘する。最後に、株主の代表訴訟による会社経営判断への介入と会社の経営上の裁量との均衡を図るという目的で株主代表訴訟提起権に如何なる制限を課すべきかの問題に関しては、「取締役の責任の範囲」の議論とパラレルに、事前の提訴請求制度を実効性のあるものとするために会社に一定の裁量を認める必要性があるかおよびそれに関連して現行法にどのような問題があるかを明らかにしたい。

第2節　日米の比較からみた日本の株主代表訴訟の特殊性

1　米国における株主代表訴訟の法構造および提訴段階の手続

（1）法構造

日本の株主代表訴訟制度の母法米国法においては、株主代表訴訟とは、株主が会社の第三者に対して有する請求権に基づき、会社のために提起する訴訟形態である。会社の権利から派生した訴訟であるため、株主派生訴訟（shareholder derivative actions）ともよばれる[2]。米国では、株主代表訴訟は会社に対して債務を有する全ての者に対して提起できるものではあるが、特に取締役の信認義務（fiduciary duties）をエンフォースするためのコーポレート・ガバナンスのメカニズムとしてその役割が期待されている[3]。しかし、日本と異なり、米国においては、株主代表訴訟によって追及できる取締役の責任の範囲に関する議論が見当たらない[4]。それは米国における株主代表訴訟の法的構造によると考える。具体的には以下のとおりである。

2　カーティス・J・ミルハウプト編『米国会社法』（有斐閣、2009）120頁。なお、株主代表訴訟の派生訴訟の性質について、詳しくは Bert S. Prunty, Jr., *The shareholders' Derivative Suit: Notes on Its Derivation*, 32 N. Y. U. L. REV. 980 (1957) がある。

3　ALI, PRINCIPLES OF CORPORATE GOVERNANCE: ANALYSIS AND RECOMMENDA-TIONS (1994), Vol. 2, 4~5.
　　See also, Daniel J. Morrisey, *Shareholder Litigation after the Meltdown*, 114 W. VA. L. REV. 531, 550~552 (2012).

4　もっとも、株主が会社の訴権に基づき会社のために提起される訴訟であるため、米国においても、株主代表訴訟は会社の被った損害による賠償のみを請求でき、株主個人の被った損害による賠償を請求する場合は直接訴訟によるべきであると解されている。また、取締役の負う信認義務は原則として会社ひいては全株主に対する義務であり、取締役の信認義務違反は理論的に会社を害するものであり、個々の株主を害するものではないため、個々の株主は自己に対する信認義務違反を理由に取締役を訴えることができないと解されている。カーティス・J・ミルハウプト・前掲注（2）120~121頁。

米国の株主代表訴訟制度は判例法として発展してきた[5]。初期の判例は主に会社の取締役を訴えるものである。米国の株主代表訴訟の起源（paternity）とされた重要な判例である[6]Robinson v. Smith[7]では、裁判所は、もともと公益会社（charitable corporations）に正式的に適用される信託の法理は、その外観にかかわらず実質的にパートナーシップに過ぎないジョイント・ストック・カンパニー（joint stock corporations）にも適用できるとし、当該会社の取締役は株主を信託受益者（cestuis que trusts[8]）とする受託者（trustees）ないしは業務執行組合員（managing partners）であり、取締役がこの関係に基づく義務違反の責任を負担しうると判断した[9]。かかる責任の具体的な追及の方法については、裁判所は次のように判断した。会社資産の浪費または不正使用（a waste or misapplication of the corporate funds）をした会社の取締役またはエージェントの責任の追及は本来会社の名においてなされるべきであるが、責任のある取締役が結託して責任追及を拒絶し（refused to prosecute by collusion with those who had made themselves answerable）、または会社が被告取締役の支配下にある（the corporation was still under the control of the defendants in the suit）場合は、真の利害関係者である株主は自分の名において取締役を被告として訴状を提出することができる。そして、もし株主が多数いるために全員が当事者となることが不可能または不便であれば、一部の株主が自己および自らと同様の状況におかれている他の全ての株主のために（in behalf of themselves and all others standing in the same situation）、訴状を提出することができる[10]。言い換えれば、この判決は取締役と株主の関係を一種の信託関係

5　株主代表訴訟はイギリスの判例法に発祥したものであるにもかかわらず、イギリスではその利用が極めて制限されているのに対し、米国では大いに利用され発展を遂げてきた。イギリスと米国における株主代表訴訟の利用状況に生じた差異は、両国の異なる政治体制、すなわちイギリスが単一制国家であるのに対し、米国が州ごとの自治を認める連邦制国家であるという違いによるものでもあるとする見解がある。Geoffrey Miller, *Political Structure and Corporate Governance: Some Points of Contrast Between the United States and England*, 52 COLUM. BUS. L. REV. 51, 75~77 (1998).

6　Prunty, *supra* note (2), at 986.

7　Robinson v. Smith, 3 Paige Ch. 222, 24 Am. Dec. 212 (N.Y. 1832).
　本件は、ニューヨーク石炭会社の少数株主である原告株主らは当該会社の取締役に対して、基本定款に事業内容に関する制限があるにもかかわらず、当該取締役がそれに違反し、自己の利益を図るために投機目的で投資し、その結果、会社に15万ドルを下回らない損害を生じさせたことによる損害賠償を求める事案である。

8　「cestuis que trusts」という用語はかつて信託受益者の意味として一般的に使われていたが、現在は主に「beneficiary（受益者）」という用語が使われている。

9　*Supra* note (7), at 232.

64 第3章 株主代表訴訟の法構造と提訴段階における会社の裁量

とし、株主が自己に属する権利に基づき取締役に対して直接にその義務の履行を求めることを認めている[11]。ただ、19世紀前半に発生したこの判例においては、会社の法人性が重視されておらず、もっぱら株主と取締役との信託関係に基づき、株主による取締役の責任の追及を認めていた[12]。

その後、会社の部外者を相手とする重要な株主代表訴訟の事案である Dodge v. Woolsey[13]があった。この事案において、原告株主は取締役会に対して事前の提訴請求（demand）をしたが、取締役会は当該請求を拒絶した。連邦最高裁判所は、会社の取締役に対する、または会社の部外者に対する（会社の有する）権利の行使は会社自身によるべきである[14]が、株主が会社に対して当該権利の行使を請求しかつ当該請求が不当に拒絶されたとき、当該提訴拒絶が単なる経営判断の誤り（an "error of judgment merely"）ではなく、信託違反（breach of trust）になるため、株主は訴権を取得することを示したうえで[15]、本件においては、当該商業銀行の取締役らは原告株主の主張した権利の行使が自分の義務であることを認めながらも何の行動もとらなかったため、原告株主は自ら訴訟を提起することができると判断した[16]。株主が会社の部外者に対して提起したこの訴訟においては、株主と会社とは別個の存在であることが特に意識され、個々の株主は当然に会社の訴権を行使できるのではなく、株主の提訴請求に対する会社の不当拒絶は株主による当該訴権の行使に根拠を与えたのである[17]。

---

10 *Supra* note（7）, at 233. または池田辰夫「株主代表訴訟の法構造」阪大法学149~150号（1989）234頁を参照。

11 池田・前掲注（10）236頁。なお、Robinson 事件の判決において、裁判所は会社が原告であれ、被告であれ、当該訴訟においては必要的当事者（necessary party）であると判断した。*supra* note（7）, at 222.

12 池田・前掲注（10）236頁。

13 Dodge v. Woolsey, 59 U.S.（18 How.）331, 15 L. Ed. 401（1855）.
　　本件では、原告は Ohio 州立銀行（the State Bank of Ohio）の支店である Cleveland 商業銀行（the Commercial Branch Bank of Cleveland）の株式の30%を保有している株主である。原告は Cleveland 商業銀行に対する Ohio 州の法人税の徴収が違法なものであることを理由に、当該違法な徴税を止めるために訴訟またはその他の措置をとるよう取締役会に対して請求をした。取締役会は当該徴税の違法性に関する原告の主張に賛成しながら、州の徴税に対抗することによる多くの障碍があるとして、原告の請求を拒絶した。そのため、原告は、徴税者（Dodge）、当該銀行の5名の取締役および当該銀行を被告として訴状を提出した。

14 *Id*. at 336.

15 *Id*. at 344~345.

16 *Id*. at 346.

17 Prunty, *supra* note（2）, at 990.
　　北沢正啓「アメリカ会社法における株主の代表訴訟」法学協会雑誌68巻第6号（1950）660

株主代表訴訟は後の1966年改正連邦民事訴訟規則において、独立した明文の規定によって定められるようになった[18]が、その歴史的展開に対する右の検討からみたように、当該制度は会社の取締役が株主を受益者とする信託受託者であるという信託関係に基づき判例法として発展してきたものである[19]。

この信託関係に関しては、最も中心的な特徴が2つあるとされている。1つは受託者が受益者の利益のために、受益者の代わりに行動すること、もう1つは受託者の効率的な行動のために、受託者が受益者から広範な権限を付与されることである[20]。この2つの特徴は信託関係における基本的な問題をもたらす。それは、受託者は受益者から広範な権限を付与されたため、当該権限を悪用（misuse）し受益者を害する行動にはしる危険があるという問題である[21]。信託関係を維持するためには、受益者をこのような危険から保護するための（信託に関する）法的規制（judicial regulation of fiduciaries）が必要となり[22]、受託者の信託義務違反によって受益者が被った損害に対し、受託者は責任を負担すること[23]、および受託者が自分に付与された権利を悪用し、受益者に対して信託違反の責任を負担したとき、受託者の有していた財産管理権を受益者に移転させることによって（受益者のための）強力な救済を図ること（creating strong remedies through shifting property rights）等が認められるようになってきた[24]。

もっとも、信託という概念は信託法にその起源（origin）を有する[25]ものの、刑

頁、池田・前掲注（10）238頁。

18　池田・前掲注（10）244頁。

19　初期の株主代表訴訟の判例で採用された信託の法理によれば、株主代表訴訟は原告株主が自らの有する権利を行使し、取締役の自分に対する義務をエンフォースするための訴訟である。Prunty, *supra* note（2）, at 986.

20　Tamar Frankel, *Fiduciary Law,* 71 CAL. L. REV. 795, 808~809（1983）.

21　*Id.* at 809.

22　*Id.* at 816.

23　*Id.* at 825.

24　*Id.* at 827~828.
　　なお、そのほかに、利益相反行為の阻止（preventing conflicts of interest）、受託者に対するコントロール（controlling the fiduciary）、監視監督（monitoring）および信託規制における道徳的要求等に関する法規制もある。*Id.* at 824~832.
　　また、この2つの法規制と整合的に、受益者には受託者の信託違反によって受益者が損害を被ったときにその損害につき補償を要求する権利、受託者が不当に利益を得たときにその返還を求める権利、および自らが原告となり第三の加害者に対して訴訟を提起する権利が認められている。ディヴィッド・ヘイトン著『信託法の基本原理』（勁草書房、1996）177頁。

25　なお、信託法における信託の概念は（信託財産に対して）コモン・ロー上の権原（legal title）を有しないものの、その所有権による利益（the benefits of ownership）を請求できる者に対し

66　第 3 章　株主代表訴訟の法構造と提訴段階における会社の裁量

事や労働、証券や会社、契約や組合等に関する幅広い法律の分野において多く利用さており、とりわけビジネスの領域においては、会社の取締役（corporate directors）のほか、組合員（partners）、組合および会社の設立時の役員（officers originated with the formation of partnership and corporations）または多数派株主（majority shareholders）も受託者とされ、それに対応する受益者に対して責任を負うことがある[26]。

　米国では、会社関係の初期の判例は株主を信託受益者、取締役を受託者としていたが、後に法人の概念が重視されるようになり、取締役は誰に対して受託者としての責任を負うか、言い換えれば信託受益者は株主であるか、それとも会社であるかをめぐって学者の間で議論が生じていた[27]。しかし、会社を単なる財産的な概念（a property conception）として捉えるか、それとも公的目的（a public purpose）を有する 1 つの社会的主体（a social entity）として捉えるかによって、その結論は異なりうる[28]ため、会社をめぐる判例には株主を信託受益者とし、取締役を受託者とするものがあれば、取締役を会社の受託者とするものもある[29]。とりわけ株主代表訴訟に関しては、初期の判例は株主と取締役との信託関係、すなわち受益者である株主が会社資産の運営に関する広範な権限を受託者である取締役に託したという関係に依拠し、株主自身の権利に基づくとしてきた[30]が、その後、会社の所有と経営の分離の進展に伴い、独立した法人としての権利主体性が強調されるようになり、会社の権利と株主の権能との関係から株主代表訴訟の「派生性」（代位性）が認識されるようになってきた[31]。

　このような信託の法理を株主代表訴訟に類推すれば、すなわち、株主（受益者）は取締役（会）（受託者）に対して提訴請求をし、かかる請求の不当な拒絶が（受

て、その権原を有するものの、所有権を有しない（他の）者が負担する義務（duty）および責任（responsibility）を意味する。Justice Joseph T. Walsh, *The Fiduciary Foundation of Corporate Law,* 27 J. CORP. L. 333, 333 (2002).

26　Frankel, *supra* note （20）, at 795~796.

27　Walsh, *supra* note （25）, at 335~337.

28　*Id.* at 335.

29　Deborah A. Demott, *Beyond Metaphor: An Analysis of Fiduciary Obligation,* 1988 DUKE L. J. 879, 916~921 （1988）.

30　それに対し、株主代表訴訟と区別されてきた直接訴訟については、すなわち株主が自らの損害のために会社に対して救済を求める場合であり、株主＝受益者、会社＝受託者という関係で理解するのも可能であろう。Demott, *supra* note （29）, at 918.

31　高田裕成「株主代表訴訟における原告の地位」民商法雑誌115巻 4・5 号553頁（1997）、谷口安平「株主の代表訴訟」鈴木忠一＝三ケ月章監修『実務民事訴訟講座 5』（日本評論社、1969）96頁。

託者の）信認義務違反を構成した場合に、そして、その場合に限って、受託者の取締役（会）の有している会社の財産管理権が制限され、株主（受益者）は訴権を取得する[32]。この信託の法理に基づき株主が会社の有する訴権を取得した場合、当該訴権の行使できる対象になる者の範囲、または追及できる責任の範囲については、特別な制限がかかっていない。言い換えれば、会社の有する債権である以上、会社の取締役に対しても、または会社の第三の債務者に対しても、会社の訴権を取得した株主は原則としてそれを行使することができ、株主代表訴訟の対象となる被告の属性またはその責任の範囲については特に制限が設けられていない[33]。したがって、米国の株主代表訴訟の多数を占めるのは会社の取締役に対するものではあるが[34]、株主代表訴訟によって追及しうる取締役の責任の範囲に関する議論は生じなかった。しかし、株主の代表訴訟を提起する権能は株主固有の権限ではなく、会社の訴訟提起権に派生したものであると捉えられているため、その権能の行使には（それを反映した）一定の制限がかかっている。これは米国のいわゆるデマンド制度において明らかになる。

（2）デマンド制度

Dodge v. Woolsey 判決において示されたように、株主はいつでも当然に会社の有する訴権を取得できるわけではない。株主代表訴訟を提起しようとする場合、株主はまず会社の取締役会に対してデマンド（demand）をしなければならない。その理由は、会社が訴訟を提起するか否かについての決定は取締役会の権限に属し、原則としてビジネス・ジャッジメント・ルール（business judgment rule）に服しその保護を受けるべきであるため、取締役らが信認義務を果たしておらず、訴訟提起の可否に関する正当な意思決定が取締役会に期待できないことが明かになってはじめて、株主代表訴訟の必要性が認められるからであると解されて

32　池田・前掲注（10）246~247頁。

33　もっとも、一部の州では、州法または会社の基本定款において、経営者の注意義務違反（duty of care）を責任原因とする株主代表訴訟を制限する条項を定めることが許される。その理由については、経営者の明白な詐取による忠実義務（duty of loyalty）の違反に比べ、注意義務違反のほうは裁判所の誤判の可能性が高いから、注意義務違反の責任追及について裁判所の介入を制限してもよいからであると推測されている。Reinier Kraakman, Hyun Park, Steven Shavell, *When Are Shareholder Suit in Shareholder Interest*, 82 GEO. L. J. 1733, 1756~1758 (1994).

34　George W. Dent, Jr., *The Power of Directors to Terminate Shareholder Litigation: The Death of The Derivative Suit?* 75 NW. U. L. REV. 96 (1980), Note (16), at 97.

いる[35]。

　米国法律協会（ALI）の「分析と勧告」によれば、このデマンド制度の趣旨は主に４つある。具体的には、①裁判所を判決を得るに熟していない事案、または後の取締役会の行動によって処理しうる事案に対する不必要な審理から保護すること、②取締役会に他の救済を求めたり、他の是正措置（免職や降格のような社内の制裁手段を含む）をとったりする機会を与えること、③会社に（株主から）訴訟を引き継がせ、訴訟追行を支配させること、および④会社に求められた訴訟の提起を拒絶し、その訴訟が既に提起された場合には当該訴訟の早期の却下（dismiss）を求める機会を与えることである[36]。

　ただ、デマンドの要求（demand requirement）は州法によって規律される[37]ため、州によって制度の内容が異なりうる。各州のデマンド制度を大きく分ければ、デマンドの無益性の主張を認めるものとそれを認めないものとの２種類がある。そのうち、デラウェア州は明文[38]によって原告によるデマンドの無益性（demand futility）の主張を認め、デマンドが無益（futile）であると判断された場合に免除されるという前者の制度を採用しており、またニューヨーク州やカリフォルニア州は明文で定めていないものの、デマンドの無益性の主張を認めている。それに対し、アリゾナ、コネティカット、フロリダ、ジョージア、ハワイ、ミシガン、ノース・カロライナ、テキサス、バージニア等の州は提訴前のデマンドを常に義務付けており、後者のいわゆるユニバーサル・デマンド（universal demand requirement）の制度を採用している[39]。

　デマンドの無益性の主張を認める場合については、特にデラウェア州では株主

35　カーティス・J・ミルハウプト編・前掲注（２）122頁。
　　なお、本章の検討の目的は提訴段階における株主代表訴訟の終了制度における問題の所在を明らかにすることであるため、米国のデマンド制度の内容については簡単に紹介する程度にとどめて、詳細な検討を次章（第４章）に譲ることとする。
36　ALI, *Supra* note（3）, at 53.
　　また、デラウェア州最高裁判決によれば、デマンドを要求する目的は①会社内部の救済措置を尽くすよう要求することによって、訴訟以外の多種多様な紛争の解決方法の利用を推奨すること、②会社に有益な訴訟の継続をコントロールさせること、③デマンドが免除され、または不正に拒絶された場合、株主に通常訴訟の継続をコントロールさせることである。Brehm v. Eisner, 746 A. 2d 244, 255（Del. 2000）.
37　*See,* DEBORAH A. DEMOTT, SHAREHOLDER DERIVATIVE ACTIONS: LAW AND PRACTICE 613（2011~2012 ed.）.
38　具体的にはデラウェア州衡平法裁判所が定めた Court of Chancery Rule 23.1である。
39　詳細については、本書第４章第４節を参照。

代表訴訟が提起されるまでの流れは次のとおりである。デラウェア州ではデマンドが常に要求されるわけではなく、デマンドが無益な場合はデマンドが免除され、株主は直ちに裁判所に対して株主代表訴訟を提起することができる[40]。株主はデマンドをせずに株主代表訴訟を提起した場合、会社は裁判所に対してデマンドがないことを理由に訴え却下の申立てを行うことができる。通常、かかる申立てに対して株主はデマンドが無益であるため免除されるべきであるという抗弁を行うから、裁判所はその無益性につき判断する。かかるデマンドが無益であると判断された場合にはデマンドが免除され[41]、正式事実審理（trial）に入り、裁判所は原告の主張した訴訟原因につき判断を行う。それに対し、デマンドが必要であると判断された場合には、株主はまず取締役会に対しデマンドを行わなければならない。取締役会が株主のデマンドを拒絶した場合、株主は裁判所に対して当該拒絶が不適切であると主張することができるが、提訴のデマンドを承認するか、拒絶するかに関する取締役会の決定は経営判断（business judgment）である[42]と解されているため、一定要件を満たせば裁判所に尊重される。

　それに対し、ユニバーサル・デマンドの制度を採用した州では、株主は代表訴訟を提起する前に、まず取締役会に対して会社自らによる訴訟の提起をデマンドすることが義務付けられる。取締役会が当該デマンドを拒絶する場合には、当該デマンドを拒絶する旨の取締役会の判断は一種の経営判断であるため、多くの場合に取締役会の経営上の裁量権に基づくものとして裁判所によって尊重される。また、デマンドが拒絶された株主は当該拒絶の判断が信認義務違反となり、いわゆるビジネス・ジャッジメント・ルールにより保護されないという抗弁に基づき争うことができるが、株主側が厳格な立証責任を負担するとされているため容易ではない。

40　実際、株主はデマンドを行うケースが少ないようである。また、本書第4章第4節において詳細に検討するように、デマンドが行われた場合には原告株主が取締役会の独立性を有することおよび利害関係のないことを認めた（自認した）と解される可能性があるため、原告側にとって不利になると考えられるので、あえて会社に対してデマンドを行う株主は少ないはずである。

41　デラウェア州最高裁判所が最初にデマンドが免除されるか否かの判断基準を示した判例はAronson v. Lewis, 473 A. 2d 805（Del. 1984）である。この判決において成立したいわゆるAronson基準とは、①取締役が利害関係を持たず独立していたか否か、また②問題とされた取引がその他の点において有効な経営判断を行使した結果であったか、の2点につき、原告株主は「合理的な疑い（a reasonable doubt）」を生じさせる具体的な事実を証明しなければ、デマンドが免除されないという基準である。*Id.* at 805.

42　Zapata Corp. v. Maldonado, 430A. 2d 779, 787（Del. 1981）.

70　第3章　株主代表訴訟の法構造と提訴段階における会社の裁量

このようなデマンド制度は米国の株主代表訴訟の法構造と整合的に理解することができる。すなわち、米国では、株主は（信託の法理に基づき）自らの提訴の請求に対する拒絶が取締役会の信認義務違反を構成した場合に限って、会社の第三の債務者に対して有する請求権を含め会社（取締役会）の有していた訴権を、代わりに行使することができるため、デマンドが免除されるまたは行われたデマンドに対する取締役会の拒絶が正当な経営判断の結果ではないとされてはじめて、株主代表訴訟が認められる。株主は取締役会に対して、取締役等役員のみならず、会社の第三の債務者に対する訴訟の提起をデマンドすることができるが、かかるデマンドを受け入れるか否かの判断は取締役会の経営判断であるため、当該判断に一定の正当性がある限り、裁判所はそれを尊重して株主代表訴訟を却下する。したがって、デマンドを要求する効果は株主の提起しようとした株主代表訴訟を止める機会を取締役会に与えることであると考えることができ[43]、株主の代表訴訟提起権はそれによって制限される。また、このような制限をかける現実的な理由は、「メリットのないまたは害のある訴訟や嫌がらせ訴訟が排除されなければ、会社の利益のために創られた株主代表訴訟は逆の不本意の結果をもたらす」[44]という懸念があるからであると解されている。言い換えれば、米国のデマンド制度は株主が代表訴訟を提起する段階で当該訴訟を遂行すべきか否かの判断を原則として会社の取締役会に委ねることによって、会社にとって有益な訴訟を促進し、会社の利益にそぐわない訴訟、または会社の利益を害する訴訟や嫌がらせ訴訟等をスクリーンアウトするという機能を果たしている[45]。

2　日本における株主代表訴訟の法構造および提訴段階の手続

（1）法構造および立法上の特徴

日本の株主代表訴訟はその導入時の立法過程からみれば、当初主に政治的要因により一種の政策判断として日本法に導入したものである[46]。立法当時、米国法

43　ALI, *supra* note（3）, at 53. また、Spiegel v. Buntrock, 571 A. 2d 767（Del. 1990）では、デラウェア州最高裁判所は「提訴前のデマンドの目的は訴訟を起こさずに訴えられた不正行為を検討する機会、訴訟に会社の資産を投入するか否かを決める機会、および確実に起こる訴訟をコントロールする機会を会社に与えることを確保するためである。」と示した。

44　*Supra* note（42）, at 787~788.

45　David A. Skeel, Jr., *Shareholder Litigation: the Accidental Elegance of Aronson v. Lewis,* JONATHAN R. MACEY, ed., THE ICONIC CASES IN CORPORATE LAW 166（Thomson/West, 2008）.

第2節　日米の比較からみた日本の株主代表訴訟の特殊性　*71*

の株主代表訴訟を参考に設けられた制度ではあるものの、米国側から提出された原案を日本の法体系に合致させるように、訴訟技術の点において修正して受け入れたものであるため、条文の構成のみならず、法構造においても米国の当該制度と大いに異なる。

　日本における株主代表訴訟はその法構造について、従来、代位訴訟性を有するか、代表訴訟性を有するかまたは両方の性質を有するかに関する議論があったが、どれが定説であるかは必ずしも容易にいえない[47]。このほかに、民事訴訟法の観点から、株主代表訴訟を一種の法定訴訟担当[48]、すなわち訴訟担当者たる株主による会社の権利に基づく訴訟追行として理解するいわば訴訟担当論を唱える説もある[49]。

　そのうち、代位訴訟性と代表訴訟性はその根本的な違いが、原告株主の訴訟追行権が元々会社の有したものであるか、それとも原告株主の固有の権利であるかという点にある。代位訴訟性は、会社の権利を株主が代位行使することを意味するのに対し、代表訴訟性は、原告株主が自らを含めた全株主（または会社）を代表して、自己の有する権利を行使することを意味する[50]。また、議論の焦点における相違としては、代位訴訟性を唱える説は原告株主と会社との関係に注目するのに対し、代表訴訟性を唱える説は原告株主と他の株主との関係に注目する。両者は議論の角度が異なるものの、両立しえないわけではない[51]。これらの学説の

46　中島弘雅「株主代表訴訟における訴訟参加」小林秀之＝近藤光男編『新版・株主代表訴訟大系』（弘文堂、2002）243~250頁、徳田和幸「株主代表訴訟と会社の訴訟参加」法曹時報48巻8号（1996）1669~1680頁、田中英夫＝竹内昭夫『法の実現における私人の役割』（有斐閣、1990）40~43頁等を参照。

47　山田泰弘『株主代表訴訟の法理――生成と展開――』（信山社、2000）60頁、小林秀之＝高橋均『株主代表訴訟とコーポレート・コーポレート・ガバナンス』（日本評論社、2008）6頁。
　　なお、米国の株主代表訴訟に関しては、クラス・アクションと同じルーツを持つものの、一般的に「代表性」より「派生性」（代位性）が強調されているようである。高田・前掲注（31）554~555頁。

48　訴訟担当には、さらに担当者の固有の利益の保全・確保のために第三者の権利を行使する訴訟担当と、担当者が固有の利益を有しない訴訟担当がある。ただ、広い意義の訴訟担当は「実体法上の利益帰属主体（本人）以外の第三者が自己の名で本人の権利を訴訟上行使する場合」を意味する。高田・前掲注（31）565~569頁。
　　仮に株主代表訴訟をこの広義の訴訟担当として理解するならば、日本の株主代表訴訟は結果的には米国の株主代表訴訟に強調されている派生訴訟の性質に近いものになるのではないかと思われる。

49　高田・前掲注（31）568頁以下。

50　山田・前掲注（47）60頁。

51　高田・前掲注（31）540頁。

72　第3章　株主代表訴訟の法構造と提訴段階における会社の裁量

より具体的な異同については以下のとおりである。

　代位訴訟性を強調する学説は、全体的には株主代表訴訟提起権を株主の自益権に基づく債権者代位権とする説と株主の共益権に基づく債権者代位権とする説との2つに分かれている[52]。前者（松田説）[53]は、民法の債権者代位権の規定（民法423条）を類推適用して、株主代表訴訟が株主の利益配当請求権（自益権）を保全するために、会社資本の充実を図る意味で会社の有する損害賠償請求権を株主が代位行使するものであると解釈している。それに対し、後者（臨時機関説）[54]は、実質的にみれば、株主代表訴訟は株主が会社の代表機関的地位に立ち、自らの有している取締役の責任を追及する共益権に基づき、会社の権利を代位行使するという構造を有するという。そのほかに、株主代表訴訟の代位訴訟性を強調するものの、会社と取締役との委任関係に基づき、受任者たる取締役の任務懈怠によって会社が損害を被った時、株主は当然当該取締役に対して責任を追及する権利を代位的に行使できるとする見解もある[55]。代位訴訟性を強調するこれらの学説は原告株主と会社との関係に注目するため、原告株主の有する訴訟追行の権限と会社のそれとの調整を重視するという特徴がある。しかし、株主代表訴訟を代位訴訟として捉えた場合には、株主に提訴権（代位）を認める根拠は会社の「提訴懈怠」の要件にあるため、仮に会社の当事者訴訟参加があれば、その要件が欠けることになり、株主は一度提訴権限を獲得した後でも、訴訟追行の権限が制限を受けざるをえないという帰結になる可能性がある[56]。それは現行法上の会社の訴訟参加に関する制度の実態と矛盾している。

　他方で、株主代表訴訟の米国法からの沿革を重視し、代表訴訟性を強調する説がある。この説は、株主代表訴訟は会社の権利を代位行使するという代位訴訟としての構造を有するが、経済的・実質的には、株主全員を代表して訴訟を提起する、いわゆる代表訴訟（またはクラス・アクション）としての性質のある訴訟手続であると主張する[57]。原告株主とその他の株主との間にあるこのような代表関係

52　山田・前掲注（47）61頁。
53　松田二郎『株式会社の基礎理論』（岩波書店、1942）534~538頁。
54　上柳克郎＝鴻常夫＝竹内昭夫編『新版注釈会社法（6）』（有斐閣、1987）〔北沢正啓〕358頁、大隅健一郎＝今井宏『会社法論中巻（第3版）』（有斐閣、1992）271頁、山田・前掲注（47）61頁。
55　小林＝高橋・前掲注（47）7頁を参照。
56　高田・前掲注（31）547頁。
57　竹内昭夫「株主の代表訴訟」『会社法の理論Ⅲ　総論・株式・機関・合併』（有斐閣、1990）231

第2節　日米の比較からみた日本の株主代表訴訟の特殊性　*73*

を認める前提に立てば、とりわけ株主代表訴訟の判決効の及ぶ範囲については、会社の存在を介することなく、原告株主とその他の株主との関係を一定程度において整理できる。具体的には、他の株主に対しては右のような代表関係に基づき判決効が生じ、原告株主以外の株主は重複して株主代表訴訟を提起することができなくなるという考え方である。ただ、この説を前提とすれば、原告株主は株主代表訴訟を提起するには他の株主を適切に代表しているという要件を満たさなければならない[58]。しかし、この原告株主の「適切代表性」の要件は現行法において認められていない[59]ため、現行法を説明するには一定の困難がある。

　以上の2つの説と異なり、訴訟担当論を唱える説は、株主代表訴訟を訴訟担当者たる株主による会社の権利の訴訟追行と解して、原告株主と会社との権限および当該株主と他の株主との権限の両方は調整を要する[60]と主張する。まず原告株主と会社との関係については、訴訟担当者である株主代表訴訟の原告株主が行使できる権利の範囲は法律により権利が授与された趣旨によって定まるため、訴訟担当者の原告株主は本人である会社を超えて権利を有せず、また会社の行使できる全ての権利を行使できるわけでもない[61]が、民事訴訟法40条の限度で制限を受ける独立した訴訟追行権を有するため、株主は一度代表訴訟を提起した後、会社の当事者訴訟参加があっても訴訟追行権を有する[62]と解する。次に、原告株主とその他の株主との関係については、他の株主に判決効が及ぶことの意義は株主代表訴訟の相手方が二重の応訴を負担することを防ぐことにあり、被担当者（＝原告株主以外の株主）は既に提起された株主代表訴訟において自己の権利の実現を図ることを強制されるため、訴訟参加をしなかったときはその権利行使の機会を失うことになると解する[63]。

頁（初出、法学会協会編『法学会協会百周年記念論文集第3巻』（有斐閣、1983））。

[58]　高田・前掲注（31）557頁。

[59]　学説上、濫訴防止の観点から原告株主の「適切代表性」の要件を取り入れるべきと主張されている。周劍龍「株主代表訴訟」岩原紳作＝小松岳志編『ジュリスト増刊・会社法施行5年理論と実務の現状と課題』（有斐閣、2011）30頁。詳細については、本書第4章第3節を参照。

[60]　高田・前掲注（31）576~578頁。なお、株主代表訴訟を民事訴訟法40条所定の（類似）必要的共同訴訟とみれば、訴訟の当事者適格が各株主に認められるが、ある株主に対する判決の既判力が他の当事者たるべき者にも拡張される。

[61]　その理由ついては、権利の主張者が異なることにより相手方当事者の不利益を受けない地位が保障されるべきであること、また権利の主張者が異なることにより権利義務の帰属主体（＝本人）の利益が害されてはいけないことが挙げられている。高田・前掲注（31）569~570頁。

[62]　高田・前掲注（31）547頁。

[63]　高田・前掲注（31）572~573頁。

74　第3章　株主代表訴訟の法構造と提訴段階における会社の裁量

　このように、株主代表訴訟の法構造に関して見解は必ずしも統一していないため、そこから原告株主に対して如何なる範囲の権限が付与されているかを見出すことができない。ただ、既述の3つの説のうち、訴訟担当論を主張する説は現行の株主代表訴訟制度の実態をもっともうまく説明できると考える[64]ため、以下では手続法上株主代表訴訟が一種の訴訟担当であるとされていることを念頭に置き、会社法における株主代表訴訟に関する規定の特徴をみることとする。

　会社法は6カ月前から引き続き株式を有する（会社法189条2項の定款の定めにより権利行使ができない単元未満株主を除く）株主に対して、会社のために取締役等の役員の責任追及等の訴え、すなわち株主代表訴訟を提起することを認めている（会社法847条1項）。この株主代表訴訟提起権に基づき、株主は（イ）発起人、設立時取締役、設立時監査役、役員等（同法423条1項に規定する取締役、会計参与、監査役、執行役または会計監査人）もしくは清算人の責任を追及する訴え、（ロ）同法120条3項所定の利益供与を受けた者から利益の返還を求める訴え、（ハ）同法120条の2第1項、212条1項、285条1項所定の払込みを仮装した設立時募集株式の引受人や不公正な価額で株式・新株予約権を引き受けた者に公正な価額との差額の支払いを求める訴え、（ニ）同法213条の2第1項、286条の2第1項所定の株式・新株予約権に係る払込みを仮装した者に支払いや給付を求める訴えの提起を会社に対して請求することができ（同法847条1項本文）[65]、当該提訴請求の

64　もっとも、この説に基づけば、株主代表訴訟における原告株主は一種の法定訴訟担当の地位を有するに過ぎず、権利関係についての実体法上の権能が与えられていなく、原則として執行債権者適格を有せず、勝訴判決をもって被告に対する強制執行を申し立てることができないことになる。伊藤眞「株主代表訴訟の原告株主と執行債権者適格（上）」金融法務事情1414号（1995）11頁。しかし、それに対する反対の意見として、中野貞一郎「株主代表訴訟の判決の強制執行」ジュリスト1064号（1995）67頁がある。

65　平成17年改正前商法は取締役の会社に対する責任に係る株主代表訴訟（改正前商法267条）を定めたうえ、個別規定において、それを監査役（同法280条1項、280条ノ11第2項、280条ノ39第4項、295条4項）、委員会等設置会社の取締役と執行役（廃止前商法特例法21条ノ25）に準用するものとした。それに対し、会社法は株主代表訴訟提起権を統一的に規定している。しかし、会社法847条と改正前商法267条は、規定の仕方はおおむね同様であり、株主代表訴訟の対象となる取締役の責任という問題については、原則として同様に解すべきである。岸田雅雄『会社法判例百選』別冊ジュリスト180号152頁。

　また、会社法847条または平成17年改正前商法267条に列挙される者以外に対して、株主が株主代表訴訟の規定に基づき責任追及を求めたが、訴えが却下された裁判例として、大阪地判平成11・9・22判例時報1719号142頁（本件会社の取締役および監査役のいずれにも就任したことのない者）、仙台高判平成24・12・27判例時報2195号130頁（本件会社の取締役等から本件会社の株式の贈与を受けた者）等がある。

第2節　日米の比較からみた日本の株主代表訴訟の特殊性　　75

日から60日以内に会社が責任追及等の訴えを提起しないとき、提訴請求をした株主は自ら株主代表訴訟を提起することができる（同法同条3項）。

　このように、日本法における株主代表訴訟に関する規定は株主代表訴訟提起権を行使しうる対象となる者および追及しうる責任の範囲を定型的に定めており[66]、株主代表訴訟提起権は限定された者のみに対してかつ限定された会社の権利の行使のために、単独株主に認められている。具体的には、法は取締役等の役員および会社の一部の債務者たる者を限定列挙し、それらの者のみに対して株主代表訴訟が提起できると規定しており、そのうち、会社の一部の債務者たる者（すなわち利益供与を受けた株主および不公正な価格で株式・新株予約権を引き受けた者や株式・新株式予約権に係る払込みを仮装した者）に関しては株主代表訴訟によって追及できる責任の範囲を特定の条文（会社法120条3項、同法120条の2第1項・212条1項・285条1項、同法213条の2第1項・286条の2第1項）を明示的に示して定めているのに対し、株主代表訴訟の対象となる取締役等の役員の責任の範囲に関しては、特定の条文を挙げていないため、取締役等の役員が会社に対して負担する責任のうち、どれが株主代表訴訟の対象となるかは明らかでない[67]。

　もっとも、日本における株主代表訴訟の法構造に関するこれまでの議論および株主代表訴訟に関する会社法の規定（会社法847条〜853条）を踏まえて、次のように整理することができる。会社法では、株主の代表訴訟提起権は会社の（取締役等役員に対する）提訴の懈怠を防ぐために、株主の固有の権利として単独株主に対して認められている。したがって、株主は法定の当事者適格の要件（6カ月前から引き続き株式を有すること）を満たせば、株主代表訴訟を提起する権能を有する。ただ、前述したように手続法上、株主代表訴訟は（真の権利主体と異なる）第三者である株主が当事者適格をもち、受けた判決の効力が権利主体である会社に及ぶ第三者による訴訟担当であるため、訴訟担当者である原告株主は権利主体である会社を超える権利を有することが不可能であって、会社の行使できる全ての権利を行使できるというわけでもない。原告株主が（会社のために）会社の代わりに行使できる権利の範囲は会社法所定の株主代表訴訟提起権を行使しうる対象

66　池田・前掲注（10）260頁。
67　なお、昭和25年改正商法においては株主代表訴訟が取締役の責任の追及のために利用できると定めたが、それはどういう責任のことを考えているかについては、立法時には議論にならなかった。鈴木竹雄＝竹内昭夫『商法とともに歩む』（商事法務研究会、1977）182頁。それも後に「取締役の責任の範囲」の議論が生じた原因の一つであると考えられている。

となる者およびそれによって追及しうる責任の範囲によって定まるが、条文から
みたように、とりわけ株主代表訴訟によって追及できる取締役等役員の責任の範
囲は明らかに定められていない。これは、何故米国においてそもそも議論の対象
にならない株主代表訴訟によって追及しうる取締役等役員の責任の範囲の問題が
古くから議論されて続けてきた理由であると考える。

　従来の学説には、条文においては「取締役の責任の範囲」を限定する文言がな
いから、取締役が会社に対して負担する一切の債務は株主代表訴訟の対象になる
とする説（後述する「全債務説」）がある一方、何らかの制限を課すべきとする説
（後述する「限定債務説」や「中間説」等）もある。とりわけ後者の学説が「取締役
の責任の範囲」に一定の制限を課すべきとする理由については、本章第3節にお
いて紹介する学説および裁判例からみるように、主に株主代表訴訟を無限定に認
めれば会社荒らしの好餌化になりかねないという懸念があること、および株主代
表訴訟による株主の会社経営への介入と会社の経営上の裁量と均衡関係から株主
代表訴訟によって追及できる取締役の責任を限定すべきことが挙げられている。
この意味では「取締役の責任の範囲」を定めることは、米国のデマンド制度と同
様に、株主の代表訴訟提起権の行使に一定の制限を加えるという効果を有すると
いえる。日本の株主代表訴訟制度においては米国のデマンド制度に対応して事前
の提訴請求制度もあるが、それにもかかわらず、何故「取締役の責任の範囲」に
関する議論が止まないかについて、以下で検討する。

（2）事前の提訴請求制度

　日本法における事前の提訴請求制度は、具体的に、株主が株主代表訴訟を提起
するには事前に書面により会社に対して訴訟を提起するよう請求しなければなら
ず（会社法847条1項）、請求日から60日内に会社が取締役等に対する訴えを提起し
ない場合にはじめて株主自ら会社のために株主代表訴訟を提起することができる
（同法同条3項）というような内容を有する。言い換えれば、株主は会社（監査役設
置会社の場合は監査役、監査等委員会設置会社の場合は監査等委員、指名委員会等設置会
社の場合は監査委員。業務監査機関のない会社の場合は通常の業務執行における代表者で
ある取締役・代表取締役、これらの取締役全員が被告とされた場合は株主総会・取締役会
が選任した会社代表者。以下は単に「会社」または「監査役等」という。）に提訴請求
（同法386条2項1号・399条の7第5項・408条5項1号、同法349条・353条・364条）をし

てから、会社の判断に左右されることなく、一定の期間（60日間）を待てば自ら代表訴訟を提起できる。したがって、訴訟を提起するか否かに関し会社（取締役会または特別訴訟委員会）に一定の裁量の余地を認める米国のデマンド制度と異なり、日本の事前の提訴請求制度のもとでは、会社には原則として取締役等の責任の処理について裁量の余地がなく、会社には株主代表訴訟を阻止することが認められていない。

なお、提訴請求手続に瑕疵があった場合に、そのことが提起された株主代表訴訟の適法性を否定することになるかについては、下級審裁判例そして学説では見解が分かれている。提訴請求が全くなされなかった事案では、会社の訴訟参加があった場合に訴えを提起しないという会社の意思が明らかであり、その瑕疵が治癒されるとした例[68]がある。提訴請求書は提出されたが、宛先に瑕疵があった事案では株主代表訴訟を不適法却下とした例[69]と一定の場合にかかる瑕疵があっても訴え却下にならないとした例[70]がある。また、学説には適式な提訴請求を欠く

68　東京地判昭和39・10・12下民集15巻10号2432頁、東京地判平成25・12・26金融・商事事例1451号17頁およびその控訴審東京高判平成26・4・24金融・商事事例1451号8頁。逆に会社が訴訟に参加しない場合には、事前の提訴請求の瑕疵が治癒されないとされ、訴訟は却下される例として大阪地判昭和41・12・16下民集17巻11・12号1237頁がある。

69　例えば、東京地判平成4・2・13判例時報1427号137頁（本件では裁判所は株主が訴訟提起前に会社の代表取締役に対して提訴請求をした後、訴訟提起後に改めて監査役に対して提訴請求をしたという事実関係に基づき、法定の期間を経過しても当該訴訟は適法なものとなるに至ったと認めることはできないと判断し、却下判決を下した。）、大阪地判平成11・9・22判例時報1719号142頁（本件では、原告株主は常務取締役を退任して常勤監査役に就任した被告の監査役としての責任については会社の代表取締役に対して提訴請求を行ったものの、同被告の取締役としての責任については別途監査役に対して事前の提訴請求を行わなかった。裁判所は、本件訴訟の後者の責任追及の部分について、原告が会社に対する事前の提訴請求手続を怠ったがゆえに不適法であり、却下を免れないとした。）、大阪地判平成12・9・20判例時報1721号3頁（本件では、原告株主は取締役を退任して監査役になった被告の取締役としての責任を追及する訴えを提起するよう請求するに当たり、同被告が監査役として会社を代表するものとして同被告に対して事前の提訴請求をした。裁判所は、右の提訴請求が実質的に同被告に対する提訴の要否および当否を同被告自身に判断させることとなり、商法が事前の提訴請求を要求する趣旨に照らし、原告らが事前の提訴請求を行ったものと評価することはできないと判断したうえで、右手続上の瑕疵は重大であり、加えて訴訟要件を具備するか否かの判断は明確であることが要請されるから、提訴請求を受けた同被告が他の監査役に提訴請求書を見せ監査役会で提訴しない旨決議したこと、会社が本件株主代表訴訟が提起された事実を知りながら、訴えを提起したり共同訴訟参加したりしなかったこと等の事情を勘案しても、同被告に対する本件訴訟のうち取締役としての責任を追及する部分については不適法であり、却下を免れないとした。）がある。

70　例えば、大阪地中間判昭和57・5・25判例タイムズ487号173頁（本件では、裁判所は株主代表訴訟提起後に改めて会社に対して提訴請求を請求し、会社が請求日から法定の期間内に訴えを提起しなかった場合にその瑕疵が治癒されると判断した。）、大阪地判平成12・5・31判例時報1742号141頁（本件では、裁判所は株主代表訴訟において事前の提訴請求のあて先を単に会社として

78　第3章　株主代表訴訟の法構造と提訴段階における会社の裁量

場合には株主代表訴訟を一律に不適法と解する立場と提訴請求書の宛先が代表取締役となったとしても、会社においてこの請求書を監査役に回付すべきであって一律に不適法とすることができないとする見解がある[71]。また、最高裁判所は、提訴請求の正しい宛先である機関（本件では農業共同組合の監事）が請求の内容を正確に認識したうえで、訴訟を提起すべきか否かを判断する機会があったときは、訴えを適法なものとして取り扱うとし[72]、提訴請求に瑕疵がある場合に一律に株主代表訴訟の適法性を否定すべきでないという立場を示した。

　もっとも、日本法において株主代表訴訟の原告株主に提訴請求を要求する理由[73]には、一般的に、権利主体である会社に訴訟提起するか否かの判断の機会を与えること[74]、および株主と取締役の馴れ合い訴訟や濫訴の弊害を防止すること[75]が挙げられている。しかし、現行法における事前の提訴請求制度には米国のように会社の不提訴判断を会社の経営判断として一定程度で尊重するための手続がなく、会社に対して行われる提訴請求が形式的なものにとどまり、会社の提訴

も、「一般に、事業活動を行なう株式会社においては、会社宛ての書面が郵送で配達されたり、直接手渡されたりした場合、たとえ当該書面の処理を担当する部署が明示されていなくても、当該部署に回付されるような仕組みが整備されているものと考えられる。本件……書面は、……名宛人を明示していないのに止まり、誤った名宛人を記載したものではないから（例えば、監査役宛てとすべきであるのに代表取締役宛てと記載したものではない）、右のような回付の仕組みにより、監査役および代表取締役に回付されているものと考えられる」ため、提訴請求の手続にこのような形式的な不備があったとしても、本件訴訟の提起が不適法で却下を免れないとまでは言えないと示した。）、大阪地判平成12・6・21判例時報1742号146頁（本件は商法特例法上の小会社の株主が提起した株主代表訴訟である。原告株主は事前の提訴請求を当該会社の代表取締役に対してなされるべきであるにもかかわらず、監査役に対してなされた。これについて、裁判所は本件では提訴請求に関する手続上の瑕疵が存在するとしながらも、会社が当該瑕疵について問題とすることなく、進んで被告らに補助参加しているため、被告らに対してその責任を追及する意思のないことを表明していると解し、当該瑕疵を理由に本件訴訟が不適法であるとすべきでないとした。）、大阪地判平成16・12・22判例時報1892号108頁（裁判所は、原告株主は監査役の責任の追及について事前の提訴請求を代表権のない監査役に対して行い代表訴訟を提起した後、有効な提訴請求をなされ、それから60日を経過しても会社が何らかの意思を表明しなかったため、訴えを却下する必要がないと判断した。）がある。

71　釜田薫子「判批」平成22年重要判決解説（ジュリスト臨時増刊1420号）（2011）141頁を参照。

72　最三小判平成21・3・31民集63巻3号472頁。

73　米国のデマンド制度は会社に訴訟以外の救済や是正措置を選択する機会を与えることや不必要な訴訟の阻止を目的としているのに対し、日本の事前の提訴請求制度はその趣旨が曖昧であることが従来から指摘されている。森本滋「判批」判例評論413号（判例時報1455号）（1993）54頁。

74　江頭憲治郎『株式会社法（第7版）』（有斐閣、2017）497頁（注4）、安部一正ほか『取締役（6）』別冊商事法務248号（2002）53頁〔金築発言〕、岩原紳作ほか「株主代表訴訟制度の改善と今後の問題点」商事法務1329号（1993）25頁〔岩原発言〕。

75　森本・前掲注（73）55頁。

請求に対する考慮期間が形骸化しているという指摘[76]があるように、米国のデマンド制度の有する、会社の利益にそぐわない訴訟または会社の利益を害する訴訟や嫌がらせ訴訟をスクリーンアウトするという機能を現行法にある事前の提訴請求制度に期待することができないことは明らかである。

3　まとめ

上記のように、日米の株主代表訴訟の法構造および提訴段階の提訴請求の手続の相違は明らかである。米国においては、株主代表訴訟が信託の法理に基づく制度であるため、その対象となる取締役の責任の範囲について特に制限を設けていないものの、株主による提訴のデマンドが免除されるまたは行われたデマンドに対する取締役会の拒絶が正当な経営判断（ビジネス・ジャッジメント）の結果ではないとされた場合にのみ、株主による訴えの提起が認められる。このデマンド制度は株主による代表訴訟の提起をスクリーニングすることによって、訴訟提起の段階における株主の代表訴訟による会社経営への介入と会社の経営上の裁量との均衡を調整している。それに対し、日本の株主代表訴訟制度はいわば定型化された制度となっており、明文の規定という形で代表訴訟提起権を行使しうる対象となる者および追及しうる取締役等の責任の範囲を限定している一方、提訴段階における会社の裁量を認めず、原告株主が会社に対して事前の提訴請求をした後に会社が訴訟を提起しない限り、株主が自ら代表訴訟を提起することができる制度になっている[77]。

もっとも、会社法における提訴請求制度が実効性を欠いているという問題は従来から指摘されているが、株主代表訴訟の原告株主に事前の提訴請求を要求するほか、訴訟の対象になりうる「取締役の責任の範囲」も制限しており、この2つを併用して株主の代表訴訟提起権の行使に一定の制限をかけているとみることができる。言い換えれば、仮に米国のデマンド制度と類似する効果を「取締役の責任の範囲」の制限は有しており、かつそれによって現行法上の提訴請求制度の実

76　小林＝高橋・前掲注（47）240頁。

77　このような制度の根拠については、米国法と異なり、日本法の場合は訴訟の相手方が原則として取締役等に限られ、純然たる第三者を広く含まないため、株主からの提訴請求に会社側が応じなければ、それが当然不当性を具備するもの、すなわち会社側に義務違反があるものと評価され、提訴請求をした株主は原告適格を取得すると解する説（池田・前掲注（10）260頁）もあるが、ここでいう会社の提訴拒否の「当然不当性」について疑問がある。

効性を補うことができれば、特に問題がないと考えられる。しかし、次の検討から明らかになるように、その結論は必ずしも肯定的なものではない。

以下では、日本法における「取締役の責任の範囲」に関する議論を踏まえたうえで、株主代表訴訟の提訴段階において会社に株主の提訴請求に対する一定の裁量を認める必要性を検討し、提訴段階の終了制度における問題の所在を明らかにしたい。

第3節　学説および下級審判決からみた「取締役の責任の範囲」

1　学　説

株主代表訴訟の対象となる取締役の責任の範囲につき、従来学説は大きく2つに分かれている[78]。

（1）全債務説

従来の多数説は全債務説である。すなわち、取締役の会社に対して負担する一切の債務が株主代表訴訟の対象となるという説である。

全債務説はその主張の根拠として、①平成17年改正前商法267条は単に「取締役ノ責任」とあり、なんら制限的な文言がないこと[79]、②株主代表訴訟の制度趣旨として、責任を追及されるべき取締役間の特殊関係に基づく会社の提訴の懈怠を防止するためのものであり、提訴懈怠の可能性は取締役が会社に対して負担す

78　なお、学説の中には、3分法をとり、全債務説、限定債務説と中間説という分類方法を採用するもの（吉原和志「代表訴訟によって追及しうる取締役の責任の範囲」関俊彦先生古稀記念『変革期の企業法』（商事法務、2011）85~88頁）、または全債務説、限定債務説と取引債務包含説という分類方法を採用するもの（高橋譲「判批」ジュリスト1421号（2011）96~97頁）がある。
　　そのうち、中間説は全債務説と限定債務説の中間的あるいは折衷的な解決を図る見解であり、取締役が会社に対して負う個々の責任（債務）の性質から、株主代表訴訟の対象となるか否かを個別に判断するという立場である。ただ、どのような責任が対象になるかについては、中間説の中でも論者によって異なる。それに対し、取引債務包含説は後述する平成21年最高裁判決を契機に主張された新たな見解であるが、その理由付けは全債務説のそれと共通しており、全債務説と異なるものであるかについて疑問がある。土田亮「取締役が会社に対して負う所有権移転登記義務と株主代表訴訟——最高裁平成21年3月10日判決民集63巻3号1頁」大宮ローレビュー第9号（2013）151~153頁。

79　小島康弘ほか『会社法（第2版）』（成文堂、2003）128頁。

第 3 節　学説および下級審判決からみた「取締役の責任の範囲」　　*81*

る一切の債務について存在すること[80]、③平成17年改正前商法では全債務説を取らなければ、会社からの金銭の貸付を受けた取締役は弁済を怠った場合には、会社を代表してその貸付をした代表取締役および貸付に賛成した取締役の未弁済額の弁済責任（平成17年改正前商法266条 1 項 3 号〔会社法には対応する規定がない〕）については株主代表訴訟が認められるにもかかわらず、貸付を受けた取締役自体の弁済義務についてはこれが認められないことになって、著しく均衡を失すること[81]、および④取締役が会社に対して負担する取引上の債務を履行することも、その忠実義務に基づく責任であるといえるから、平成17年改正前商法254条の 3 は同法266条 1 項 5 号（会社法423条 1 項）の「法令」に当然含まれるので、責任の範囲を限定する理由がないこと[82]を挙げる。

　しかし、全債務説に対する反論は多い。

　まず、論拠②について、会社の提訴懈怠の可能性という点だけをみれば、会社の支配株主または取締役と特殊関係にある特殊株主の場合にも同様であることが指摘された。支配株主や右のような特殊株主は取締役でなければ、そもそも株主代表訴訟の適用がないし、また仮にその適用が認められるとしても、支配的地位や特殊関係の有無の判定基準の設定は非常に困難な課題になる。

　また、論拠③に対して、取締役が会社から金銭の貸付を受けた場合では、取締役会の承認がなかった場合はもちろん、たとえ取締役会の承認を得た場合でも、返済義務の不履行等によって会社が損害を被ったとき、当該取締役には任務懈怠による損害賠償責任が生じると解することができるし、さらに、当該金銭返済義務が免除されたとしても、当該免除そのものが利益相反取引となり、貸付を受けた取締役は損害賠償責任を免れないという反論がありうる。すなわち、会社から貸付を受けた取締役の返済義務につき、株主代表訴訟の対象とならなくても、必ずしも不都合がないという主張である[83]。

　最後に、論拠④に関しては、取締役の会社に対する取引上の債務はその不履行

80　鈴木竹雄『新版・会社法（全訂第 5 版）』（弘文堂、1994）201頁、小島ほか・前掲注（79）128頁、田中誠二『再全訂会社法詳論（上巻）』（勁草書房、1986）439頁。

81　大隅健一郎＝今井宏『会社法論中巻（第 3 版）』（有斐閣、1992）272頁、田中・前掲注（80）440頁。

82　大隅＝今井・前掲注（81）272頁、田中・前掲注（80）440頁。

83　伊藤靖史「取締役就任前の行為に基づく損害賠償請求権と株主代表訴訟」商事法務1628号（2002）131頁。

が当然平成17年改正前商法266条所定の責任を発生させるわけではないとの批判がある。例えば、取締役が会社に対してなんら負担のない無償贈与をなす場合には、当該取締役に取引上の債務が発生しても、改正前商法266条による取締役の責任が一般的に発生せず、このような贈与上の債務は株主代表訴訟の対象とすべきでないという説がある[84]。

（2）限定債務説

他方で、有力説として、全債務説と対立する限定債務説がある。限定債務説によれば、会社法上の取締役の地位に基づく責任、かつその発生原因によって特に重要な、したがって免除が困難な責任と免除不可能な責任[85]に限って株主代表訴訟を認めるべきである。

限定債務説はその根拠に、①日本の制度は、株主代表訴訟の提起について会社の裁量を認めない点において柔軟性を欠くものであり、全債務説は会社の経営上の判断の余地を制約しすぎること[86]、②第三者的債務等は株主総会や取締役会の多数決により免除できる性質のものであり、株主代表訴訟が追及できる取締役の責任範囲の中から、それらのものを除外しても、特別な支障は起こらなく、株主代表訴訟制度の立法趣旨について限定債務説によってはじめて説明可能となること[87]、③株主代表訴訟を非限定的に認めることは、会社荒らしの好餌化となるという弊害のほうが多く、また一株の株主にとってどれだけの意義があるかという疑問があること[88]を挙げている。

以上のように、全債務説は取締役等の債務の発生原因を問わず一律に株主代表訴訟の適用を認める立場であり[89]、その最も大きな問題点は責任追及に関する会

84　上柳ほか編・前掲注（54）361頁〔北沢〕。
85　改正前商法では、商法266条所定の弁済・賠償責任、280条ノ13の資本充実責任である。会社法においては、423条（役員等の会社に対する損害賠償責任）・53条（発起人等の損害賠償責任）・486条1項（清算人の清算会社に対する損害賠償責任）、120条4項（株主の権利行使に関する利益の供与による責任）、52条（出資された財産等の価額が不足する場合の発起人等の責任）、462条（剰余金の配当等に関する責任）・464条（買取請求に応じて株式を取得した場合の責任）・465条（欠損が生じた場合の責任）が含まれている。
86　江頭・前掲注（74）494頁（注2）、上柳ほか編・前掲注（54）362頁〔北沢〕。
87　佐伯直秀『法律学の争点シリーズ4　商法の争点（第2版）』（ジュリスト増刊）（1983）143頁、服部栄三『会社法通論　第4版』（同文館、1991）131頁。
88　佐伯・前掲注（87）143頁。
89　もっとも、従来の全債務説では取締役就任前に負った債務についても株主代表訴訟の対象となるとの見解が有力であったが、この点につき限定債務説からの批判があり、現在では全債務説を

第3節　学説および下級審判決からみた「取締役の責任の範囲」　　*83*

社経営上の裁量を侵害する点である[90]。それに対し、限定債務説はそれを考慮している。限定債務説をとるべきかはともかく、全債務説については全面的に肯定することができないのではないかと思われる。

2　裁判例

　株主代表訴訟によって追及できる取締役の責任の範囲につき、学説では従来から全債務説と限定債務説との対立があるように、従前の下級審裁判例においても結論が分かれていた。最高裁判所は平成21年3月10日に初めてこの問題につき立場を明らかにしたが、その結論と理由付けの両方について批判的な評価が多くなされており、この判決をどのよう理解すべきかについてはなお議論する余地がある。

（1）下級審裁判例

　下級審裁判例では、学説のいうような全債務説を全面的に認めるものは見当たらないようであるが、限定債務説を取らないという立場であるため、いわゆる「非限定債務説」をとったといえるものが多数ある。そのうち、①平成17年改正前商法267条と民法423条と結合して、株主代表訴訟の規定により株主が会社の代表取締役に対して有する権利に基づき、当該代表取締役が第三者に対して有する権利を債権者代位の規定により代位行使することが認められないとした裁判例の判決において、かっこ書きにおいて株主代表訴訟の目的となる取締役の義務内容には取締役が会社に対する損害賠償義務ないし不当利得返還義務等の金銭給付義務に限られることなく、特定物の返還請求義務や登記移転義務も含まれると示したもの[91]、②取締役の会社に対して負担する不動産所有権の真正な登記名義の回復義務が株主代表訴訟の対象となると判断したもの[92]、③取締役の地位にある者が会社の業務に関してした行為（贈賄行為）に基づき発生した取締役の会社に対する責任が株主代表訴訟によって追及されうると判断したもの[93]のほか、④株主代表訴訟の立法趣旨に鑑み、会社が積極的に訴えを提起しないおそれのある当該

　　とった見解のほとんどは就任前の債務が対象にならないとしている。土田・前掲注（78）150頁。

90　土田亮「代表訴訟によって追及しうる取締役等の責任の範囲」浜田道代＝岩原紳作編『ジュリスト増刊・会社法の争点』（2009）158頁。

91　大阪地判昭和38・8・20下民集14巻8号1585頁、判例時報380号78頁。

92　大阪高判昭和54・10・30高民集32巻2号214頁、判例時報954号89頁。

93　東京地判平成6・12・22判例時報1518号3頁。

84　第3章　株主代表訴訟の法構造と提訴段階における会社の裁量

取締役が就任前に会社に対して負う責任に対しても株主代表訴訟が適用できるとするもの[94]もある。

それに対し、限定債務説を採用した下級審裁判例は、株主代表訴訟の対象となるのは取締役の会社法上の地位に基づき法令・定款違反による会社に対して負担する損害賠償責任および会社に対する資本充実責任のみであるという立場をとり、①会社のために買い入れた建物を個人名義で取得登記した取締役に対して会社の有する登記抹消請求権[95]、②取締役に就任前に従業員としての任務違反の債務不履行責任[96]、③自己株式の売買契約の無効により当該代表取締役に対して会社の有する株券返還請求権[97]を、株主代表訴訟の対象として認めないとした。

（2）平成21年最高裁判決

本件は、同族会社であるＡ株式会社（以下「Ａ会社」という）の株式を6ヶ月前から引き続き保有する株主Ｘ（原告・控訴人・上告人）が、本件各土地をＡ会社が所有しているにもかかわらず、Ａ会社の取締役Ｙ（被告・被控訴人・被上告人）名義の所有権移転登記があったとし、Ｙに、Ａ会社の所有権に基づきＡ会社への真正な登記名義の回復を原因とする所有権移転登記手続をするよう求めた株主代表訴訟事件である。

第1審[98]は「認定した事実によっては、……いまだＡが本件各契約の買主であったことの立証がされたとまでいうことができないというほかない」と判示しＸの請求を棄却したが、株主代表訴訟の提起の可否に関しては、Ｙが会社の業務として取得した土地を自己の所有名義で登記した場合、取締役任用契約に基づき、ＹがＡ会社に対して所有権移転登記手続をすべき義務を負い、株主代表訴

94　大阪地判平成11・9・22判例時報1719号142頁。もっとも、本件事案においては、争点となった株式引受価額が不当に高額であるとはいえない事実が判明され、取締役としての善管注意義務および忠実義務の違反が存在しないと判断され、結果的には原告の請求が棄却された。

95　東京地判昭和31・10・19判例時報95号21頁。なお、裁判所は、本件建物は代表取締役が個人として取得したものであると認定しており、株主代表訴訟の対象となる責任の範囲に関する判示は傍論ともいえる。

96　東京地判平成10・12・7判例時報1701号161頁。

97　東京地判平成20・1・17判例時報2012号117頁。本件の場合は、認定された事実によると、問題となった本件株式売買は取締役会の承認があったものであり、そして当該取引価格も廉価と認めることができないことが明らかであり、本件株券の返還請求および本件株式売買に基づく損害賠償請求が認められなかった。

98　大阪地判平成18・5・25民集63巻3号370頁。

第3節　学説および下級審判決からみた「取締役の責任の範囲」　　*85*

訟の対象になると判断した。

　控訴審[99]は株主代表訴訟の立法経緯を踏まえて「株主代表訴訟によって追及することのできる取締役の責任は、商法が取締役の地位に基づいて取締役に負わせている厳格な責任を指すもの」とし、取締役の地位に基づかない責任が含まれないと判断した[100]。

　そして、上告審[101]では、XはYに対して、主位的にA会社の取得した本件各土地の所有権に基づき、真正な登記名義の回復を原因とする所有権移転登記手続を、予備的に本件各土地の買受けにあたり、A会社がYと本件各土地の（期限の定めのない）所有名義の借用契約を締結していたが、遅くとも本件訴状がYに送達された時までには上記借用契約は終了したとして、上記契約の終了に基づき、A会社への真正な登記名義の回復を原因とする所有権移転登記手続を求める。最高裁は株主代表訴訟の対象となる取締役の責任に、「取締役の地位に基づく責任」のほか、「取締役の会社に対する取引債務についての責任」も含まれると判断して、Xの主位的請求についての上告を棄却し、原判決の予備的請求に関する部分を破棄し、原審に差し戻した。

　最高裁の上記判断の根拠には、①株主代表訴訟の制度趣旨は、すなわち「昭和25年法律第167号により導入された商法267条所定の株主代表訴訟の制度は、取締役が会社に対して責任を負う場合、役員相互間の特殊な関係から会社による取締役の責任追及が行われないおそれがあるので、会社や株主の利益を保護するため、会社が取締役の責任追及の訴えを提起しないときは、株主が同訴えを提起することができることとしたものと解され」、そして「会社が取締役の責任追及をけ怠するおそれがあるのは、取締役の地位に基づく責任が追及される場合に限られない」こと、②会社から金銭の貸付を受けた取締役が債務不履行の際に代表取締役の保証責任が追及されるのに、当該貸付を受けた取締役の責任が株主代表訴

99　大阪高判平成19・2・8民集63巻3号381頁。
100　なお、同判決は「仮に、株主代表訴訟によって、取締役が取締役の地位に基づかないで会社に負っている責任にして、未だ損害賠償責任に転化していない責任（本件訴訟の対象となっている不動産の登記請求権はその一例である。）まで追及できるとした場合には、会社が、何らかの経営判断により、当該責任の追及（権利の行使）を留保している事案にまで、少数株主が会社の経営判断を覆して会社が取締役に対して有する権利を行使することになり、商法が株主の権限を原則として株主総会を通じて多数決原理によって行使するものに限定した趣旨と矛盾することとなる」と指摘した。
101　最判平成21・3・10民集63巻3号361頁。

86 第3章 株主代表訴訟の法構造と提訴段階における会社の裁量

訟の対象とならないことが均衡を失すること、および③取締役は「……会社との取引によって負担することになった債務（以下「取締役の会社に対する取引債務」という。）についても、会社に対して忠実に履行すべき義務を負うと解される」ことの3点が挙げられる。これらの根拠はいずれも全債務説の理由付けから逸脱するものではない[102]が、根拠②については、会社法は平成17年改正前商法の仲間貸に関する条項（改正前商法266条1項3号）を廃止し、その代わりに、利益相反取引のうちの会社と取締役との間の取引（直接取引）の一般について、当該取引によって会社に損害が生じた場合、取引相手の取締役（会社法423条1項・3項1号、同法428条）および当該取引に関与したその他の取締役（会社法423条1項・3項2号3号）の任務懈怠責任を定めるようになったため、当該根拠において指摘される不均衡は会社法のもとにおいてもはや存在しない[103]。

　本件判決は従来学説・裁判例の立場が分かれている中、最高裁としての立場（「取締役の地位に基づく責任」＋「取締役の会社に対する取引債務についての責任」）を初めて明らかにしたが、その理由付けにも結論にも不明確な部分が多く、その射程範囲について学説の中で見解が分れておりなお議論されている。以下は本件最高裁判決の射程範囲について検討する。

第4節　最高裁判決に基づく「取締役の責任の範囲」に対する理解

1　最高裁判決の射程範囲に関する学説の見解

　本件最高裁判決は全債務説も限定債務説もとらず、調査官解説によれば、いわば取引債務包含説を採用したと推測される[104]が、その射程範囲は必ずしも明確でない。

　まず「取締役の地位に基づく責任」については、従来限定債務説の主張するよ

102　最高裁判決根拠①は全債務説の論拠②に、最高裁判決根拠②は全債務説の論拠③に、最高裁判決根拠③は全債務説の論拠④にそれぞれ対応する。

103　この点について、北村雅史「判批」民商法雑誌142巻2号（2010）198~199頁は判決年月日からすると、本判決が会社法のもとでの先例となりうることを裁判官が意識しなかったとは考えにくいため、根拠②に依拠した本判決の会社法のもとでの先例的価値が低いと指摘した。もっとも、調査官解説（高橋・前掲注（78）97頁）は、本判決はそのまま会社法847条の解釈に当てはまるというべきであろうと述べる。

104　高橋・前掲注（78）97頁。

第4節　最高裁判決に基づく「取締役の責任の範囲」に対する理解　*87*

うに、総株主の同意がない限り免除できない厳格な責任に限定するものと解すべきか否かについて、見解が分かれている。具体的には株主代表訴訟の対象になる責任は経営陣に責任追及に関する裁量が認められないものであるため、このような責任の免除には総株主の同意が必要であると解すべきであるという説[105]がある。他方で、会社法は総株主の同意がない限り免除できない責任を個別的に限定列挙という形で定めているため、明示的な規定がなければ取締役の責任は免除しうるものと解される[106]以上、「取締役の地位に基づく責任」は免除に制約がかかっているか否かと関係なく、一般的に会社法所定の取締役の（会社に対する）責任であり、株主代表訴訟の対象になると解すべきであるという見解もある[107]。

　また、「取締役の会社に対する取引債務についての責任」の範囲についても、異なる解釈がありうる。最高裁判決の根拠③の文言に着目し、本判決は取締役の会社に対する取引債務について「も」、会社に対して「忠実に履行すべき」義務を負うと述べたため、取締役と会社との取引によって直接に生じた契約上の債務ばかりでなく、取引を解除した場合の原状回復義務や取引が無効である場合の不当利得返還義務、さらに債務不履行による損害賠償責任等、取引によって生じた債務の変形または実質的に同一性を有すると認められるものをも含むとし、「取締役の会社に対する取引債務についての責任」を広く解する見解がある[108]。それに対し、本件最高裁判決は取締役と会社との直接の利益相反取引から生じた債務の履行請求に限って、株主代表訴訟による追及を認めたものと解したうえで、株主代表訴訟は株主のみの判断で責任追及が実施できる法定訴訟担当であるため、株主代表訴訟で追及できる対象の範囲が広くなる分、本人たる会社の私的自治（取締役会・監査役等の判断の余地）が狭くなるということを考慮し、「取締役の会社に対する取引債務」の（株主代表訴訟による）履行請求は取締役と会社との直接の利益相反取引から生じる債務が履行期をすでに徒過したにもかかわらず履行しないでいることが当該取締役の忠実義務に反する（すなわち会社法423条3項1号所定の責任が発生する）という状態に限定して認めるべきであるとする説がある[109]。

105　土田・前掲注（90）159頁。

106　相澤哲編『立案担当者による新・会社法の解説』別冊・商事法務295号（2006）60頁。

107　森本滋「株主代表訴訟における『取締役の責任を追及する訴え』」商事法務1932号（2011）8頁。

108　吉原・前掲注（78）99頁。弥永真生「株主代表訴訟の対象となる取締役の責任の範囲」ジュリスト1380号（2009）65頁。

109　奥島孝康＝落合誠一＝浜田道代編『新基本法コンメンタール　会社法3（第2版）』（日本評論

88   第3章　株主代表訴訟の法構造と提訴段階における会社の裁量

さらに、同じく限定的な解釈の立場に立つ説として、「取引債務について会社に対して忠実に履行すべき義務は取締役の任務懈怠責任の厳格化（会社法423条3項1号、428条1項）により具体化されているのであり、株主はその責任を代表訴訟により追及することができる。それを超えて、『取引債務の履行』それ自体を株主代表訴訟の対象とするためにはさらなる理由づけがいる」ことを理由に、取締役が会社を相手に取引をし、会社に対する債務不履行が生じるとき、株主代表訴訟の対象となるのは債務不履行を理由とする取締役の任務懈怠責任のみであるという見解もある[110]。

このように、最高裁判決の射程範囲について学説においては、見解が分かれている。次に最高裁判決のいう「取締役の地位に基づく責任」および「取締役の会社に対する取引債務」について、その範囲をどのように理解すべきかをそれぞれ検討したうえで、本件最高裁判決の残す問題点を指摘したい。

2　「取締役の地位に基づく責任」について

まず、「取締役の地位」は一般的に、会社法の明文の規定により定めている取締役と会社の委任関係（会社法330条）に基づく取締役の受任者としての地位を意味し、会社法上の取締役の会社に対する責任は、当該委任関係に基づく善管注意義務違反による任務懈怠責任（会社法423条、民法644条）であると解されている。「取締役の地位に基づく責任」は取締役が受任者として、委任者である会社に対して負担する善管注意義務の違反による任務懈怠の責任[111]であると解するのは自然であると考える。

次に、限定債務説の主張するように、株主代表訴訟の対象となる「取締役の地位に基づく責任」を会社法上免除不可能または免除困難なものに限定すべきかに

社、2015）412~413頁〔山田泰弘〕。

　　なお、同じく忠実義務になるか否かにより判断すべきとする説として、責任の不履行が取締役として会社に対して負う忠実義務に反することを株主が主張立証すれば、取締役が個人の資格で会社に対して負う責任も株主代表訴訟の対象となるという見解もある。鳥山恭一「株主が株主代表訴訟により追及できる取締役の対会社責任の範囲」法学セミナー655号（2009）121頁。

110　森本・前掲注（107）10頁上段。

111　取締役の忠実義務（duty of loyalty）と注意義務（duty of care）を峻別してそれぞれの責任の免除の要件および違反の効果を大きく違えるものとする米国法と異なり、日本法においては、判例・学説は忠実義務も善管注意義務の一部に過ぎないと一般的に解している。江頭・前掲注（74）435頁。

第4節　最高裁判決に基づく「取締役の責任の範囲」に対する理解　*89*

ついては、本件最高裁判決は限定債務説をとらなかったため、このような限定を行おうとしなかったはずである。そればかりか、会社法において免除制限のある取締役の責任は限定列挙によって定めており、明示的な規定がない限り取締役の責任が免除しうるものであるため、免除制限のない取締役の責任を株主代表訴訟の対象として認めないとすることは、当該取締役の責任を追及しない監査役の任務懈怠責任（会社法423条の責任）が株主代表訴訟の対象となることとの均衡からみれば、適切ではないと考える[112]。もっとも、任務懈怠責任のうち、一部免除しうる責任については、株主代表訴訟が提起される前もしくは提訴請求の段階で正当な手続により免除された場合は株主代表訴訟がその残余部分に対してのみ行使することができ、そして株主代表訴訟が提起された後は会社の処分権が制限されることになると解する[113]のは合理的であろう。

　したがって、限定債務説の立場をとらなかった本件最高裁判決にいう株主代表訴訟の対象になる「取締役の地位に基づく責任」は、すなわち、会社との委任関係に基づく善管注意義務違反による任務懈怠責任であり、その免除に制限があるか否かに左右されず、また株主代表訴訟が提起される前および提訴請求の段階において適法に（一部免除を含む）免除されない会社法上の責任も含まれると理解すべきではないかと思われる。

3　「取締役の会社に対する取引債務についての責任」について

　前述したとおり、最高裁のいう「取締役の会社に対する取引債務についての責任」の範囲を如何に理解すべきかについても見解が分かれうる。

　まず、本判決の事実関係からみれば、訴外 A 会社は株主・役員が親族だけから構成される同族会社であり、このような閉鎖会社の事案では株主が会社に代位して登記請求権を行使する以外に有効な救済手段がないと考えられる。なお、Y名義の移転登記がなされたのは数十年前のことであり、本件各不動産の真の所有者が A 会社であるかまたは Y であるかは不明である[114]。真の所有者が不明の状態においては、最高裁は原告の主位的請求（所有権に基づく真正な登記名義の回復を

112　大塚龍児「株主権の強化・株主代表訴訟」鴻常夫先生古稀記念『現代企業立法の軌跡と展望』（商事法務研究会、1995）57頁。

113　吉原・前掲注（78）102頁。

114　森本・前掲注（107）13頁（注14）。

原因とする所有権移転請求）を容認することができなく、予備的請求を認め、原告に株主代表訴訟によって主張する権利を争う機会を与えた。小規模閉鎖会社においては、一般的に、代表取締役が会社の費用で会社のために取得した不動産につき会社名義の所有権移転登記をすべきにもかかわらず、自己名義で不動産登記をしたことが起こりうる。このような会社に関しては、取締役等の任務懈怠に基づく損害賠償責任を追及できる場合もあるが、具体的な損害額の立証等が困難であり、会社の利益確保または経営健全性確保のために当該不動産の所有権移転登記の請求を認めるほうが適切な解決になる場合がある[115]。本件については、所有権に基づく請求を排除する根拠は必ずしも明らかではないため、最高裁の意図は推測するしかない[116]が、事案の直接的かつ実効的な解決を図るためには、当該取引における債務不履行に基づく任務懈怠責任の追及を待つ必要なく、当該債務の履行請求を株主代表訴訟によって実現させてもよいと考えたかもしれない[117]。言い換えれば、本件最高裁判決は取締役が会社と取引（直接取引）を行なうことによって負担することになった債務の履行請求を株主代表訴訟の対象として認める必要があるとした。

　ただ、かかる債務の履行請求が株主代表訴訟の対象になる前提として、当該債務が取締役と会社との直接の利益相反取引によって発生したもので、かつ当該取引をした取締役（以下「利益相反取引取締役」という）が忠実義務違反による損害賠償責任を同時に負担していることが要求されているかは明らかでない。確かに取締役が会社を相手に行う取引は会社法上の利益相反取引にあたり、そのような取引を行おうとするとき、株主総会（取締役会設置会社以外の会社）または取締役会（取締役会設置会社）の承認を受けなければならない（会社法356条1項・365条1項）。また、当該取引の内容それ自体が会社にとって不公正である場合や取引債務の不履行により会社に損害が生じたときは、このような承認があったか否かと関係なく、利益相反取引取締役は任務懈怠（忠実義務違反）に基づく損害賠償責任を負う。当該損害賠償責任は「取締役の地位に基づく責任」であり株主代表訴

115　伊藤・前掲注（83）130頁。
116　最高裁は会社の損害の確実な救済および株主代表訴訟の経営健全性確保機能（具体的に経営者の任務懈怠抑止機能）を重視するという価値判断に基づき判断を下されたと推測されている。近藤光男「最近の株主代表訴訟をめぐる動向（上）」商事法務1928号（2011）10頁、森本・前掲注（107）11頁。
117　このような見解を設例で説明したものとして、吉原・前掲注（78）108~110頁がある。

訟の対象になるため、同じく会社の損害回復という目的から考えると、株主による取引債務の履行請求も十分に許容されうる。しかし、最高裁判決における「……会社との取引によって負担することになった債務（以下「取締役の会社に対する取引債務」という。）についても、会社に対して忠実に履行すべき義務を負うと解されることなどにかんがみると、……取締役の地位に基づく責任のほか、取締役の会社に対する取引債務についての責任も含まれる」という文言からみれば、「取締役の会社に対する取引債務についての責任」は必ずしも直接の利益相反取引を行なった取締役の債務の履行に限定されておらず、また当該責任が株主代表訴訟によって追及できるのは任務懈怠による損害賠償責任（「取締役の地位に基づく責任」）が同時に生じた場合に限るという制限を読み取ることもできない[118]。

　以上を踏まえて考えれば、本件最高裁判決にいう「取締役の会社に対する取引債務についての責任」には（直接の）利益相反取引取締役の債務の履行請求のほかに、取締役会（または株主総会）の承認がないために無効である利益相反取引にかかる原状回復義務や民法646条2項所定の受任者の受領物引渡義務の履行責任等を含め、会社・取締役間の取引の無効、取消、解除等によって生じた債務もある[119]と解しうる。会社の有する債権の処分等に関する裁量権の保護との整合性を踏まえて考えれば、株主代表訴訟の追及しうる責任の範囲は広がりすぎるという懸念がないわけではないが、最高裁判決の文言に忠実すれば、このような理解になるのではないかと思われる。

4　最高裁判決の残す問題点

　本件最高裁判決は株主代表訴訟の対象となる「取締役の責任の範囲」について最高裁の立場を初めて示したが、その理由付けにも結論にも不明確な部分が多く、その射程範囲を特定することが困難であり、「取締役の責任の範囲」を明かにしたとはいえない。また、当該判決は「取締役の責任の範囲」に関する議論の本質、すなわち株主の代表訴訟提起権に対して如何なる制限を加えるべきかという問題に対しても明確な答えを提示したわけではない。

118　なお、「取締役の会社に対する取引債務についての責任」を取締役の会社との直接取引によって生じた債務のみに限定する説（奥島ほか編・前掲注（109）〔山田〕、鳥山・前掲注（109）を参照）については、同様な理由で賛成できないと思われる。

119　吉原・前掲注（78）99頁、土田・前掲注（78）158頁、宮崎祐介「判批」商事法務1998号（2013）131頁。

92　第3章　株主代表訴訟の法構造と提訴段階における会社の裁量

　本件最高裁判決が示したのは、「取締役の地位に基づく責任」と「取締役の会社に対する取引債務についての責任」が株主代表訴訟によって追及しうる取締役の責任に含まれるということのみである。「取締役の責任の範囲」に対する最高裁の立場は論者によって解釈が異なりうるが、（限定債務説よりその範囲を広げたため）株主代表訴訟の対象となる取締役の責任が会社法上の取締役の地位に基づく責任のうち、免除不可能または免除困難なもののみであると主張してきた限定債務説をとらなかったことは明らかである。

　また、学説には最高裁判決の示した「取締役の責任の範囲」は全債務説に近いほど広がることが可能であるという指摘がある[120]。しかし、最高裁の「取締役の地位に基づく責任のほか、取締役の会社に対する取引債務についての責任も含まれる」という判断だけで、取引債務以外の責任の全ても含まれるとまで解釈することはとうてい無理があると思われる。さらに、原告の主位的請求について、当該請求は「取締役の地位に基づく責任」でも「取締役の会社に対する取引債務についての責任」でもないため、株主代表訴訟の対象にならないという判断に鑑みれば、最高裁は少なくとも（上告人の主位的請求において主張された）会社の有する物権的請求権に基づく責任が株主代表訴訟の対象とならないことを示した。このような判断の枠組みに従えば、取締役に就任する前に会社に対して負担した任務違反による責任や職務に関連のない不法行為責任[121]等、「取締役の地位に基づく責任」でも、「取締役の会社に対する取引債務についての責任」でもないとされる他の責任に対しても株主代表訴訟による責任の追及が認められないことになる。

　本件最高裁判決から株主代表訴訟の対象となる取締役の責任の明白の範囲を見出すことは困難であるが、最高裁の立場としては、この「取締役の責任の範囲」に関しては「何らか」の制限があるべきであることを認めたといえよう。また、日本法では株主による株主代表訴訟の提起に対する会社の裁量権が認められておらず、株主代表訴訟の対象となる取締役の責任の範囲を無制限に認めることは会社の経営上の判断の余地を制限しすぎる懸念をもたらす[122]という観点からみれ

120　本件最高裁判決は全債務説を排除していなく、また「取引債務」の範囲は解釈しだいでかなり広がりうることおよび本判決の論拠との整合性を考慮すれば、全債務説と解したほうが明解であるという見解である。根元伸一「判批」法学セミナー増刊速報判例解説5巻（2009）129～130頁。同様な指摘としては、近藤・前掲注（116）10頁、吉原・前掲注（78）113頁等がある。
121　休日に車を運転して会社の建物に突っ込んだため会社の財物を壊したり、偶々タバコの不始末で火災を惹き起し会社の倉庫を燃やしたりすること等の不法行為が考えられるだろう。
122　江頭・前掲注（74）494頁（注2）。

第4節　最高裁判決に基づく「取締役の責任の範囲」に対する理解　　93

ば、この「何らか」の制限は会社の有すべき経営上の裁量権が害されないことを
保障するためのものであろう。また、前述した学説の対立からみたように、「取
締役の責任の範囲」の議論は株主代表訴訟の提起による株主の介入が会社の経営
上の判断を過度に制限する問題に根源をもつものであり、かかる責任の範囲を限
定することによって株主の代表訴訟提起権に一定の制限を加えることができると
考えられる[123]。実際、株主代表訴訟の原告株主に対して事前の提訴請求を要求す
ることもそれと同様な役割を果たしうるため、次は実効性のある提訴請求制度を
重視せずに、株主の代表訴訟提起権に対して一定の制限を課すための手段として
「取締役の責任の範囲」を限定すること自体に問題がないかを検討する。

　既述のように、原告株主の代表訴訟提起権を制限するために、米国法は取締役
の責任の範囲を問題にせず、デマンドの手続において会社に一定程度の裁量を認
めることによって、株主代表訴訟による株主の会社経営への介入と会社の裁量と
均衡を図り、会社の利益を害する訴訟や嫌がらせ訴訟および会社の利益にならな
い訴訟を防ぐという方法を採用してきた。それに対し、日本の場合は株主代表訴
訟の提訴請求の手続において訴訟の提起を阻止する会社の裁量を認めず、そのか
わりに、株主代表訴訟の対象になる「取締役の責任の範囲」の定型化によって原
告株主の代表訴訟提起権に一定の制限を課している[124]。

　しかし、日本法のこのような制度には2つの問題があると思われる。まず、前
述したように日本の株主代表訴訟はいわば定型化された制度を採用しているが、
その法構造に不明確な部分があること、そして株主代表訴訟によって追及しうる
「取締役の責任の範囲」の限定の条文上の根拠が見出し難いことにより、株主代
表訴訟によって追及させるべき「取締役の責任の範囲」について具体的に線引き
することは極めて困難である。次に、仮に株主代表訴訟の対象となる「取締役の
責任の範囲」を「何らか」の形で定めることができるとしても、その基準が硬直
になりかねないため、会社の利益を害する訴訟や嫌がらせ訴訟のような「濫訴」

---

[123]　株主代表訴訟の対象となる取締役の責任の範囲を議論する際に、会社の裁量権と株主の代表訴
　　訟提起権との調整が重要であることを指摘した文献が多数ある。例えば、吉原・前掲注（78）
　　113頁、森本・前掲注（107）10頁上段、奥島ほか編・前掲注（109）〔山田〕412頁、近藤・前掲
　　注（116）10頁、宮崎・前掲注（119）132頁、髙橋均「株主代表訴訟における不提訴理由書制度
　　をめぐる今後の課題」商事法務1756号（2006）34頁がある。
[124]　近藤・前掲注（116）9頁。なお、仙台高判平成24・12・27判例時報2195号130頁、東京高判平
　　成26・4・24金融・商事判例1451号8頁を参照。

を防ぐために一定の役割を果たせるかはともかく、客観的にみて会社の利益にならないような訴訟を阻止することはとうていできないと思われる。なぜなら、たとえ取締役の会社上の厳格な責任に関しても、当該責任を追及するための訴訟が会社にもたらすベネフィットとコストを考慮して会社の最善の利益の観点からみれば、当該責任の追及が必ずしも望ましくない場合があるからである。現行法は実質的に会社の利益にならないこのような訴訟の提訴請求に対して、仮に監査役等が合理的に不提訴の判断を下しても、株主が訴訟を提起することができ、会社には訴訟に応じるためのコストが強いられるという点において問題があるといえよう。

　このように、株主代表訴訟の対象となる「取締役の責任の範囲」を限定するだけでは、結局本質的な問題の効果的な解決にならないことは明かである。訴訟提起段階においては米国法のように、会社に一定程度の裁量を認め、会社の最善の利益を考慮した株主の訴訟提起をスクリーニングするための手続を設けることによって、株主代表訴訟の提起による株主の介入と会社の経営上の裁量との均衡を図るべきではないかと思われる[125]。

第5節　提訴段階における会社の裁量について

1　会社の裁量を認める必要性

　米国法に対する検討からみたように、提訴段階において株主の訴訟追行権に一定の制限を加える現実的な意義は、会社の利益を害する訴訟や嫌がらせ訴訟、会社の最善の利益にそぐわない訴訟をスクリーンアウトすることにある。日本の株主代表訴訟制度においては、前者の会社の利益を害する訴訟や嫌がらせ訴訟、いわゆる「濫訴」の防止については、株主の提訴請求権の濫用として不適法な訴訟を却下することや担保提供を命じることにより事実的・法律的根拠を欠く不当訴訟を阻止することが認められている[126]ため、一定の措置が取られているといえよう。それに対し、後者の会社の最善の利益の観点から望ましくない訴訟、すなわち訴訟原因からみれば正当性があるかにかかわらず、当該訴訟追行によるベネ

125　また、問題意識が異なるものの、従来から、株主代表訴訟によって追及しうる取締役の責任は限定債務説の説く責任に限らないが、会社経営上の裁量を監査役に認めるべき場合には直ちに株主代表訴訟を認めるべきということができないという見解がある。大塚・前掲注（112）58頁。

126　詳細については本書第4章第3節を参照。

フィットとコストからみれば経済的合理性が欠けるような訴訟に関しては、対処措置が取られていない[127]。

　さらに、「取締役の責任の範囲」の議論との関係からみれば、会社の最善の利益にそぐわない訴訟を阻止するための会社の裁量を認める必要性は、株主代表訴訟の対象となる取締役の責任の範囲が広く解されるか、または狭く解されるかに左右されるものではなく、米国の学者によってしばしば指摘される株主代表訴訟制度にある内在的（inherent）な問題、すなわち株主代表訴訟における訴訟提起のインセンティブの問題によるものである。このインセンティブの問題は日本においても指摘されており、株主代表訴訟の有する次の特色によるものと考えられてきた[128]。すなわち、株主代表訴訟の経済的価値が直接的に原告株主に帰属しないこと、および代表訴訟提起権を有するに必要な、最低限の株式を取得してさえいれば、他の株主の意向にかかわらず訴訟提起できることである。このような特殊性があるために、会社や株主全体の利益から乖離した株主代表訴訟が提起されることは十分可能である。

　また、法と経済学的な観点からみれば、これはすなわち、仮に原告株主は代表訴訟の提起によるコストとベネフィットを考慮し、合理的に訴訟を提起するか否かの判断をするとしても、会社の利益にならない、または会社の利益を害するような訴訟を提起することがありうるという問題である[129]。1つのモデル[130]を用いてそれを説明することとする。

　　変数：

　　g：取締役がある不正行為から得る利益

　　p：当該不正行為が株主に発覚される可能性

　　q：株主が代表訴訟を提起し勝訴する可能性

　　c_1：原告株主の訴訟提起するためのコスト

　　c_2：会社が訴訟に応じるためのコストのうち、実質的に原告株主の持株比率の割合で原告株主が負担する分

127　詳細については本書第4章第4節を参照。
128　髙橋均「株主代表訴訟と会社および株主全体の利益」金融・商事判例1225号（2005）3頁。
129　Kraakman, Park & Shavell, *supra* note（33）, at 1736.
130　*Id*. at 1770~1775.

r ：被告取締役が敗訴する場合に被る損失

d ：原告株主側の勝訴による会社の損害回復

　　そのうち、$g<r$（株主代表訴訟による脅威が存在することを意味する）；

命題：

①経営者は不正行為を行うインセンティブを有する。

　すなわち、$g>pqr$ という式が成立する。

②株主は cost-benefit を考慮し合理的に訴訟提起の判断をする。

　すなわち、$qd>c_1+c_2$ の場合は株主には訴訟を提起するインセンティブがある。それに対し、$qd<c_1+c_2$ の場合は株主には訴訟を提起しないインセンティブがある。

③取締役になれば訴えられる危険性があることを予測できるため、取締役は委任契約を結ぶ際に会社と交渉して、株主代表訴訟による期待損失（qr）の分を、報酬の一部または D&O 保険の保険料の会社による支給、若しくはその他の何らかの形で実質的に会社に補償してもらう。したがって、$qd>qr+c_1+c_2$ の場合は当該訴訟は会社の利益に寄与する。他方で、$qd≦qr+c_1+c_2$ の場合は当該訴訟は会社の利益にならない。

証明：

　株主のイニシアティブによる株主代表訴訟の提起は必ずしも尊重すべきでない場合が存在するか。すなわち、次の３つの式が同時に成立する場合が存在するか。

　$g>pqr$（株主代表訴訟の脅威のために、取締役の不正行為が抑止される）

　$qd>c_1+c_2$（株主には訴訟を提起するインセンティブがある）

　$qd≦qr+c1+c2$（当該訴訟は会社の利益にならない）

結論：

　仮に合理的に、$p=0.5,\ q=0.8,\ d=300,\ r=200,\ c_1+c_2=200,\ g=150$ とすれば、上記の３つの式が同時に成立する。これは株主代表訴訟が株主の「合理的な」インセンティブにより提起されたにかかわらず、会社の最善の利益にそぐわない訴訟が提起される可能性が存在することを意味する。

この結論について、2点を追加的に説明する。1つは、上記の命題が真である条件は（qr）の存在であることが明かであり、それは訴訟の追行が会社にもたらすコストの一部を、原告株主はコストとしてカウントしないことを意味すること、そしてもう1つはここで用いた数字にこだわる必要がなく、当該命題が真となる可能性が存在することを証明すればよいという点である。

2　現行法の問題点

米国においても、日本においても株主代表訴訟を提起しようとする株主は、提訴前に会社に対して提訴請求を行うよう要求されているが、米国のデマンド制度と日本の事前の提訴請求制度は事実上異なるものであることは前述したとおりである。米国のデマンド制度は、会社の不提訴の判断が取締役会の信認義務違反になる場合に限って株主による代表訴訟の提起が認められることを意味し、裁判所は、株主がデマンドが無益であるとしてそれを経ずに株主代表訴訟を提起できるか、または株主の行ったデマンドに対する会社（取締役会）の拒絶が正当な経営判断（ビジネス・ジャッジメント）の結果であるかを判断したうえで、株主による提訴の可否を決定するという仕組みになっており、デマンドは会社の訴権を株主へ授権するための法的手続保障であると理解されている[131]。したがって、提訴請求が無益であると認められず、または会社の不提訴判断が不当とはいえない限り、提訴の利益は会社に残るため、株主によって提起された訴訟は却下される。それに対し、日本においては、平成17年改正前商法の時代から存在する事前の提訴請求制度は、その制度趣旨は権利主体である会社（監査役等）に対し訴訟提起するか否かの判断の機会を与えることであると解されているものの、原告株主は監査役等に対して提訴請求をしておけば、監査役等の判断に左右されることなく、一定の期間を過ぎたら、自ら株主代表訴訟を提起することができるような制度になっており、提訴請求は実質的に形式なものにとどまっている。

しかし、実際に取締役が責任を負うべきと認められた場合においても、当該取締役が無資力である場合や賠償額が少額であるため勝訴しても会社に利益がなく、訴訟の提起が会社にとって割に合わない場合には、株主の提訴請求に対して会社（監査役等）が合理的に下した不提訴の判断が尊重されるべきであろう[132]。

131　小林＝高橋・前掲注（47）239頁。

132　弥永真生「株主代表訴訟と裁量棄却」落合誠一先生還暦記念『商事法への提言』（商事法務、

98　第3章　株主代表訴訟の法構造と提訴段階における会社の裁量

　また、株主代表訴訟による取締役の責任追及は会社の信用を害するおそれのある
場合には、当該取締役の責任を立証できる見込みが相当程度ない限り不提訴の判
断は許されるべきであろう[133]。さらに、自己負罪等の問題が絡んでおり、株主代
表訴訟において取締役が敗訴することが会社により重大な不利益をもたらすこと
が想定される場合や株主代表訴訟による責任の追及より降格、減給等社内の処分
の形で当該取締役の責任を追及するほうが会社の利益になると判断した場合に
は、会社（監査役等）の不提訴の判断を尊重する余地があると思われる[134]。

　もっとも、平成17年会社法制定時に、株主の提訴請求に対して会社（監査役等）
が訴訟を提起しない判断をした場合に適用される不提訴理由通知書制度は新たに
設けられた。具体的には次のような内容である。会社は株主からの提訴請求を受
けて60日間の考慮期間内に、訴えを提起しない場合に、当該提訴請求をした株主
または取締役等から請求を受けたとき[135]は、当該請求をした者に対し、遅滞な
く[136]、訴えを提起しない理由を書面その他の法務省令で定める方法により通知を
する義務を有する（会社法847条4項）。なお、不提訴理由通知書の記載事項には①
会社が行った調査の内容、②請求対象者の責任または義務の有無についての判断
およびその理由、③請求対象者に責任または義務があると判断した場合におい
て、責任追及等の訴えを提起しないときはその理由が含まれる（会社法施行規則
218条）。そのうち、③は監査役等の提訴裁量権の行使を意味すると解する説が
ある[137]。

　不提訴理由通知書制度の趣旨については、立法担当官の解説によれば、それは
会社に不提訴の判断のプロセスを開示させることにより、役員間の馴れ合いによ
る不当な不提訴判断を防ぐこと、および訴訟遂行のために必要な資料を提供する
ことである[138]。不提訴理由通知書により、会社（監査役等）の調査結果を開示
し、取締役の責任に関する会社の見解を早期の段階で明かにすることを可能にす

　2004）334頁、山下友信「取締役の責任・代表訴訟と監査役」商事法務1336号（1993）12頁。
133　弥永・前掲注（132）335頁。
134　弥永・前掲注（132）336~337頁。
135　もっとも、不提訴理由通知の対象は提訴請求をした株主だけではなく、被告になる取締役等も
　含まれる点は興味深いと思われる。
136　不提訴理由の通知義務を負う監査役等会社の代表者は、当該通知を怠ったとき、または不正の
　通知をしたとき、100万円以下の過料が科せられる（会社法976条2号）。
137　周・前掲注（59）33頁。
138　詳細については本書第4章第5節の2を参照。

る点において、実務的には意義のある制度であるという評価がある[139]。また、学説上、不提訴理由通知書が原告または被告のいずれから裁判所に提出され、通知に記載された不提訴理由に現れた会社の対処ぶりが裁判所の心証形成に影響を与える可能性があるため、会社内部の調査・監査体制に寄与すること[140]や、不提訴理由通知書が被告となった取締役等によって裁判所に提出された場合、米国における訴訟委員会の調査結果の具申と同様な機能を果たせること[141]も期待されている。

　しかし、現行会社法では、不提訴理由通知書の記載内容が裁判手続において裁判所に一定程度で尊重される仕組みの整備がなされていないため、その記載は簡素なものとなり、形式的な通知にとどまることは指摘されている[142]。株主の代表訴訟による会社経営への介入と会社の経営上の裁量との均衡を図るための手段の1つとして、すなわち提訴段階における訴訟による責任の追及をしないことについて会社に一定の裁量を認めることを前提に、株主の提訴請求に対する会社の不提訴の判断が尊重されるべきか否かを判断するにあたって不提訴理由書制度を活用することが期待できると思われる[143]。ただ、その運用上の問題として、特に不提訴理由書に記載する事項と証拠書類の開示範囲、または裁判所の利用のルール化に工夫する必要があると考える。

第6節　小　括

　日米両国の株主代表訴訟制度は異なる生成・発展の歴史を経て、異なる立法理念により制定され、そして異なる法構造を有するものになっているが、株主の代表訴訟による会社経営への介入と会社の経営上の裁量との均衡を如何に図るべきか、また株主代表訴訟制度に内在するインセンティブの問題にどのように対応するかという共通の問題に直面している。本章は株主代表訴訟の提訴段階において、

139　小林＝高橋・前掲注（47）53頁。
140　江頭・前掲（74）498頁（注6）。
141　周・前掲注（59）33頁。
142　周・前掲注（59）34頁。
143　このような見解を示した学説がある。近藤光男「代表訴訟と監査役の機能」江頭憲治郎先生還暦記念『企業法の理論（上巻）』（商事法務、2007）603頁、奥島ほか編・前掲注（109）〔山田〕418頁、森本・前掲注（107）9頁、小林＝高橋・前掲注（47）247~251頁。

株主の代表訴訟提起権に如何なる制限を課すべきかという問題に焦点を当てた。

これまでの検討からみてきたように、米国の株主代表訴訟制度においては、株主の提訴のデマンドに対して会社が下した不提訴の判断は一定程度において裁判所に尊重されるのに対し、日本法においては株主代表訴訟を提起しようとする株主に対して事前の提訴請求が要求されるものの、当該請求に対して会社が如何なる判断を下したかにかかわらず、一定の期間を経過すれば、当該請求をした株主は自ら訴訟を提起することができる。そのために、米国法のデマンド制度が実質的に果たしている機能、すなわち会社の最善の利益にそぐわない訴訟、または会社の利益を害する訴訟や嫌がらせ訴訟をスクリーンアウトすることは現行法にある事前の提訴請求制度には期待できない。

それに対し、株主代表訴訟制度が信託法理に基づき判例法として発展してきた米国ではそもそも問題にならない株主代表訴訟の対象となる「取締役の責任の範囲」に関する議論は、日本において従来からなされ続けてきた。「取締役の責任の範囲」を限定することは株主代表訴訟提訴権に一定の制限を課す効果を有するため、事前の提訴請求制度の役割を補うための制度として一定の意義があると考えられないわけではないが、かかる範囲の線引きは極めて困難であるほか、仮にその範囲を定めることができるとしても、特に会社の最善の利益にそぐわない訴訟を阻止することができないため、問題の解決としては不十分であると思われる。

右の問題を解決するには、株主代表訴訟の提訴段階において（訴訟のコストとベネフィットを衡量して）会社の最善の利益にそぐわない訴訟を阻止するために、会社に対して一定の裁量を認めることが考えられる。その合理的な制度設計のあり方を含めて、次章は提訴段階において早期に終了させるべきと考えられる株主代表訴訟を類型化したうえで、現行法におけるこの問題点を解決するための可能な対策について検討を行う。

第4章　株主代表訴訟の提訴段階における濫用的訴訟と不適切な訴訟

第1節　問題の所在

　第3章の検討によって明らかになったように、株主の代表訴訟による会社経営への介入と会社の経営上の裁量との均衡を図るためには提訴段階において株主代表訴訟提訴権に一定の制限を課す必要がある。それは、具体的には特定の種類の訴訟の提起を阻止し、または早期の段階においてそれらを終了させるための一定の法的措置が必要であることを意味する。ただ、如何なる措置をとるべきかという問題を検討するには、提訴段階において制限すべきと考えられる株主代表訴訟はどのようものであるか、このような訴訟に対して現行法ではどのように対応しているか、それは十分といえるか、仮に十分でなければ中心的な問題がどこにあるかを明らかにすることが重要であると考える。

　したがって、以下では、まず訴訟提起の段階において制限すべき株主代表訴訟を濫用的訴訟および不適切な訴訟という2つに分類し、これらの訴訟、とりわけ後者の不適切な訴訟を阻止すべきであると考える理由を示したい。次に、その2つの類型の訴訟に対応するためにすでに存在している、米国および日本における法的規制を比較し、判例法において形成されてきた法的ルールを含めて制度上の共通点と差異を検討したうえで、日本法ではとりわけ不適切な訴訟を制限するための制度上の配慮が欠如している問題点を具体的に指摘する。最後に、上記の問題を解決するために、日本の株主代表訴訟の法構造上の特殊性および提訴段階におけるその他の制度との整合性を踏まえて、可能な対策の提言を試みたい。

第2節　訴訟提起の段階において制限すべき訴訟の類型

　専ら個人株主のイニシアティブによって提起された株主代表訴訟には、原告（または原告側の弁護士）の不当な動機によるものや原告の動機に特に問題がないも

102　第4章　株主代表訴訟の提訴段階における濫用的訴訟と不適切な訴訟

のの、訴訟によるコスト・ベネフィットの観点からその提起が明白に合理性を欠くものがありうる。前者は提訴する原告（または原告側の弁護士）の主観的要素が問題となり、自らまたは第3者の不正な利益を図るため、若しくは被告や会社に損害を加えるためという極めて不当な目的で提起されたこのような訴訟を認めるとしたら、代表訴訟提起権の濫用を助長し株主代表訴訟の本来の趣旨を台無しにすることになる。本章では原告側の提訴目的からみて極めて妥当性を欠くこのような訴訟の類型を「濫用的訴訟」と呼ぶ[1]。それに対し、後者は原告（または原告側の弁護士）の提訴する目的の如何にかかわらず、当該訴訟提起の会社に与えうる影響に鑑みれば、最終的に会社ひいては株主全体の利益に合致しない結果をもたらす蓋然性が高い訴訟の類型である。本章ではそれを「不適切な訴訟」と呼ぶ。

　訴訟の提起段階において、濫用的訴訟を阻止すべきことは明らかであるが、悪質とはいえない不適切な訴訟については、コーポレート・ガバナンスの手段としての株主代表訴訟の果たしうる機能の観点からみれば、会社の被った損害を回復する役割が期待できないからという理由だけでは、当該類型の訴訟が全く意味のないものであるという結論を直ちに導くことができない。そのため、とりわけ提訴の段階において、濫用的訴訟同然に不適切な訴訟を制限するにはさらなる理由づけが必要であると思われる。

　通常、ある訴訟による利益・実益またはその追行を継続させる必要性を考える際には、当該訴訟が具体的な紛争において果たしうる機能をみることは重要である[2]。株主代表訴訟は一般的に（会社の）損害回復機能と（取締役等役員の）任務懈怠抑止機能という2つの機能を有すると考えられている。しかし、もっぱら原告株主の意思によって提起された不適切な訴訟は（仮に原告株主が勝訴したとしても）最終的に会社に僅かな賠償額しかもたらすことができない一方で、会社に過大な訴訟費用の負担だけではなく、会社経営の推進に支障をきたすこと等を含む多大

1　広義の「濫用的な訴訟」には日本法における権利の濫用にあたる濫用的訴訟のほか、会社（全株主）の利益に合致しないような不適切な訴訟も含まれると考えられている。実方正雄「少数株主権の濫用」末川先生古稀記念『権利の濫用（中）』（有斐閣、1962）157〜163頁、大隅健一郎「会社訴権とその濫用」同174〜175頁。

　　本章では、濫用的訴訟および不適切な訴訟に対する法的規制を区別して検討しているため、広義の濫用的な訴訟と異なる意味で、すなわち権利の濫用に該当する狭義の濫用的な訴訟として「濫用的訴訟」という用語を用いる。

2　中島弘雅「株主総会決議訴訟の機能と訴えの利益（1）」民商法雑誌99号4号（1989）801頁〜807頁。

第2節　訴訟提起の段階において制限すべき訴訟の類型　　*103*

な消極的な影響を与える可能性が高く、トータルでは損害回復の機能を果たすことができない。ただ、損害回復の機能を果たしえない訴訟であっても、訴訟提起によって取締役等役員に違法行為のないように健全な経営活動を行なうべきであるというプレッシャーを与える可能性があること（任務懈怠抑止の機能）は否定できないため、それを一律に禁止することは適切ではない。したがって、まず本章において制限すべきであると考える不適切な訴訟の範囲を限定しておきたい。

　本章で訴訟提起の段階において制限すべきであると考える不適切な訴訟とは、実質的には株主代表訴訟が果たすべき前述の2つの機能にほとんど寄与しないだけではなく、結果からみればもっぱら会社に訴訟費用やその他の消極的な影響をもたらすものであり、また形式的には次の3つの要件を満たしたものが（あくまでもその一例ではあるが）典型例である。この類型の訴訟はコーポレート・ガバナンスの手段として実質的に無意味なものであるだけではなく、訴訟経済の観点からはむしろ会社または全株主の利益に反する蓋然性が高いため、濫用的訴訟と同じ程度で正当化する余地のないものであると考える。

　この3つの要件とは、①原告の請求原因となる取締役等の行為に明白な悪意、故意または重大な過失がなく、かつ当該行為が会社にもたらす損害が仮にあるとしてもその額が限定的であると考えられること、②訴訟の提起によって会社が被る可能性のある不利益（訴訟費用や弁護士費用の負担、会社経営の推進にきたす支障、訴訟による会社のレピュテーションの毀損、信用の低下、企業秘密の漏洩や会社の自己負罪等[3]）が大きいこと、③会社の被った損害の程度、被告取締役等の落ち度の程度によって、当該取締役等に対して（給与のカット、報酬の返上または配転、降格等を含めた）一定の社内の制裁措置を取り、さらに社内の監督監視システムについて類似問題の再発防止策等も適切に手当てされたこと[4]である。

　そのうち、①の会社の被った損害の推定額と②の訴訟によるコスト（顕在的コスト＋潜在的コスト）の推定額は当該株主代表訴訟の損害回復機能を評価するための要素であり、両者を衡量した結果、後者が前者を大幅に上回ることが明白であることは必要であると考える。それは訴訟の提起が明らかに株主代表訴訟の損害

　3　弥永真生「株主代表訴訟と裁量棄却」落合誠一先生還暦記念『商事法への提言』（商事法務、2004）335頁を参照。
　4　高橋均「株主代表訴訟と会社および株主全体の利益」金融商事判例1225号（2005）2～3頁、弥永・前掲注（3）334～337頁を参照。

回復機能に寄与しないことを意味する。さらに、③の要件は主に当該株主代表訴訟の任務懈怠抑止の機能を確認するための要件であり、原告株主の請求に対して会社（監査役等）がまったく不作為でいる場合や場当たりの形式的な対応しかとらなかった場合には③の要件が満たされないことになると考える[5]。なお、これらの要件は原告株主の訴訟を提起する意図に直接関係するものではなく、もっぱら紛争を解決するために訴訟という方法を採用する合理性・必要性を客観的に判断するために考慮すべき要素である[6]。

　以上のような不適切な訴訟が提起された場合には、株主代表訴訟の2つの機能をほとんど果たすことができない、すなわち、会社の損害を回復させることが期待できず、かつ取締役等役員の類似的な違法行為を抑止するというガバナンスの手段としての意味を持つことも明らかでないため、このような不適切な訴訟は濫用的訴訟と同様に訴訟提起の段階において制限しても不都合があるわけではなかろう。

　また各国の法制度をみると、訴訟提起の段階においては濫用的訴訟だけではなく、不適切な訴訟に対応するためにも、株主代表訴訟を認めた国々はそれぞれ異なるアプローチを採用しているようである[7]。第3節と第4節では、主に米国法と日本法が提訴段階において濫用的訴訟と不適切な訴訟の防止を図るために採用してきた法的規制の実態を比較、検討する。

5　弥永・前掲注（3）349~350頁を参照。
6　ある株主代表訴訟は原告株主の主観的要素に問題があるもの（例えば個人的な主義・主張または政治的・社会的目的等によって提起されたもの）であるとしても、形式的にはこの3つの要件を満たせず、また実質的には株主代表訴訟の有する2つの主な機能のいずれかを果たしうるならば、当該訴訟は会社にとって完全に意味のないものとはいえず、提訴段階において排除すべき不適切な訴訟ではないと思われる。
7　例えば、EUの加盟国であるドイツ（2005年ドイツ株式法148条1項2文）およびイギリス（2006年イギリス会社法261条1項）は株主に代表訴訟を提起する前に裁判所に対して許可を求めることを義務付けている。また、アジアでは原告株主の持株要件を厳格に定めるという異なるアプローチを採用した国として、株主代表訴訟の原告に対して1％の持株要件を要求する中国法（2013年改正会社法151条1項）、非上場会社の場合には1％、上場会社の場合には0.01％の持株要件を株主代表訴訟の原告に要求する韓国法（商法403条1項、証券取引法191条の13）をあげることができる。それに対し、シンガポール法（会社法216A条3項）は株主代表訴訟の提起にあたって原告に「信義によって」かつ「会社の利益のために」行動することを求めている。

第3節　提訴段階における濫用的訴訟に対する法的規制

1　米国における strike suits に対する法的規制

　米国の株主代表訴訟制度においては、日本法にある権利の濫用の原則[8]の適用がない。しかし、米国法における strike suits[9]の概念は日本法における濫用的訴訟に似ている。米国の株主代表訴訟における strike suits は表面的には会社の利益を目指しているが、実質的にみれば、もっぱら弁護士費用の獲得や原告側にとって有利な和解をすることによって個人の利益の獲得を目的とする訴訟であるとされており[10]、原告株主（またはその弁護士）の主観的要素すなわち訴訟提起の目的の正当性を問題視しているという点においては日本法の濫用的訴訟と共通している。米国では、株主代表訴訟における strike suits を防止するために、制定法および判例法において様々なアプローチが提示されている。その対応措置として最も頻繁に議論されてきたのは、原告適格の要件として株主代表訴訟を提起しようとする株主に対して課す行為時株式所有・適切代表性の要件、および主に訴訟の初期段階において適用される担保提供の規定である。

（1）行為時株式所有・適切代表性の要件

　株主代表訴訟について定める米国連邦民事訴訟規則23.1条（b）項（1）[11]および制定法または裁判所規則において株主代表訴訟に関する規定を有するほとんどの

　8　日本法では、民法1条3項は「権利の濫用は、これを許さない」と定めている。また、権利の濫用の一般原則の意義については、権利の体系として構成された大陸法系では権利の内容が包括的・抽象的に定められており、権利の範囲に属する行為は形式的に適法な権利行使であると認めざるをえないが、実質的には不合理な結果になることがあるため、このような不合理を調整するための法的技術として、「権利濫用」は発展してきたと解されている。菅野耕毅『信義則および権利濫用の研究——わが国の学説と判例の展開』（信山社、1994）24〜25頁。

　9　邦訳として「会社荒らし訴訟」や「嫌がらせ訴訟」があるが、ニュアンスとしては場合によってこれらの邦訳と異なることもあるため、本書においては strike suits をそのまま用いることとする。田中英夫『英米法辞典』（東京大学出版社、1991）817頁を参照。

　10　Mark D. West, *The Pricing of Shareholder Derivative Actions in Japan and The United States,* 88 Nw. U. L. Rev. 1436, 1469~1470 (1994).

　11　Federal Rules of Civil Procedure, Rule 23. 1 (b): "Pleading Requirements. The complaint must be verified and must: (1) allege that the plaintiff was a shareholder or member at the time of the transaction complained of, or that the plaintiff's share or membership later devolved on it by operation of law".

106 第 4 章 株主代表訴訟の提訴段階における濫用的訴訟と不適切な訴訟

州では、原告株主に対して、株主代表訴訟の提起される時だけでなく、訴訟の対象となる行為の行なわれた時より当該会社の株主であることを要求する[12]。これは「行為時株式所有」あるいは「株式同時所有」（contemporaneous ownership doctrine）の要件と呼ばれる。株主代表訴訟の原告株主に対して行為時株式所有の要件を課す目的は、歴史的には州籍相違の事件として連邦裁判所事件の扱いになることによる担保提供の負担の回避または軽減の利益を享受するために、他の州の居住者から事後的に株式を譲り受けて、本来連邦裁判所に提訴しえない事件を連邦裁判所に提訴できるようにするという実務の慣行を防止するためであったが、現在では主に違法・不正行為の発生した後に、訴訟に参加する（buy into a lawsuit）ために、または訴訟を提起する（commence a derivative action）ために株式を取得する行為を禁止し、不正な動機による strike suits を防ぐためであると解されている[13]。しかし、株主代表訴訟の対象となる取締役等の違法・不正行為による会社の損害の回復する見込みが原告株主の取得した株式の買い取り価格の評価に盛り込まれた可能性があるため、かかる違法・不正行為のあった時に株式を所有していなかった原告株主が株主代表訴訟を提起しまたそれに参加することによって得られる利益は必ずしも「たなぼた」の利益ではないし、また違法・不正行為の発生した後に株式を取得した株主だからといって悪意の提訴動機を持つとも言い切れないため、strike suits の防止という目的が行為時株式所有の要件を十分に説明できるかについては疑問が提示されている[14]。

　もっとも、行為時株式所有の要件は、原告株主の株式取得前に発生した取締役等役員の行為事実が原告側の主張において利用されることを必ずしも禁止しているわけではない[15]。また、訴訟継続中に原告が株式を売却した場合には、他の適

12　DEBORAH A. DEMOTT, SHAREHOLDER DERIVATIVE ACTIONS: LAW AND PRACTICE 352~353 (2011~2012 ed.).

13　ROBERT C. CLARK, CORPORATE LAW 651 (1986).
　　See, e. g., Brambles USA, Inc. v. Blocker, 731 F. Supp. 643, 648 (D. Del. 1990); In re Penn Cent. Transp. Co., 341 F. Supp. 845 (D.C. Pa. 1972); Rosenthall v. Burry Biscuit Corp., 60 A. 2d, 106, 111 (Del. Ch. 1948).

14　Clark は、strike suits の防止の目的は行為時株式所有の要件を正当化できないと指摘した。具体的に、会社の取締役等役員の違法・不正行為によって生じた訴訟の原因（a cause of action）は株主が譲渡可能な利益を有する資産の一部であると理解することができるし、また仮に株主代表訴訟によって主張できる正当な請求があるにもかかわらず、（訴訟に費やす時間がないまたは訴訟によるリスクを回避したいから）自ら訴訟を提起したくないと考える株主は全株主のために行動したい者に自らの株式を売却し、自分の代わりに訴訟を提起させることができれば、それは元の株主および他の株主にとっても良いことになるという。*Id.*

第 3 節　提訴段階における濫用的訴訟に対する法的規制　*107*

格の株主は当該訴訟に参加し訴訟を継続することができる[16]。さらに、行為時株式所有の要件が適用しないという例外も認められている。具体的には以下のようである。

　まず、行為時株式所有の要件が適用しない場面を制定法において定めた州として、代表的なのはカリフォルニア州である。カリフォルニア州会社法は、裁判所に、原告の申立ておよび立証に基づき①会社のために主張される請求に有利な強い一応の証拠のある事件であり、②他の類似の株主代表訴訟が提起されておらずまたは提起されそうもなく、③原告の申立てる違法行為の公衆または原告に開示される前に、原告は株式をすでに取得しており、④当該訴訟を維持することができないときは、被告が故意による信認義務違反から得た利得を保有することができ、かつ⑤要求される救済は会社または会社の株主に不当利得を生じさせないかを考慮して、自らの裁量により行為時株式所有の要件の例外として原告の当事者適格を認める必要があるか否かを判断する権限を与える[17]。次に、判例法においては、継続的不正の法理（the continuing wrong doctrine）に基づき、申立てられた違法・不正行為が継続的なものであり、原告の株式を取得する前に当該違法・不正行為がすでに開始したとしても、株式取得時に当該違法・不正行為がなお継続している場合には、行為時株式所有の要件を適用しないとされている[18]。その理

15　In re MRV Communications, Inc., 2010 WL 1891717（C.D. Cal. May 10, 2010）では、原告株主はストック・オプションの付与日付を実際よりも前の日付にした多数の執行役・取締役の行為（option backdating practices by a number of officers and directors）をめぐって株主代表訴訟を提起した。本件の裁判所は、株主代表訴訟による請求は原告が株式を初めて取得した時点以後に発生した違反行為に対するものに限るとした一方、当該時点以前に発生した行為に関する事実は被告の行動パターンに関する主張（an allegation of a pattern and practice of backdating）およびデマンドの無益性に関する分析（the demand futility analysis）のために、原告によって主張されることが認められると示した。*Id.* at *2.

16　In re Extreme Networks, Inc. Shareholders Deriv. Litig., 573 F. Supp. 2d 1228（N.D. Cal. 2008）では、Extreme 社の株主であった原告 Grucel は2007年 3 月31日に裁判所に対して最初の請求をし、同年 8 月13日に主任原告（lead plaintiff）に指名されたが、訴訟継続中に所有していた当該会社の株式の全部を売却したため、裁判所は当該原告、他の原告および訴訟参加の株主らに対して新たな主任原告を指名するための申立てをするように要求した。

17　Cal. Corp. Code § 800（b）(1).

18　*See,* Brambles USA, *supra* note（13），at 649; Noland v. Barton, 741 F. 2d 315, 318（10th Cir. 1984）．これらの裁判例においては、継続的不正の法理は行為時株式所有の要件に対する例外であるとされている。

　それに対し、In re Bank of New York Deriv. Litig., 320 F. 3d 291（C. A. 2. 2003）では、裁判所は継続的不正の法理が行為時株式所有のルールに対する例外であるというよりも、行為時株式所有の要件における訴えの対象となりうる「取引（transaction）」行為により広範な定義を与えた

108　第4章　株主代表訴訟の提訴段階における濫用的訴訟と不適切な訴訟

由については、継続的不正は公になるまで継続的に行なわれる場合があるため、行為時株式所有の要件を要求する目的に鑑みれば、むしろ株主が当該違法・不正行為を認知しうる時点につき厳格に判断すべきと考えられるからである[19]。なお、米国法律協会（ALI）は①原告株主に違法であるとされた行為に関する重要な事実が広く開示された時、株主がそれを知ったとき、あるいは株主に明確に伝えられた時より前の時点に、株式を取得した場合、または②前記①にしたがい株式を取得した前の株式所有者から、法定移転により直接若しくは間接に株式を取得した場合には、行為時株式所有の要件を適用しないというルールを提言した[20]。

　行為時株式所有の要件のほかに、連邦民事訴訟規則23.1条は株主代表訴訟の原告適格の要件として、株主代表訴訟の原告が「同様の状況にある（similarly situated）株主または構成員の利益を公正かつ適切（fairly and adequately）に代表する」ことをも要求している[21]。それと同様に、多数の州の判例法および米国法律協会（ALI）の「分析と勧告」7.02条（a）項（4）号は原告株主の提訴資格の主観的要件として株主の利益を公正かつ適切に代表しうることを要求している[22]。適切代表性の要件を要求する理由は、株主代表訴訟の性質、すなわち沿革的には一種の特殊なクラス・アクション（a special category of class suit）であることによると考えられる[23]。具体的には、株主代表訴訟は会社の有する訴権を行使する訴訟であり、その判決の効果は他の株主に既判力（res judicata）を及ぼすため、そし

　という見解を示した。*Id.* at 298.

　　また、Lerner v. Allaire, 2003 WL 22326504（D. Conn. Sept. 30, 2003）では、裁判所は前述した In re Bank of New York Deriv. Litig. 判決における継続的不正の法理に関する判断を踏襲して、株主代表訴訟の原告は「不正行為の核心となる事実が明らかに出される前に会社の株式を取得した者でなければならない」と示した。*Id.* at *3.

19　小林秀之＝高橋均『株主代表訴訟とコーポレート・ガバナンス』（日本評論社、2008）120頁。

20　ALI, PRINCIPLES OF CORPORATE GOVERNANCE: ANALYSIS AND RECOMMENDATIONS（1994）, Vol. 2, § 7. 02, comment c, at 36. または、証券取引法研究会国際部会訳編『コーポレート・ガバナンス──アメリカ法律協会「コーポレート・ガバナンスの原理：分析と勧告」の研究』（日本証券経済研究所、1994）38頁を参照。

21　Federal Rules of Civil Procedure, Rule 23. 1（a）: "This rule applies when one or more shareholders or members of a corporation or an unincorporated association bring a derivative action to enforce a right that the corporation or association may properly assert but has failed to enforce. The derivative action may not be maintained if it appears that the plaintiff does not fairly and adequately represent the interests of shareholders or members who are similarly situated in enforcing the right of the corporation or association."

22　ALI, *supra* note（20）, at 33. または、証券取引法研究会国際部会訳・前掲注（20）39頁を参照。

23　Mary Elizabeth Matthews, *Derivative Suits and the Similarly Situated Shareholder Requirement,* 8 DePaul Bus. L. J. 1, 5~6（1995）.

て株主代表訴訟の潜在的濫用（potential for abuses）の可能性が常に存在している
ためである[24]。

　もっとも、適切代表性の審査につき、裁判所は原告株主が会社の訴権を公正か
つ適切に実行しうるか否かにつき裁量権を有するとされている[25]。判例法では、
裁判所は主に原告株主に対する２つの審査から適切代表性の有無を判断する。１
つは原告株主が他の株主を「適切に代表する（adequately represent）」能力を有す
ること、そしてもう１つは原告株主が自らの代表しているその他の株主と「同一
性（identity）」を有することである[26]。前者については、裁判所は主に原告の献身
の程度（the plaintiff's totality of commitment）、当該訴訟に対する理解（knowledge
of the suit）、精力的に訴訟を遂行する能力（ability to vigorously prosecute）、（被告
に対する）悪意の程度（degree of vindictiveness）、（他の株主との）利益相反がないこ
と（freedom from adverse interest）、他の株主から得た支持の程度（the level of sup-
port from other shareholder）、求められる救済（the remedy sought）および代理人
弁護士の適格性（the adequacy of counsel）を審査する。そして、後者について
は、裁判所は通常まず原告と同様の状況にある他の株主がいるか否かを審査し、
そのような株主がいると判断した場合には、さらに会社の訴権の行使にあたって
原告はその他の同様の状況にいる株主の利益のために行動できるかにつき判断
する[27]。

　原告株主の適切代表性の問題は訴訟の開始段階において争われ、被告側は当該
原告適格の要件の欠如について立証する責任を負担する[28]。実際の訴訟において
は、原告株主の「公正かつ適切」な代表性は株主代表訴訟における原告適格の主
観的要件に関する問題であり[29]、原告株主の訴訟提起の真の意図を窺うには訴え
提起の背景や原告に申立てられた会社の損害の状況等に拠らざるをえないところ
が多いため、裁判所は立証された事実によりケース・バイ・ケースで判断しなけ
ればならない[30]。適切代表性の要件を満たさないことを理由に原告適格を認めな

24　周剣龍『株主代表訴訟制度論』（信山社、1996）38頁。

25　*See, e. g.,* Smith v. Ayres, 977 F. 2d 946, 948 (5th Cir. 1992).

26　Matthews, *supra* note (23), at 7~8.

27　*Id.* at 7~9.

28　*Id.* at 14~15.

29　周・前掲注（24）40~41頁、小林＝高橋・前掲注（19）115頁。

30　Larson v. Dumke, 900 F. 2d 1363, 1367~1369 (9th Cir. 1990).

110　第4章　株主代表訴訟の提訴段階における濫用的訴訟と不適切な訴訟

かった判例には、原告株主がもっぱら会社の経営陣に対する個人的不満を晴らす目的で株主代表訴訟を提起したもの[31]、原告の意図が名義上の被告たる会社と自らが役員として勤めている会社との合併案を（被告である）会社に受け入れさせるためであることが明らかにされたもの[32]、原告が株主代表訴訟において自らが代表している会社の競業者であるもの[33]、原告が自分の取得した株式を無効にするために株主代表訴訟を提起したもの[34]や自らの保有する株式を会社が買い取ることを強要する（forcing the buyout of the plaintiff's own shares）ために訴えを提起したもの[35]、自らの有する会社に対する債権の履行を確保するために訴訟を提起したもの[36]、会社の支配権を取得するために訴訟を提起したもの[37]、弁護士報酬の獲得を狙うために弁護士主導により訴訟が提起されたもの[38]、訴訟を繰り返して提起した職業的原告によって訴訟が提起されたもの[39]等がある。

　株主代表訴訟の原告適格の要件——行為時株式所有と適切代表性の要件——に対する法的審査の機能およびその運用の実態を次のようにまとめることができる。まず、行為時株式所有の要件については、訴訟の提起（または訴訟参加）を目的として株式を取得した者によって提起される株主代表訴訟は訴権の濫用になる懸念があることから、それを抑止するために、株主代表訴訟の原告株主に対して当該要件を課してきた。もっとも、このような制度趣旨は当該要件の必要性を十分に説明できないという反論がある。また、実務においてはカリフォルニア州をはじめとする一部の州では取締役等の違法行為の発生した後に株式を取得した原告株主に対しても、裁判所は原告の主張を裏付ける証拠があるか、問題とされた違法行為が明るみに出る前に原告が株式を既に取得したかを審査し、原告の請求を認めることによって会社および株主に不当な利得をもたらす可能性と当該訴訟を認めないことにより被告に不正な利益を与える蓋然性を比較衡量して、当該原告に strike suits にあたる不純な動機が強いといえない場合には行為時株式所有

31　Levin v. Int'l Bus. Mach. Corp., 319F. Supp. 51, 51~55（S.D. N.Y. 1970）.

32　Nolen v. Shaw Walker Co., 449F. 2d. 506, 506~510（6th Cir. 1971）.

33　Robinson v. Computer Servicenters, Inc., 75 F.R.D. 637, 641（N.D. Ala. 1976）.

34　Barrett v. Southern Connecticut Gas Co., 374 A.2d 1051, 1051（Conn. 1977）.

35　Vanderbilt v. Geo-Energy, Ltd., 725 F.2d 204, 204（3rd Cir. 1983）.

36　Owen v. Modern Diversified Indus., Inc., 643 F.2d 441, 443~444（6th Cir. 1981）.

37　Torchmark Corp. v. Bixby, 708 F. Supp. 1070, 1077（W.D. Mo. 1988）.

38　Cohen v. Bloch, 507 F. Supp. 321, 326（D.C. N.Y. 1980）.

39　Lewis v. Curtis, 671 F. 2d 779, 782~783（3rd Cir. 1982）, cert. denied, 495 U.S. 880（1982）.

の要件を適用して直ちに原告適格を否定するのではなく、それを緩和しまたは適用しない判断を下すことができ、より多くの州では申立てられた違法行為が継続的不正であるとき、当該要件を適用しないとしてきた。他方で適切代表性の要件を課す目的は行為時株式所有の要件と同様に strike suits を防止するためであるが、提訴段階において原告株主に公正かつ適切な代表性を要求することは、主に不正な利益の獲得を目的とする訴訟の提起または他の株主の利益と乖離した訴訟を阻止することに一定の役割を果たしていると考えられる。もっとも、この要件は原告株主の主観的状態の審査に主眼をおいており、判例法では実際、何が原告株主の代表すべき利益であるかを問題とせず、もっぱら①原告株主と他の株主との明白な利益相反がないかに加え、②原告が精力的（vigorously）かつ良心的（conscientiously）に訴訟を追行しているかに対する審査によって、適切代表性の有無を判断するというルールを採用してきた[40]。そのうち、後者②は主に原告株主の訴訟追行の姿勢を検証することによって当該訴訟の提起の真の目的を推定するための審査であると考えられる[41]。このように、行為時株式所有と適切代表性の要件はいずれも訴権の濫用にあたる不純な動機の強い strike suits の防止を目的としており、その審査は原告株主の主観的状態（提訴の目的）に主眼をおいていることが明らかである。

（2） 担保提供の規定

　原告適格の要件（行為時株式所有と適切代表性）と同様に、会社の訴権を自ら行使しようとする原告株主[42]の主観的要素を問題視し、株主代表訴訟の初期の段階において strike suits を防止するための制度として、担保提供（security for expenses）の規定がある。ただ原告適格の要件と異なり、米国の多数の州において採用されている株主代表訴訟制度における担保提供の規定は原告株主の会社に対する経済的利害関係の程度、すなわち原告株主の所有する株式の数または市場価額を重要な要素として考慮する特殊な一面を有する。

　米国では株主代表訴訟において会社または被告取締役等が原告株主による担保

40　小林＝高橋・前掲注（19）116頁。

41　小林＝高橋・前掲注（19）117頁

42　米国の文献においては、このような株主代表訴訟の原告を「a self-chosen representative and a volunteer champion」と表現するのがしばしば見受ける。

112　第4章　株主代表訴訟の提訴段階における濫用的訴訟と不適切な訴訟

提供を裁判所に対して申立てられることを、制定法において定めたのは、アラスカ、アリゾナ、アーカンソー、カリフォルニア、コロラド、ハワイ、ネブラスカ、ネバダ、ニュージャージー、ニューヨーク、ノースダコタ、ペンシルベニア、テキサス、ワシントンおよびウィスコンシンの16の州である[43]。そのうち、ほとんどの州は1982年改正前の模範事業会社法（Model Business Corporation Act）にならって、かかる担保提供の規定において原告株主の保有株式の数または市場価額について定めている[44]。代表的なのはニューヨーク州における担保提供の規定である。ニューヨーク州事業会社法によれば、株主代表訴訟の場合に、原告株主が所有している株式数が会社の発行済株式総数の5％以上（または、5％以上を表章する議決権信託証書）、またはそれらの市場価額が5万ドル以上の場合を除き、会社は原告株主に対して担保提供を一律に要求することができる[45]。

　他方で、カリフォルニア州をはじめとする少数の州は、制定法において担保提供の命じられる原告株主の保有株式数（またはその市場価額）について規定しておらず、裁判所に会社または被告取締役等の申立てにより原告株主に対する担保提供命令を下すか否かの裁量を認めている。例えば、カリフォルニア州会社法は、株主代表訴訟が会社および株主に利益をもたらす十分な可能性がないことおよび会社以外の被告（被告取締役等）が請求原因となる取引に関与していないことの一方または双方が満たされることを担保提供の要件として設定しており、持株数により少数株主に対して一律に担保提供を求めうるというニューヨーク州と異なるアプローチを採用した[46]。また、担保の額に関しても、裁判所の裁量により担保額を増減することが可能であるニューヨーク州と異なり、カリフォルニア州会

43　DEMOTT, *supra* note（12），at 253~260.
　　なお、デラウェア、イリノイ、マサチューセッツ、オハイオ等の州は担保提供制度を採用していない。
44　*Id.*
45　N.Y. Bus. Corp. Law § 627. 邦訳については長浜洋一『ニューヨーク事業会社法』（商事法務研究会、1990）100頁以下を参照。
46　Cal. Corp. Code § 800（c）. 邦訳については北沢正啓＝戸川成弘『カリフォルニア会社法』（商事法務研究会、1989）123頁を参照。
　　なお、ニューヨーク州では担保提供の申立権者は会社だけであるのに対し、カリフォルニア州では裁判所に対して担保提供の申立てができる者には会社のほかに、被告取締役等も含まれている。したがって、カリフォルニア州では、原告株主は担保提供が命じられた一部の被告に対する請求を取下げて、その他の被告に対する訴訟を継続することができる。Henry W. Ballantine, *Abuses of Shareholders Derivative Suits: How Far Is California's New "Security For Expense" Act Sound Regulation?* 37 CAL. L. REV. 399, 410 (1949).

社法では、5万ドルを限度とする担保提供の申立てのみが認められる[47]。

このような担保提供の規定は敗訴当事者が通常（廷吏手数料等のごく一部の費用を除いた）勝訴当事者の弁護士費用を含む訴訟費用を負担する必要がなく、両当事者がそれぞれ自分の代理人弁護士の報酬を支払うという「アメリカンルール（American Rule）」を背景としている[48]。当該担保提供の規定は株主代表訴訟において被告取締役等が勝訴した際に、会社がその弁護士費用を含む訴訟費用を負担しなければならない事態の発生を回避するために、このような費用の負担のリスクを会社から敗訴した原告株主に転嫁することを目的とする[49]と同時に、とりわけニューヨーク州における担保提供の法定化の歴史からみれば、担保提供の規定はいわゆる strike suits を阻止するために創立してきた制度でもある[50]。しかし、少数株主であるから strike suits を提起する可能性が高いというニューヨーク州の担保提供の規定の基礎にある考え方の合理性についてはまず疑問を持たざるをえないし、また担保提供を回避するために他の株主の訴訟への参加を呼びかけるか、担保提供の定めのない州の裁判所に対して提訴することによって回避することも可能である[51]ため、strike suits の防止の実効性については疑う余地がある。とりわけ後者の点に関しては、実際に命じられた担保の額からみても、多くの事案ではそれほど大きな金額ではないため、訴訟の継続のために担保を提供することはさほど困難なことではなく、担保提供の規定による strike suits の防止の機能の実効性には大いに期待をすることができないようである。

実際、米国においても担保提供の制度に対する学説の評価は全体的に芳しくない。1940年代には、担保提供の法定化の傾向について、担保提供の規定が株主代表訴訟の弔鐘を鳴らしたと強く批判した学者がいた[52]。また、担保提供の規定の

47　Cal. Corp. Code § 800 (d) & (e). 邦訳については北沢＝戸川・前掲注（46）123頁~124頁を参照。

48　MELVIN ARON EISENBERG, CORPORATIONS AND OTHER BUSINESS ORGANIZA-TIONS: CASES AND MATERIALS 709 (9th ed. 2005).

49　このような担保提供制度は株主が自らの個人の訴権に基づき会社に対して提起した訴訟や自分および他の株主（の権利）を代表して提起したクラス・アクションに適用されず、株主代表訴訟特有の制度である。Ballantine, *supra* note（46）, at 411.

50　Comment, *Security for Expenses in Shareholsers' Derivative Suits: 23 Years' Experience*, 4 COLUM. J. L. & Soc. Probs. 50, 50~53 (1968).
　　または周・前掲注（24）65頁、小林＝高橋・前掲注（19）141頁を参照。

51　CLARK, *supra* note（13）, at 654~655.

52　George D. Hornstein, *The Death Knell of Stockholder's Derivative Suits in New York*, 32 CAL. L. REV. 123 (1944).
　　また、Ballantine, *supra* note（46）, at 416~417も株主代表訴訟に過度な制限を課すべきでないと

114　第4章　株主代表訴訟の提訴段階における濫用的訴訟と不適切な訴訟

適用実態についていえば、その適用を回避することが可能であるため、米国法律協会（ALI）が「大部分の担保提供の規定は、害こそあれ役に立っているとはいえない」と指摘した[53]ように、担保提供の規定は健全な株主代表訴訟の提起や継続の障害になっているかはともかく、strike suits の防止には役に立っているといえないようである。さらに、模範事業会社法は1982年の改正時に、担保提供の規定を削除して、代わりに、裁判所は訴訟手続が合理的な原因なしに、または不正な目的のために開始・継続されてきたと認定したときは、訴訟手続が終結する際に、裁判所は原告に対して被告が訴訟手続の防御について負担した合理的な費用（the defendant's reasonable expenses）の支払いを要求することができるとした[54]。

　もっとも、米国では strike suits を防止する役割がニューヨーク州のような所有株式の数という形式的な要素を重視する担保提供の規定やカリフォルニア州の5万ドルを限度とする担保提供の命令によって果たされることは現実に期待できなくても、裁判所は原告適格（行為時株式所有と適切代表性の要件）について実質的な判断を下すことができるため、それによって補うことができ[55]、むしろそうしたほうが望ましいとも考えられる[56]。

2　日本法における濫用的な訴訟に対する法的規制

　前述したように、米国では濫用的な株主代表訴訟の弊害を防ぐために、特に原告適格の要件および担保提供の規定が設けられている。それに対し、日本法においては濫用的な株主代表訴訟の提起を阻止するために、3つの方法が用意されている。それは株主によって提起された株主代表訴訟に対して、裁判所は株主権の濫用という一般原則を適用し、または会社法847条1項但書の適用にあたるとして訴えを却下する方法、および被告取締役等に対する悪意による提訴に対して担

　　して、カリフォルニア州法へ担保提供制度の導入に反対する見解を示した。

53　"In summary, most security-for-expenses statues seem to do little good and some harm." ALI, *supra* note（20）§ 7.04, comment h, at 88.

54　JAMAES D. COX & THOMAS LEE HAZEN, THE LAW OF CORPORATIONS 204（3d ed. 2010）.
　　See also, MBCA Ann. § 7.46（2）(Supp. 1982).

55　小林＝高橋・前掲注（19）142頁。
　　See also, DEMOTT, *supra* note（12）, at 260.

56　竹内昭夫「株主の代表訴訟」『会社法の理論Ⅲ　総論・株式・機関・合併』（有斐閣、1990）249頁（初出は、法学協会編『法学協会百周年記念論文集第3巻』（有斐閣、1983））。

保提供を命じる方法である。次は、濫用的訴訟を防止するためのこの3つの方法についてそれぞれ検討する。

（1）株主権の濫用の一般原則

　日本では、6ヶ月前から引続き株式を有する株主（公開会社でない場合は株主）は単独株主権として、株主代表訴訟を提起する権利を有する。株主の有する株主代表訴訟に関する権利の濫用は主に2つの類型があると考えられている。一つは訴訟の提起についていわゆる訴権の濫用にあたる場合、そしてもう一つは訴訟の提起そのものについて問題があるわけではないものの、提起された訴訟の追行過程において権利の濫用がある場合である。（本章の検討の対象ではないものの、）後者については、例えば、訴訟の係属段階で原告が被告との馴れ合いにより、故意に少額の請求をし、または故意に敗訴した場合には、会社または他の株主から確定の終局判決に対して再審の訴えをもって不服を申し立てることが認められている（会社法853条）。それに対し、本章の検討の対象になる前者の訴権の濫用に関しては、訴訟の提起段階において、被告である取締役等が当該株主代表訴訟の提起が株主権の濫用にあたるとして却下の申立てをすることができる。会社法制定前には、株主代表訴訟の却下制度は明文化されておらず、株主代表訴訟の提起が株主権の濫用に当たるか否かをめぐり争った事件は多数あったが、裁判所が訴権の濫用を理由に訴え却下の判決を下したのは極めて少数である。その代表的な裁判例は「長崎銀行事件」[57]と提訴手数料の節約のために提起された株主代表訴訟事件[58]の2件である。

　長崎銀行事件では、A銀行の株主である原告Xが、同銀行の取締役 Y_1~Y_3 に対し、不当融資等の結果として生じた回収不可能額の会社への賠償を求める株主代表訴訟を提起した。それに対して、裁判所は、当該訴訟の提起に至るまでXとA銀行と間にあった種々の交渉を踏まえて、Xの本訴提起はA銀行を困惑させることにより、B病院の担保物件の私的処分あるいは融資等を名目とする金銭的利益を得るための取引手段として、ないしは、そのための手立てとしての会社に対する攻撃を正当化する名分を得るためになされていることが明らかであり、

57　長崎地判平成3・2・19判例時報1393号138頁。
58　東京地判平成8・6・20判例時報1578号131頁。
　　なお、この裁判例に類似するものとして、広島高判平成15・3・19裁判所ウェブサイトがある。

かつ、これら X の求める利益が、A 銀行の株主たることと関係のない純然たる個人的利益であることはいうまでもないとし、訴権の濫用として訴え自体を却下すべきものであると判断した。

株主代表訴訟の提起が却下されたもう 1 件の裁判例においては、同族会社である会社の発行済株式の大部分を保有していた原告 X らは本件株主代表訴訟の前に、取締役であった Y の行為により会社の財産が減少し、X らは株価減少による損害を被ったとして、（平成17年改正前）商法266条ノ 3 等に基づき損害賠償を請求した。この点に関しては、裁判所は株式価値の減少により株主の被った損害は間接損害であり、商法266条ノ 3 等に基づき取締役の第三者に対する責任を追及できないと判断した。その後、X らは別訴において、Y に対してその損害の一部につき株主代表訴訟を提起した。裁判所は、会社の株式全部を保有する取締役らが単に申立手数料を節約するために、会社としては元取締役の責任追及の訴えを提起せず、会社と株主が意思を通じて、株主として株主代表訴訟を利用することは制度の濫用であり許されないとして、本件株主代表訴訟の提起は訴権の濫用に当たるため、訴えを却下すべきであると判断した。

また、他の裁判例においても株主代表訴訟の提起が株主権の濫用にあたるかが争点となったが、被告の主張はいずれも容認されず、訴え却下までならなかった。かかる判断の理由づけについて、裁判所は次のような判断の枠組みを示してきた。

①「株主代表訴訟は、……一方では会社の被った損害の回復を図るとともに、他方では何らかの形で自己の利益を図ることを望んでいたとしても、それだけで直ちに右訴訟の提起が権利の濫用に当たるとするのは相当でなく」、当該株主代表訴訟の提起は「専らないし主としていたずらに会社ないしその取締役を脅しあるいは困惑させ、これによって会社ないし取締役から金銭など不当な個人的利益を得ることを意図したものであるとか、または右訴訟によって追及しようとする取締役の違法行為が軽微ないしかなり古い過去のものであり、かつ、右違法行為によって会社に生じた損害額も甚だ少額であり、今更取締役の責任を追及するほどの合理性、必要性に乏しく、結局、これによって会社ないし取締役に対する不当な嫌がらせを主眼としたものであるなど特段の事情の認められない限り、右訴訟の提起が株主権の濫用として許されないとすることはできないものと解するのが相当である」[59]。

第3節　提訴段階における濫用的訴訟に対する法的規制　　*117*

②株主代表訴訟が専ら株主たる地位と離れた個人的利益や不当な目的に基づくと認められる場合には、これを株主権の濫用に当たるとして却下するのが相当であるが、本件では訴外Ａ銀行の株主である本件訴訟の原告は融資を打切られた訴外Ｂ社の代弁者的な意図が疑われなくはなく、株主として訴外Ａ銀行の利益を真に擁護するために株主代表訴訟を提起したといえるかは疑わしいと認めながらも、本件のように訴外Ａ銀行に莫大な損害が生じたことについてその取締役の責任を追及することは、株主の立場として無理からぬことであるため、本件訴訟が専ら個人的利益や不当な目的に基づくものとはいいきれない[60]。

③被告の本件訴訟の提起が株主の権利濫用に当たるという抗弁につき、傍論でありながらも、「原告は各請求原因において重要な役割を果たしたジェー・シー・エルの専務取締役及び取締役副社長の地位にあった事実、また、原告には、『蛇の目再建同志会』代表を名乗り、蛇の目ミシンの『経営刷新委員会』を提唱して自らその委員の中心になろうとした事実、その過程で蛇の目ミシンから取引を打ち切られた原告の経営する（会社）……を蛇の目ミシンの事業に吸収させようと主張した事実、蛇の目ミシンの取締役らに対して『被告選定判定会の御案内』と題する書面を送付し、これに欠席した取締役は当然に株主代表訴訟の被告とする旨を通知した事実が認められ、これによれば」、原告は主として自己の

59　東京高判平成8・12・11（東京都観光汽船事件控訴審判決）金融・商事判例1105号23頁。
　　本件では、Ａ社はグループ会社とみられるＢ社を支援するために無担保貸付や債務保証等をしたところ、Ｂ社の倒産により同会社に対して行なった融資が回収不能となったほか、債務保証の代位弁済を余儀なくされる等の損害を被った。そこで、Ａ社の株主ＸはＡ社の元代表取締役・取締役らに取締役の善管注意義務違反があったと主張し、Ａ社に対して3億2,200万円余を賠償するよう求める株主代表訴訟を提起した。なお、本件においてかかる請求が棄却された被告は、原審の「本件訴えは権利の濫用に当たらない」と判断した点について、商法266条および267条の解釈適用を誤った違法があることおよび原審の事実認定に経験則若しくは採証法則違反があり、また判断には理由不備の違法があることを理由にさらに上訴したが、最高裁判所（最判平成12・9・28金融・商事判例1105号16頁）は、原審の認定判断は原判決挙示の証拠関係に照らして正当として是認することができ、その過程に上告人の主張する違法はないとして、上告を棄却した。
60　松山地判平成11・4・28（伊予銀行事件判決）判例タイムズ1046号232頁。
　　本件では、Ａ銀行は宅地開発事業を営んでいたＢ社に対して、Ｍ開発に関して多額の融資をして約4億6,146万円余が回収不能となり、また、Ｎ開発に関して多額の融資をしてその後融資を打ち切ったことにより47億3,306万円が回収不能となった。Ａ銀行の株主Ｘは同銀行の当時の取締役であった者7人に対し、かかる融資および融資打ち切りによってＡ銀行に多額の損害が発生したのは、取締役としての忠実義務・善管注意義務違反によるものであるとして、当該損害のＡ銀行に対する賠償を求める株主代表訴訟を提起した。本件に先立って、被告取締役らは担保提供を申し立てたが、請求が認められなかった。被告らは当該訴訟の提起が株主権の濫用に当たると主張した。

118 第4章 株主代表訴訟の提訴段階における濫用的訴訟と不適切な訴訟

利益を図るために株主代表訴訟を利用しているという疑いは少なからず認められるが、本件においては、被告が自己の利益を図るために会社（蛇の目ミシン）に多額の損害を与えた事案であり、そうである以上、原告にある前述の事情のみから直ちに当該訴えが株主権の濫用であるとまでいえない[61]。

　このように、理論的には、株主権の濫用にあたるとして株主代表訴訟を却下することができると考えられるが、現実は裁判所がこのような判断を下したのは稀である[62]。株主代表訴訟の提起が株主権の濫用にあたるかを判断する際に裁判所の用いた基準は必ずしも明白ではないが、長崎銀行事件のような、会社利益を犠牲にして専ら株主たる地位と関係のない純然たる個人的な利益を追求する手段として株主代表訴訟が利用されていることが明らかである場合はともかく、それが明らかでない場合には、仮に原告株主の動機・目的に不純があるとしても、それだけでは訴権の濫用として認めることは難しいと考えられる[63]。ある株主代表訴訟が株主権の濫用に当たるか否かの判断は主に当該訴訟の原告株主の訴訟提起の動機を重視するものの、裁判所は請求の原因となった取締役の行為の性質、取締役の責任が存在する蓋然性および株主代表訴訟によってそれを追及する必要性をあわせて考慮してきたようである。

（2）会社法847条1項但書

　平成17年会社法制定時には、株主代表訴訟を定めた847条に、株主代表訴訟を提起できない規定が新たに設けられた。会社法847条1項但書によれば、株主代表訴訟の提起が「当該株主若しくは第三者の不正な利益を図りまたは当該株式会社に損害を加えることを目的とする場合」に、すなわち、原告株主が自己・第三者の利益を目的として訴訟を提起したこと、または会社を害する目的を有するこ

61　東京地判平成13・3・29（蛇の目ミシン工業②事件）判例時報1750号40頁。
　　本件では、グリーンメーラーとして著名である被告Y1はA社の株式を買占めてA社の取締役に就任したところ、Y1主宰の仕手グループの利益のために、他の取締役を脅迫してA社に融資および債務の肩代わりをさせる等して、同社に損害を与えた。A社の株主XらはY1～Y12に対し、A社の取締役としての責任を追及し株主代表訴訟を提起した。
62　その理由については、学説では却下制度は具体的審理に入る前に裁判を行なわない、いわゆる門前払い的意味合いをもつため、また原告の裁判を受ける権利との関係で裁判所は訴権の濫用の一般原則の適用に関して慎重に判断してきたという見解がある。小林＝高橋・前掲注（19）48頁。
63　小林秀之＝近藤光男「株主代表訴訟の新たな展開」小林秀之＝近藤光男編『新版　株主代表訴訟大系』（弘文堂、2002）4頁。

とが明らかである場合には、当該株主代表訴訟は不適法であり、却下される。当該条文の構造からみれば、右の2つの要件のいずれかを満たせば、訴訟が却下されることになると考えられる。しかし、原告株主は「当該株式会社に損害を加え」ない形で「当該株主もしくは第三者の不正な利益を図る」ことを目的として訴訟を提起することは通常考え難いし、また裁判所は原告株主が自身または第三者の利得を目的としているか否かの判断を行うことなく、会社への損害発生を目的としているという要件のみを充当することを理由に却下判決を下すことも考え難いため、実際の認定においては、2つの要件のうちの片方に該当するからといって、訴訟が却下されることはあまり考えられず、2つの要件は重畳的に要求される可能性が高いという見解がある[64]。

この訴え却下の規定は、会社に対する加害の目的を明白な要件としている点において、従来の原告株主の濫用的意図の対象範囲を拡大したとも考えられる[65]が、立法担当官の解釈によれば、会社法847条1項但書は従来の訴権の濫用の一部の内容を明確にしたものに過ぎず、目新しいものではない[66]。ただ、却下の規定をめぐる実務上の運用については、従来の濫用的訴訟をめぐる裁判と同様、被告取締役等が主張・立証する責任を負うことになるが、具体的な審理の過程において、裁判所は被告取締役等の最初の主張・立証のみで決定を下してしまうか、それとも原告株主に反論の機会を与え、被告取締役等はそれに応じて新たな主張・立証を行なうことができるかは不明であるため、運用上困難があると推測されている[67]。

なお、国会の審議を受ける前の会社法案847条1項2号では「責任追及等の訴えにより当該株式会社の正当な利益が著しく害されること、当該株主会社が過大

64　奥島孝康＝落合誠一＝浜田道代編『新基本法コンメンタール　会社法3（第2版）』（日本評論社、2015）413~414頁〔山田泰弘〕。もっとも、「会社に過大な費用を負担させることを通じて損害を加える目的を原告株主が有している場合」（黒沼悦郎「株式会社の業務執行機関」ジュリスト1295号（2005）73頁）や「きわめて軽微な違法行為についての嫌がらせのみを目的とする提訴」であれば却下の対象となるという見解（江頭憲治郎『株式会社法（第7版）』（有斐閣、2017）498頁（注5））もある。

65　小林＝高橋・前掲注（19）47頁。

66　相澤哲編『一問一答　新・会社法〔改訂版〕』（商事法務、2009）245頁。具体的には①総会屋が金銭を要求する目的で代表訴訟を提起した場合、②株主が事実無根の名誉毀損的主張をすることにより株式会社の信用を傷つける目的で代表訴訟を提起した場合が会社法847条1項但書の要件に該当するものであると考えられている。

67　小林＝高橋・前掲注（19）48頁。

120 第4章 株主代表訴訟の提訴段階における濫用的訴訟と不適切な訴訟

な費用を負担することとなることとその他これに準ずる自体を生ずることが相当の確実さをもって予測される場合」には株主代表訴訟を提起することができないとされていたが、「会社の正当な利益」の定義の曖昧さや株主代表訴訟を制限しすぎるといった懸念等により最終的に削除された[68]。このような立法の経緯を踏まえて考えれば、会社法847条1項但書の訴え却下の規定は従前の裁判例と同じく、専ら原告株主の主観的要素を主眼として、濫用的訴訟に対する規制にとどまっており、原告株主の意図如何にかかわらず、結果として会社ひいては株主全体の利益に合致しない不適切な訴訟に対応するためのものではないといえる。

もっとも、濫用的訴訟を防ぐための手段として、従来の株主による代表訴訟提起権の濫用という一般原則は会社法847条1項但書の明文の規定の導入により、もはやその適用する余地がなくなるか否かについては、明らかではない。ただ、会社法847条1項但書は原告株主の主観的要件に関する規定であり、訴権の濫用の一部の内容を明確にしたに過ぎないという理解を前提とすれば、当該条文に規定される内容以外の場合、例えば、前述の提訴手数料の節約のために会社と株主が通謀して提起された株主代表訴訟のような事案においては、権利濫用の法理がなお適用されなければならないと考えられる[69]。

(3) 担保提供の制度

米国法と同じように、日本の株主代表訴訟制度には担保提供の規定が存在している。平成26年改正会社法847条の4第2項第3項（改正前会社法847条7項8項）によれば、株主代表訴訟に際して、被告取締役は原告株主の「悪意」を疎明して担保提供を申し立てることができる。株主代表訴訟におけるこの担保提供の規定の趣旨については、通常、被告取締役等の有する原告株主の不法行為（不法提訴）による損害賠償請求権を担保することおよび株主代表訴訟の濫用を防止することの2つの目的があると解されている[70]。

担保提供をめぐる従来の裁判例や学説においては、中心的な論点となったのは平成26年改正会社法847条の4第3項（改正前会社法847条8項、平成17年改正前商法

68　奥島ほか編・前掲注（64）414頁〔山田〕。

69　周剣龍「株主代表訴訟」岩原紳作＝小松岳志『会社法施行五年　理論と実務の現状と課題』（有斐閣、2011）29頁以下。

70　中島弘雅「株主代表訴訟における担保提供の申立て（上）——特に担保提供が認められるための要件について——」商事法務1359号（1994）38頁。

第3節　提訴段階における濫用的訴訟に対する法的規制　*121*

267条7項・106条2項）の「悪意」の解釈の問題である。学説には、この「悪意」を、原告株主が被告取締役を不当に害する意思のあることをいうとする通説（いわゆる「害意説」[71]）、被告取締役を害することを知りつつ訴えを提起することをいうとする説（いわゆる「悪意説」[72]）、または請求に根拠のないことを知りながらあえて提訴をしたことをいうとする説（いわゆる「無根拠提訴説」[73]）がある。それに対し、裁判例において形成された判断基準、いわゆる「蛇の目基準」[74]とは、当該株主代表訴訟が不当訴訟である、または原告に不法不当な利益を得る目的があるという2つの要件のいずれかを満たせば、「悪意」があるとするという考え方である。前者の要件は「不当訴訟要件」と呼ばれ、原告株主の請求に理由がなく[75]、かつ同人がそれを知ってあえて訴えを提起した[76]場合を意味する[77]。一方、後者は「不法不当目的要件」と呼ばれ、原告株主が代表訴訟を手段として不法不当な利益を得ようとする場合を意味し、いわゆる総会屋による訴訟の提起[78]や、訴訟の追行過程において政治的・社会的目的の達成に拘泥する訴訟[79]の場合がこれにあたる。

　しかし、担保提供を命じるべきか否かの判断についてどのような基準を採用するかにせよ、日本のおける担保提供制度の本来の目的は被告側の損害賠償請求権の担保にあるに過ぎない、すなわち株主代表訴訟の提起が被告取締役に対する不法行為になる場合に適用するものであるため、それを超えた機能を要求すべきでないという指摘がある[80]。また、従来の裁判例の状況からみると、担保提供の申

71　松田二郎『会社法概論』（岩波書店、1986）145頁、田中誠二＝吉永栄助＝山村忠平『コンメンタール会社法（四全訂）』（勁草書房、1984）864頁。

72　上柳克郎＝鴻常夫＝竹内昭夫編『新版注釈会社法（6）』（有斐閣、1987）372頁〔北沢正啓〕、元木伸「代表訴訟」『裁判実務大系3』（青林書院、1985）59頁以下。

73　大森忠夫『新版会社法講義（改訂版）』（有信堂、1967）196頁。

74　「蛇の目基準」は蛇の目ミシン株主代表訴訟担保提供命令申立事件（東京高決平成7・2・20判例タイムズ895号252頁）において示され、後に多くの裁判例に踏襲された。

75　請求に理由がないこととは①請求原因の主張自体が失当であること、②立証の見込みが低いこと、③被告の抗弁が成立する蓋然性が高いこと等をいう。江頭・前掲注（64）498～499頁（注7）。

76　もっとも、原告株主が過失によって不当訴訟になることを知らなかった場合であっても、「悪意」があるとされる可能性がある。中村直人「株主代表訴訟での担保提供における『悪意』の意義」民商法雑誌115巻4・5号（1997）619頁。

77　この要件について検討した裁判例として、東京地決平成6・7・22判例時報1504号121頁、東京高決平成7・2・20判例タイムズ895号252頁、名古屋高決平成7・3・8判例時報1531号134頁、大阪高決平成9・11・18判例時報1628号133頁等がある。

78　東京地決平成8・6・26金融法務事情1457号40頁。

79　名古屋高決平成7・11・15判例タイムズ892号121頁。

122 第4章 株主代表訴訟の提訴段階における濫用的訴訟と不適切な訴訟

立てが認められたほとんどの事案では、原告側は担保金を提供することなく、そ
れを理由に訴え却下の判決になっていたようである[81]。これは高額な担保提供金
額を命じると、提訴株主に多大な負担を与え、株主代表訴訟の健全な活用に消極
的な影響を与えかねないという懸念が生じることを示唆している。他方で、逆に
低額な担保提供金額しか命じないなら、担保提供命令が出されても、原告株主が
それに応じれば訴訟を継続できるため、濫訴防止の役割を果たすことができな
い。担保提供制度の濫訴防止機能に限界があることは従来から指摘されており、
また会社法847条1項但書の訴えの却下の規定の導入に伴い、今後の裁判実務に
おいて両制度の役割分担がある程度明確になれば、担保提供の制度の守備範囲は
さらに狭まることも考えられる[82]。

3 まとめ

右のように、濫用的訴訟に対する法的規制に関しては、米国法と日本法は異な

---

80 小林秀之「担保提供と原告の悪意」小林秀之＝近藤光男編『新版　株主代表訴訟大系』（弘文堂、2002）211頁。

81 筆者が調査した限りでは、平成6年7月から平成24年7月まで担保提供の申立が認められた株主代表訴訟として、次の22件が確認できた。東京地決平成6・7・22判例時報1504号121頁、東京地決平成6・7・22判例時報1504号132頁、東京地決平成6・10・12資料版商事法務130号99頁、東京地決平成6・11・30資料版商事法務131号89頁、東京地決平成7・2・21資料版商事法務134号93頁、名古屋高決平成7・3・8判例時報1531号134頁、長野地裁佐久支決平成7・9・20資料版商事法務139号197頁、名古屋地決平成7・9・22金融法務事情1437号47頁、名古屋高決平成7・11・15判例タイムズ829号121頁、東京地決平成8・6・26金融法務事情1457号40頁、大阪地決平成8・8・28判例時報1597号137頁、大阪地決平成8・11・14判例時報1597号137頁、岐阜地決平成9・1・16資料版商事法務155号148頁、東京地決平成9・5・30資料版商事法務159号103頁、東京地決平成10・1・30（判例集未登載）、東京地決平成11・3・30資料版商事法務190号240頁、東京地決平成12・4・3判例時報1738号111頁、東京地決平成12・4・28（判例集未登載）〈第一勧業銀行事件〉、東京地決平成12・4・28（判例集未登載）〈日本興業銀行②事件〉、東京地決平成12・5・8資料版商事法務203号217頁、東京地決平成12・5・25資料版商事法務207号59頁および東京地決平成24・7・27資料版商事法務347号19頁である。
　　そのうち、15件は原告が担保提供命令のあった日から14日以内に担保金を提供しなかったことにより、却下された。残りについては、3件は原告による取り下げ、2件は請求棄却、1件は一部請求認容、1件は和解となった。

82 東京地決平成24・7・27資料版商事法務347号19頁では、被告は平成26年改正前会社法847条1項但書ないし訴権の濫用を主張して訴えの却下を求めるとともに、同法同条7項に基づき担保提供命令を申立てたところ、東京地裁は担保提供命令の申立てのみを認めた。その理由付けには、原告である株主は「株主としての正当な権利の行使としてではなく、専ら廣済堂の取締役である申立人らを困惑させる目的で、嫌がらせの手段として、本件本案事件の訴えを提起したものであると推認される」ことおよび原告株主は「本件本案事件の請求原因の見込みが低いのに、その事情を認識しながらあえて本件本案事件の訴えを提起したものと推認することができる」ことが挙げられた。

第 3 節　提訴段階における濫用的訴訟に対する法的規制　*123*

るアプローチを採用してきた。そのうち、もっとも顕著な差異は日本法においては株主代表訴訟を提起しようとする株主に対して行為時株式所有および適切代表性の要件を要求しない点にある。行為時株式所有の要件については、前述したように米国においてもその問題が指摘されており、濫用的訴訟を防止するための措置として必ずしも賛成できないと思われる。それに対し、日本法にとりわけ適切代表性の要件を新たに規定し法定すべきであるとする見解がある[83]。しかし、株主代表訴訟の原告株主に適切代表性の要件を課すべきかは検討を要する。

　立法論として、適切代表性の要件を株主代表訴訟の原告適格の要件とする規定を日本の株主代表訴訟制度に新たに取り入れるべきであるという見解は、その根拠として、主に次のようなものを挙げている。すなわち、①株主代表訴訟の導入過程において適切代表性の主観的要件を設けなかった理由は、株主代表訴訟の代表訴訟性を見逃していたからにほかないため、米国法を参考にし、立法論として適切代表性に関する規定を設ける必要がある[84]こと、②株主代表訴訟は取締役の違法・不正行為是正としての株主の共益権の行使であり、訴訟を提起するにあたっては多数決原理がはたらく仕組みになっておらず、かつ現行の公告制度や訴訟参加制度は株主全体の総意を反映できるものではない[85]ことから、適切代表性の問題を立法的に解決すべきである。それに対し、解釈論として、米国における不適切な株主代表訴訟と日本における株主権の濫用にあたる事案には類似性が見られるものもあり、会社および他の株主を適切に代表していないと思われる原告株主の訴訟提起を株主権の濫用とし、訴えの却下という方法によって排除し、判決効拡張の正当化根拠としての適切代表性を現行法のもとで取り込むことが可能であるという見解[86]もある。

　適切代表性の規定を新たに設けるべきであるとする立法論に関しては、その理

83　この見解はそれに対し、行為時株式所有の要件については法定する必要性がないとされている。その理由については、主に、①株主代表訴訟の促進の観点からは厳しい形式要件を設けるべきでないこと、②米国に行為時株式所有の原則は、その背景が米国特有の連邦裁判所の二本立ての司法制度であり、本来株主が担保提供の負担の軽減のために連邦裁判所に提訴できるように他州居住者に株式を譲渡するという慣習を防止するためのものであること、③この要件はあくまでも形式的なものに過ぎず、米国でもその適用の仕方がかなり修正・緩和されてきたこと等が挙げられている。周・前掲注（24）250頁。

84　周・前掲注（24）251頁。

85　小林＝高橋・前掲注（19）236~237頁。

86　原強「株主代表訴訟における判決効と強制執行」小林秀之＝近藤光男編『新版　株主代表訴訟大系』（弘文堂、2002）341頁。

124　第4章　株主代表訴訟の提訴段階における濫用的訴訟と不適切な訴訟

由付けについて次のような反論がありうると思われる。前述①の根拠は、主に株主代表訴訟の母国法である米国の制度を参考に、株主代表訴訟の代位訴訟性または法定訴訟担当の側面よりも代表訴訟性を重視すべきとし、原告適格に適切代表性を要求すべきという見解に基づくものであるが、前述したように、米国では本来株主代表訴訟の原告に対して適切代表性を求める理由は株主代表訴訟の性質、すなわち沿革的には一種の特殊なクラス・アクションであり、判決効の拡張の正当化根拠としてこの要件が必要とされることにある[87]。しかし、日本法にはそもそもクラス・アクションが認められておらず、米国法の理論をそのまま持ち込むのは困難であると思われる。また、前述②の根拠については、会社法では株主代表訴訟を提起する権利が単独株主権として認められていること、および米国では適切代表性の要件は「同様の状況にある」株主の利益を公正かつ適切に代表することを意味しており、それを（通常、少数派株主である）提訴株主が株主全員の利益ではなく、原告株主と同様な立場にある少数派株主の利益を代表しなければならないと解されている[88]ことに鑑みれば、適切代表性の要件を要求しないことは「多数決原理」に反するという主張は必ずしも説得的でないと思われる。

　それに対し、株主権の濫用という一般原則を適用することにより、法解釈により適切代表性の要件を現行法に取り入れるという見解については、かかる見解は主に米国法における適切代表性の要件の機能に注目していると考える。米国では、原告株主の適切代表性の要件はあくまでも不適切な代表者を排除するという消極的な意味しか有しておらず[89]、適切代表性に関する審査は主に不正な利益の獲得を目的とする訴訟の提起または他の株主の利益と乖離した訴訟を阻止するためであると考えられており、また判例からみても、この要件の欠如を理由に却下された株主代表訴訟は主に原告株主自らの利益または弁護士費用の獲得を目的とするもの、職業的原告が提起したもの、または会社や被告取締役を害しようとするものである。それらは、実質的には日本法における株主権の濫用という一般原則による濫用的防止とほぼ同様な機能を果たしており、右の一般原則より優れた制度とはいえないと考える。もっとも、従来の裁判例からみたように、日本では

87　同様な見解としては、原・前掲注（86）340頁がある。

88　Matthews, *supra* note（23）, at 12~13.

89　裁判所は積極的に原告株主の適切代表性の有無を審査するのではなく、被告取締役等より原告株主が当該要件を欠くことの主張があった場合にのみ、被告の挙げた証拠に基づき、適切代表性がないことが立証された場合に限って、原告適格の要件を欠くという判断が下される。

裁判所は株主権の濫用という一般原則の適用に関して極めて慎重である。しかし、会社法には訴えの却下を定めた明文の規定（会社法847条1項但書）が設けられるようになったため、当該規定の適切な運用によって、株主権の濫用の一般原則（の明確性を欠く点）を補完して濫用的訴訟を防ぐことができると考えられるので、現行法には必ずしも適切代表性という抽象的な要件を新たに取り入れる必要がないのではないかと思われる。

　他方で、担保提供の規定については、当該制度による濫訴防止の効果は米国においても日本においても高く期待することができないばかりか、株主代表訴訟による直接な利益を享受できない原告株主に対して安易に高額の担保提供を命じることは健全な訴訟提起に消極的な影響を与える懸念がある。また、米国の1982年改正後の模範事業会社法が示唆したように、一定の場合に（勝訴した）被告の弁護士費用を含む訴訟費用を原告側に負担させるための他の措置がとられた場合には担保提供の規定を削除しても何ら問題が生じないはずである。これは日本法においても当てはまることができると考える。もっとも、担保提供制度を直ちに他のより効果的な措置に取りかえることに踏み込まなくても、当該制度の適用範囲を被告取締役等の有する原告株主の不法行為（不法提訴）による損害賠償請求権を担保することに限定すべきであろう。

第4節　提訴段階における不適切な訴訟に対する法的規制

1　米国法におけるデマンドの制度と不適切な訴訟の防止

（1）デマンドの制度とは

　米国では株主代表訴訟は会社の被る損害を救済するものであり、株主が会社自身の有する訴権を代わりに行使し、会社の被った損害を補てんするための訴訟である。本来会社の有する権利であるため、当該訴権をエンフォースする主体としては会社が優先されるべきである[90]。したがって、株主代表訴訟を規律する多くの州法では、株主代表訴訟を提起しようとする株主は裁判所に対して訴訟を提起

90　*See*, Delaware & Hudson Co. v. Albany & Susquehanna R. R. Co., 213 U.S. 435 (U.S. 1909).
　　本件では、裁判所は社内における全ての救済手段を尽くしてきたという要求は「会社の支配に対して会社の有する主導的な権利の表れであり、言い換えれば、会社の権利を保護するためであって、訴訟を通じてそれを求める必要がある場合においても、会社が最優先（paramount）にされるべきである」と示した。*Id.* at 446.

126 第4章 株主代表訴訟の提訴段階における濫用的訴訟と不適切な訴訟

するには、事前に会社（主に取締役会）[91]に対して書面によってデマンド（demand）を行ない、会社の有する訴権を獲得するための努力をしなければならず、このような努力をしなかった場合にはその理由を説明しなければならないとされている[92]。

　株主のデマンドに対して、取締役会は相当な考慮に基づき、会社の最善の利益になる（in the best interest of the corporation）訴訟を認める義務がある。当該義務を果たさせるために、訴訟を求める株主は会社に対して、請求原因となる潜在的な訴権の存在を公正かつ適切（fairly and adequately）に通知しなければならない[93]。判例では、株主のデマンドにおいては、通常①訴えられる不正行為者を明らかにすること、②請求の事実的な根拠を陳述すること、③会社の被った損害を主張すること、および④当該損害に対する救済を請求することが要求される[94]。

　また、会社（取締役会）がデマンドに回答するために要する十分かつ合理的な期間（adequate and reasonable amount of time）については、統一した明確な定めがないため、州または裁判所によって判断が異なりうる[95]。裁判所は通常、デマン

91　連邦民事訴訟規則23.1および一部の州の制定法は取締役会または「相当な権限」（comparable authority）を有する者に対して行ったデマンドを要求している。例えば、Kemper v. Am. Broad. Cos., 365 F. Supp. 1272 (S.D. Ohio. 1973) では、裁判所は、破産会社の株主は財産保全管理人または管財人に対して請求を行ない、かつ破産裁判所または財産保全の裁判所による同意と授権を受けなければならないと示した。*Id*. at 1274.

　なお、曖昧な表現にとどまっており、また現実的には稀にしか適用されないものの、連邦民事訴訟規則23.1および多数の州は必要であれば（if necessary）、株主代表訴訟の原告株主は当該会社の他の株主・構成員（the shareholder or members）の同意を求めるべきであるとする。*See*, DEMOTT, *supra note*（12）, at 594~596.

92　Del. Ch. Ct. R. 23.1および Cal. Corp. Code § 800 (b)(2)によれば、原告は裁判所に提出した訴状において取締役から原告の望む株主代表訴訟の提起権を獲得するための努力、または当該努力をしかった理由を具体的に主張しなければならない。また、N.Y. Bus. Corp. Law § 626 (c)も、原告株主は取締役から訴訟の提起権を獲得するための原告の努力またはそのような努力をしなかった理由を具体的に説明しなければならないと定めている。

93　Khanna v. McMinn, 2006 WL 1388744, *13 (Del. Ch. May 9, 2006).

94　*See, e.g.,* Levner v. Saud, 903 F. Supp. 452, 456 (S.D. N.Y. 1994), aff'd 61 F. 3d 8 (2d Cir. 1995); Seidel v. Allegis Corp., 702 F. Supp. 1409, 1412 (N.D. Ill. 1989); Lewis ex rel. Nat'l Semiconductor Corp. v. Sporck, 646 F. Supp. 574, 578 (N.D. Cal. 1986).

95　*See,* Mills v. Esmark, Inc., 91 F.R.D. 70 (N.D. Ill. 1981).

　本件においては、原告株主らは会社に対して1981年3月26日付けの書面によりデマンドを行い、会社が当該デマンドを受け取った日である同月31日の3日後に裁判所に対して株主代表訴訟を提起した。*Id*. at 71. 当該裁判所は原告株主のデマンドに対して会社が合理的な期間内（within a reasonable period of time）において回答を行なわなければ、当該デマンドが無益な（futile）ものとなり、当該株主が直ちに訴訟を提起することができると示したうえで、本件においては、会社がデマンドを受け取った日から3ヶ月以上を経過した同年7月10日までに決定的かつ最終的

ドにおいて挙げられた問題およびその関連状況の複雑性を審査したうえで、正当な回答期間を決めるようである[96]。

1989年改正模範事業会社法および多数の州会社法（または裁判所規則）は、株主代表訴訟を提起しようとする株主に対して訴訟の提起に先立ち、常にデマンドをすることを義務づけている[97]。このようなルールはユニバーサル・デマンド（universal demand）と呼ばれている。それに対し、裁判所は原告株主にデマンドの無益性（demand futility）を争う機会を与え、デマンドの無益性が認められたときにはデマンドが免除されるというルールを採用した州も多数ある。前者のユニバーサル・デマンドの場合には、デマンドについて検討する取締役らが独立しているか否かにかかわらず、全ての株主代表訴訟は提起される前にデマンドがなされなければならない。デラウェア州をはじめとする後者の場合には、取締役会の構成員の過半数が利害関係を有しており、または独立性を有しないとされるときは、デマンドが免除される。以下は、デマンドがなされた場合、無益性を理由としてデマンドが免除されうる場合、および特別訴訟委員会（Special Litigation Committees）または特別（審査）委員会（Special Review Committees/ Special Committees）が利用される場合に、米国の裁判所は訴訟提起の可否につきそれぞれ如何なる判断を行っているかを検討する。

（2）原告株主によりデマンドがなされた場合

米国では、原告株主にデマンドを要求する目的は一般的に、訴訟によることなく請求の原因となる行為を検討する機会、または訴訟に会社の財産を投入するか否かを判断する機会、若しくは確実に起こる訴訟を自らコントロールする機会を会社に与えることを確保するためである[98]と解されている。したがって、デマン

な回答（a definitive and final response）をしなかった場合には、審理を始めてよいと判断した。*Id.* at 73.

　それに対し、別の事案においては、デマンドに関する調査が並行する刑事訴訟手続きの完了を待つ必要があるとされ、8ヶ月が不十分であるという判断が下された。Mozes ex rel. General Elec. Co. v. Welch, 638 F. Supp. 215, 221~222 (D. Conn. 1986).

96 *See,* Allison, 604 F. Supp.1106, 1117~1118 (D.C. Del. 1985); *See also,* MacCoumber v. Austin, 2004 WL 1745751, *4 (N.D. Ill. Aug. 2, 2004).

97 Ritter v. Dollens, 2004 WL 1771597, *1 (S.D. Ind. July 13, 2004) によれば、1997年以後に採用した8つの州を含めて、18の州がユニバーサル・デマンドの基準を採用している。

　See also, DEMOTT, *supra* note (12), at 620~621.

98 Spiegel v. Buntrock, 571 A. 2d 767, 773 (Del. 1990).

128 第4章 株主代表訴訟の提訴段階における濫用的訴訟と不適切な訴訟

ドの無益性の主張が認められるかにかかわらず、デマンドがなされた場合には、それに対する拒絶が不正なものでなければ、株主は代表訴訟を提起する権限（ability）は有しない[99]。

　株主のデマンドに対して、取締役会は当該デマンドを受け入れて自ら訴訟を提起するか、または当該デマンドを拒絶するかを選ぶ権限を有する[100]。取締役会はデマンドを受け入れるなら、当該訴訟をコントロールすることができるが、通常、取締役会は会社の最善の利益にならないとして株主のデマンドを拒絶することが多い[101]。デマンドが取締役会に拒絶された後、株主は訴訟を続けようとする場合には取締役会のデマンドを拒絶する決定が不正なものであることを主張・立証して争うことができる[102]。

　取締役会によるデマンドの拒絶という判断の正当性を争う場合には、ビジネス・ジャッジメント・ルールが適用される[103]。ビジネス・ジャッジメント・ルールが適用されれば、反証がない限り、取締役会の判断が相当性（propriety）のあるものであると推定される[104]ため、原告株主は当該取締役会の不提訴の判断における不誠実（bad faith）、詐欺（fraud）、または相当の注意の欠如（lack of due care）を立証できない限り、裁判所は当該取締役会の判断を尊重する[105]。原告株主は取締役会の不提訴の判断が相当でないという主張・立証に成功した判例が少ないながらも、存在する。例えば、原告株主は取締役会の行った調査のプロセスに瑕疵があること、具体的にはデマンドに関する調査およびそれに対する回答を行なう際に、取締役会は十分な情報に基づき判断を下すために十分な努力を行ったことに合理的な疑いが生じたことを主張・立証できた事例がある[106]。しかし、ビジネ

99　Stotland v. GAF Corp., 469 A. 2d 421, 422（Del. 1983）.

100　Weiss v. Temporary Inv. Fund, Inc., 692 F.2d 928, 941（3d Cir. 1982）.

101　ALI, *supra* note（20）, § 7.08（a）, at 108.

102　Levine v. Smith, 1989 WL 150784, *4（Del. Ch. Nov. 27, 1989）.

103　Zapata Corp. v. Maldonado, 430 A. 2d 779（Del. 1981）.
　　本件において裁判所は、株主がデマンドをし、提訴を拒絶された場合に、当該取締役会の不提訴の決定はビジネス・ジャッジメント・ルールの適用に服し、当該ルールの要求が満たされれば、取締役会の決定が尊重されると示した。*Id.* at 784.

104　*Id.* at 782.

105　*Id.* at 784.

106　*See,* Stepak v. Addison, 20 F. 3d 398（11th Cir. 1994）.
　　裁判所は、本件訴訟の原告株主は取締役会の不提訴の判断が、自らの行ったデマンドにおける主張と関連する刑事訴訟において被告とされた取締役の代理人を勤めた者が現に所属しまたは過去に所属していた法律事務所に支配された（dominated）ことを証明できれば、当該取締役会の

ス・ジャッジメント・ルールの推定を覆すための立証は通常、極めて困難である
と考えられる。

　もっとも、ニュージャージー州最高裁判所は2002年のある判決においてやや異
なる判断を下した[107]。当該事案においては、取締役会が株主のデマンドを拒絶す
るにあたって、またはデマンドが免除されたために既に開始した株主代表訴訟を
終了させるにあたって適切な判断をしてきたか否かを評価するために、裁判所が
採用すべき適切な審査基準はビジネス・ジャッジメント・ルールの「修正された
バージョン（a modified version）」であると判断された。この「修正されたバー
ジョン」のビジネス・ジャッジメント・ルールに従えば、最初の立証責任は事実
上会社（取締役ら）に転換され、会社は①取締役会は独立しており、かつ利害関
係を有していないこと、②当該株主のデマンドに対し誠実に（in food faith）かつ
相当の注意をはらって（with due care）調査を行なったこと、さらに③当該取締
役会の判断が相当な（reasonable）ものであることにつき立証をしなければならな
い。なお、この場合には、提訴株主が取締役会の不提訴判断の基づく会社の帳簿
（corporate documents）またはその他の証拠開示（discovery）にアクセスすること
も認められる[108]。それによって、原告株主が取締役会の不提訴判断を覆すことは
比較的容易になると考えられる。

（3）無益性を理由としてデマンドが免除されうる場合

　デマンドの無益性を認めるアプローチを採用した州では、株主は株主代表訴訟
を提起する前に、会社の取締役会に対しデマンドを行なうか、それとも裁判所に
対して無益であるためデマンドが免除されるべきであるという主張をするかを選
択できる。無益性を理由にデマンドが免除されることを主張することができるに

　　デマンドに対する拒絶がビジネス・ジャッジメント・ルールに保護される十分な情報に基づく
　　（informed）判断であることに合理的な疑いが生じたといえることを示したうえで、当該原告は
　　それを十分かつ具体的に立証できたとし、原審の判断を破棄、差し戻した。*Id.* at 407~410.

107　In re PSE & G Shareholder Litig., 173 N. J. 258 (2002).
　　当該裁判所は具体的な判断を下す前に、本件紛争を解決するには2つの確立した、ときには競
　　合する法理を分析し、両者における適切なバランスを図らなければならないと示した。この2つ
　　の法理とは、すなわち会社の意思決定者に会社のために経営判断をする際に裁判所による不当な
　　介入（unwarranted judicial intrusion）を免れるように保護を与える法理、および会社の経営者
　　が行動することを拒絶した場合に株主に代表訴訟の提起によって会社に対する不正行為を是正す
　　る権限（ability）を認める法理である。*Id.* at 276.

108　*Id.* at 286.

もかかわらず、原告株主が会社（取締役会）に対してデマンドを行った場合には、このことは通常、原告が当該取締役会のデマンドにつき正当な判断を行う能力を有しないことおよびデマンド自体が免除されるべきであることを争う機会を放棄したという意味しか有しない[109]ものの、デラウェア州では、（デマンドの）無益性を争うことなく取締役会に対してデマンドを行なったという原告株主の行動は当該株主が取締役会の過半数のメンバーが利害関係を有せず、独立していることを明示的に認める（自認する）こととして解されうる[110]。したがって、デラウェア州では株主代表訴訟を提起しようとする株主にとって、デマンドをせずに直接デマンドの無益性を争うことは合理的な選択になるはずである[111]。

デラウェア州衡平裁判所規則23.1は株主代表訴訟を提起する前にデマンドをしなかった株主に対して、デマンドをしなかった理由について具体的に説明することを要求する[112]。これはすなわち原告はデマンドが無益であることについての立証責任を負うことを意味する。さらに、デマンドが無益であるという結論だけを主張するのでは不十分であり、当該結論を支持する具体的な事実を立証しなければならないとされている[113]ため、原告は重い立証責任を負担しなければならない。

デマンドの無益性をめぐって最も発達した判例法を有するデラウェア州の裁判所は、デラウェア州最高裁判所が Aronson v. Lewis[114]の判決において示した基

109　Scattered Corp. v. Chicago Stock Exchange, Inc., 701 A. 2d 70, 74~75 (Del. 1997).
　　本件においてデラウェア州最高裁判所は、取締役会は独立しているようにみえても（appear to be independent）、必ずしも常に（他の者に）独立して行動するとは限らないため、不提訴の判断を下した取締役会が当該デマンドに回答するに当たって、独立して行動したことまたは相当の注意をはらったことを疑う理由があれば、デマンドを行った原告株主は当該取締役会の不提訴判断が正当でないことを主張して、デマンドが免除される場合と同様に株主代表訴訟を提起することができるとした。Id. at 74.
110　Levine v. Smith, 591 A. 2d 194 (Del. 1991).したがって、デラウエア州では、デマンドが行なわれて取締役会に拒絶された場合には、裁判所の審査すべきことは、当該取締役会の不提訴判断の基礎となった調査の誠実性（good faith）および相当性（reasonableness）のみである。Id. at 212.
111　FLI Deep Marine LLC V. McKim, 2009 WL 1204363 (Del Ch Apr 21, 2009).
　　本件株主代表訴訟事件では、原告株主はまず取締役会が多数派株主の支配下にあることを理由として裁判所に対してデマンドが免除されうることを主張するのではなく、「不思議に（inexplicably）」取締役会に対してデマンドを行うことにした。Id. at *1. 裁判所は、原告株主は取締役会に対してデマンドを行った以上、当該取締役会の独立性を認めたことになり、自らの主張を調査してそれに回答するための相当的な期間を当該取締役会に認めなければならないと示した。Id. at *3~4.
112　See, Del. Ch. R. 23. 1.
113　Brehm v. Eisner, 746 A. 2d 244 (Del. 2000).

準、いわゆる Aronson 基準を用いてデマンドの無益性につき原告が適切に主張・立証したか否かを判断してきた。Aronson 基準によれば、原告は①デマンドについて検討する取締役会等のメンバー多数が請求原因となる行為と利害関係を有していないこと、または独立であること（以下「第1要素」という）、②訴訟の請求原因とされている行為は取締役らの適切なビジネス・ジャッジメントの結果であること（以下「第2要素」という）のうちのいずれかにつき合理的な疑いが生ずることを主張・立証できれば、デマンドが免除される。

Aronson 基準は多くの裁判例に踏襲された。以下は、当該基準の「第1要素」および「第2要素」につき詳細に検討した裁判例の状況を紹介する。

Aronson 基準の「第1要素」について具体的に示したのは Pogostin v. Rice[115] 判決である。デラウェア州最高裁判所は次のように判断した。「Aronson 基準の第1要素に関しては、取締役の利害関係を有していないことまたは独立性のあることに対する合理的な疑いが生ずるか否かを決めるために、裁判所は事実的な主張を審査する。……取締役の具体的な忠実義務（の違反）が生じた場合、または請求原因となる取引によって取締役が株主に平等に割り当てることのない個人的な経済的利益を得たまたは得られるとされた場合には、当該取締役は利害関係を有することになる。独立性の問題は取締役の一般的な義務そして特に訴えられた

114　473 A. 2d 805（Del. 1984）.

　　本件では、原告株主は Meyers Corporation およびその取締役らに対して株主代表訴訟を提起し、当該会社の47％の株式を有する取締役の報酬パッケージおよび当該取締役に対する貸付について争った。当該株主はデマンドが次の3つの理由によって無益であると主張した。すなわち、①現職取締役の全員が被告とされたこと、②彼ら全員は問題となった取引を支持または黙認したこと、③取締役会のその他のメンバーと役員が当該会社の47％の株式を有する取締役にコントロールされ、支配されていることである。当該裁判所は当該株主の主張・立証が判例によって確立された2要素の基準（本文にいう Aronson 基準）を満たさなかったと判断し、それらの主張を退けた。

115　480 A. 2d 619（Del. 1984）.

　　本件は Tamco Enterprise, Inc. による City Investing Company の株式の公開買付に対する City 社の取締役会の拒絶によって生じた株主代表訴訟である。原告株主は当該取締役会が当該会社に対する支配権を維持するために Tamco 社の公開買付を不正に拒絶したと主張した。当該株主は「取締役の全員が訴えられた不正行為に関与したため」、そして「当該取締役らが自分自身を訴えられない、そして訴えないため」、このようなデマンドが無益であると主張して、訴訟提起前にデマンドを行わなかった。Id. at 623. デラウェア州最高裁判所は当該原告の提訴前のデマンドが免除されるべきであるという主張を認めなかった。原告の立証責任については、当該裁判所は「TOB の提案を拒絶したという十分な情報に基づく意思決定は敵対的であれ友好的であれ、信認義務の違反、例えば自己取引、詐欺、横領であることまたは誠実性（good faith）を欠くことに関する具体的な主張（particularized allegations）がなければ、デマンドは免除されない」と判断した。Id. at 626~627.

132 第4章 株主代表訴訟の提訴段階における濫用的訴訟と不適切な訴訟

取引に関する義務の履行に対する影響力に関する事実的な主張の分析を必要とする。……したがって、Aronson 基準は取締役らの独立性、利害関係およびビジネス・ジャッジメントの実務を踏まえて、請求原因となる会社に対する不正行為を審査する。」[116]それは、第1要素について原告は（仮にデマンドを行うとすれば）デマンドを受ける取締役会と訴訟原因となる行為と利害関係を有していないこと、または独立であることにつき、合理的な疑いがあることを主張するために具体的な事実をもって立証しなければならないことを示したものであり、その立証は必ずしも容易ではないことを示唆した。

さらに、Grobow 判決[117]において、デラウェア州最高裁判所は Aronson 基準の第2要素の適用について次のように述べた。「合理的な疑いを判断するための一般的な適用基準の形成は現実的でもなく、賢明でもない。取締役が利害関係を有していないことまたは独立性のあること、若しくは取引において適切なビジネス・ジャッジメントがなされたことに対する合理的な疑いが生ずるという結論を支持するために必要な事実は、事案によってそれぞれ異なる。合理的な疑いの有無は事実審裁判所が主観的分析を採用したケース・バイ・ケースの基礎に基づき判断されなければならない。」[118]本件判決は特に第2要素の判断については、事実審裁判所には広範な裁量権が認められていることを示した。右の判決以降、第2要素の適用が比較的緩やかに認められるようになり、それにつき原告株主が主張・立証に成功し、デマンドが免除されるとした判決が多数下された。近時のものとして、特に次のような事案を紹介する。

まず、著名な Disney 事件[119]では、デラウェア州衡平法裁判所は原告株主の Aronson 基準の第1要素に関する主張を否定したうえ、第2要素について争う

116　*Id.* at 624~625.
117　Grobow v. Perot, 539 A. 2d 180 (Del. 1989).
　　　本件においては、株主である Perot より自社株式を取得する GM 社（General Motors Corporation）の取締役会の決定をめぐり、争われた。原告は当該自己株式取得の合意が取締役の GM 社の支配権の維持を目的としていること、当該取締役会に対するデマンドが無益であることを主張した。裁判所は当該原告は取締役らが当該取引において利害関係を有しないこと、または当該取締役らが独立していることに対する合理的な疑いを証明できなかったと判断し、原告の主張を否定した。*Id.* at 189. Grobow 事件の原告は数カ月後、新しく入手した証拠に基づく二次修正をした訴状を提出したが、当該訴訟は後にもう1つの株主代表訴訟事件と併合された。併合された訴訟が州裁判所規則23.1に基づき却下された後、原告はさらに上訴した。上訴審（本件訴訟）においては、州最高裁判所は Aronson 基準が適用されることを明確に示した。
118　*Id.* at 186.
119　In re Walt Disney Co. Derivative Litigation, 825 A. 2d 275 (Del. Ch. 2003).

第 4 節　提訴段階における不適切な訴訟に対する法的規制　*133*

機会を与えた。当該裁判所は Disney 社の取締役らが、社長 Michael Ovitz と結んだ役員報酬契約、そして僅か 1 年間の雇用の後に Ovitz に対する多額の金銭的な補償をもたらした「正当な理由なき解任」(termination without cause) の条項を実質的に承認・賛成した行為につき、「彼らの信認義務を果たすために誠実な (with good faith) 努力もしなかった」としたうえで、Aronson 基準の第 2 要素に基づきデマンドを免除した[120]。このほか、Aronson 基準の第 2 要素、すなわち適切なビジネス・ジャッジメントの要件が争点となった近時の裁判例には、裁判所は訴訟において問題視された取締役会の決定が適切なビジネス・ジャッジメントの結果であることにつき「合理的な疑い」が生ずることを原告が証明できたと判断してデマンドが免除されるとしたもの[121]や、取締役の自らの報酬の決定および故意の法令違反はビジネス・ジャッジメント・ルールの保護の範囲外にあると判断してそれらの不正行為を対象とする株主代表訴訟はデマンドが免除されるとしたものがある[122]。

120　*Id.* at 289. 当該裁判所は、「主張された全ての事実は仮に真実であれば、被告取締役らは過失または重過失によって (in a negligent or grossly negligent manner)、会社にとって重要な問題に関する十分な情報を収集し、十分な考慮をしなかったことを意味する。……原告の新しい訴状は取締役が会社の最善の利益のために正直に (honestly) かつ誠実に (in good faith) 行動しなければならないという義務に違反したと結論づけるに十分であるため、被告取締役らの行為はビジネス・ジャッジメント・ルールの保護の範囲外にある」と判断した。

　　なお、後の上訴審 In re Walt Disney Co. Derivative Litig., 906 A. 2d 27, 35 (Del. 2006) においては、デラウェア州最高裁判所は「Disney 社の取締役らは彼らの信認義務に違反しておらず、会社の資産を浪費しなかった」と判断した。その理由については、「ビジネス・ジャッジメント・ルールの推定は報酬委員会とその他の取締役の判断に保護を与える。なぜなら、彼らは十分な注意をもって行動してきただけではなく、不誠実に (in bad faith) 行動しなかったからである。」と述べた。*Id.* at 62.

121　*See,* Geer v. Cox, 292 F. Supp. 2d 1282 (D. Kan. 2003). 本件では、取締役らは市場価格の50％という安値の財産処分案を受け、かつ当該行動をとるために要求されている株主の承認を受けなかった。裁判所は、この取引が行なわれた際に公正な市場価格の90％の値段が得られたはずだった他の選択可能な取引（委託販売による当該資産の売却）が存在しているにもかかわらず、当該取締役らは前者の安値の取引を選択した正当な理由がない場合には「合理的な疑い」が十分に提示されたとみることができると判断した。*Id.* at 1294.

　　See also, California Pub. Employees' Ret. Sys. v. Coulter, 2002 WL 31888343 (Del. Ch., 2002). 本件判決によれば、原告の訴状における主張が真実であれば、可能な説明は 2 つしか考えられない。すなわち特別訴訟委員会のメンバーらは取引の判断の基礎となった査定報告 (valuation report) がはなはだしく不正確なデータに基づいたことを知っているという説明、および彼らは重要かつ明白な (material and obvious) 事実を知ろうともしなかったという説明である。当該裁判所はそのいずれの説明を用いても、原告の訴状における具体的な事実の主張に基づけば、デマンドは免除されると判断した。*Id.* at 12.

122　Telxon Corp. v. Meyerson, 802 A. 2d 257 (Del. 2002).

　　本件では、州最高裁判所は「利害関係が存在するその他の取引と同様に、取締役による自らの

134 第4章 株主代表訴訟の提訴段階における濫用的訴訟と不適切な訴訟

　もっとも、二重代表訴訟のようにデマンドを受けるべきである（親会社の）取締役会が原告の請求原因となる（子会社で行われた）取引につき経営判断をしておらず、かつ当該取引を承認もしなかった場合には、Aronson基準は適用されない[123]。ただ、原告の請求原因となった問題に関しては取締役会がそもそも経営判断を行わなかったという特殊な場合においても、取締役会に対する事前のデマンドは免除されうる。具体的には、仮に事前のデマンドが行われたとしても、当該取締役会がデマンドに回答するにあたって適切にビジネス・ジャッジメントを行なえることにつき合理的な疑いが生ずることを、原告は具体的な事実をもって主張できれば、かかるデマンドは免除される[124]。

　以上のように、ユニバーサル・デマンドをとらない州では、原告株主は無益であるため、デマンドが免除されることを争うことができる。裁判所は（仮にデマンドを行うとすれば）デマンドを受ける取締役会が原告株主のデマンドを不公正に拒絶する可能性（Aronson基準の「第1要素」の実質的な意味）、または訴訟の請求原因をめぐる紛争の解決が株主代表訴訟という手段による必要性（Aronson基準の「第2要素」の実質的な意味）が証明されたときに、デマンドすることなく提起された株主代表訴訟を認める。ただ、デマンドに関する判断を含め取締役会の判断は通常ビジネス・ジャッジメント・ルールの強力な推定によって保護され、そして原告株主は自らの利益でなく会社の損害の回復を求めるという事実があるために、株主代表訴訟の原告株主の権限は会社（または取締役会）の権限と対等なものであると考えられておらず、原告株主の無益性の主張に対する審査は厳格なものに違いない。それは、原告株主はデマンドが無益である理由につき「十分な具体性（sufficient particularity）」のある主張をしなければ、訴訟を提起する前に取締役会に対して請求原因となる事実を調査するように請求するデマンドをしなけ

　　報酬の決定はビジネス・ジャッジメント・ルールの予定された保護の範囲外にある」と示した。
　　Id. at 265.
123　Rales v. Blasband, 634 A. 2d 927, 934 (Del. 1993).
　　本件事案は完全親会社の株主が完全子会社の被った損害の救済を求めるための二重代表訴訟の事案である。詳細については、本書第5章第2節の2の（1）を参照。
124　*Id.* at 934.
　　本件では、二重代表訴訟の原告株主の親会社に対するデマンドが免除されるか否かについて、当該裁判所はこの特殊な事案において、原告株主は具体的な事実（particularized facts）に基づきデマンドに関する意思決定を行なう（親会社の）取締役会が利害関係を有していないことまたは独立性を有していることにつき合理的な疑いが生ずることを主張できたため、当該取締役会に対するデマンドが免除されると判断した。

ればならない[125]という裁判所の立場から窺うことができる。したがって、判例法において Aronson 基準（特に「第2要素」）の適用が比較的緩やかに認められるようになり、デマンドが免除され原告株主の提訴が認められる事案は多数あるものの、原告には重い立証の責任が課されているため、デマンドの無益性の主張は原告にとって依然として至難の業であると考える。

（4）特別訴訟委員会等による訴え却下の申立て

事前のデマンドが免除された場合、または行われたデマンドに対する取締役会の不提訴の判断が不当であることが（通常は原告株主によって）主張・立証された場合には、原告株主は正式に訴訟を提起できる。それに対して、会社（取締役会）は当該訴訟が「会社の最善の利益に反する」として訴え却下の申立てを行うことができる。原告株主の提起した株主代表訴訟を却下するよう申立てるべきか否かの判断を行うには、特別訴訟委員会を利用することが多い。その理由は、特別訴訟委員会は通常独立取締役から構成されるため、このような委員会に訴え却下の（申立て）の判断を行わせることは、会社（取締役会）の訴訟終了の判断の信頼性を確保するための有効な手段になりうるからである[126]。

特別訴訟委員会の下した訴え却下の（申立ての）判断に対する裁判所の審査基準は各州では必ずしも統一していないが、その代表的なのは1979年ニューヨーク州最高裁判所が下した Auerbach 判決の基準[127]および1981年デラウェア州最高裁判所が下した Zapata 判決[128]の2段階の基準（two-step test）である。

前者の Auerbach 判決は、訴訟を追行すべきか否かについての特別訴訟委員会の判断は一種のビジネス・ジャッジメントであるため、ビジネス・ジャッジメント・ルールが適用され、利害関係のない者から構成された訴訟委員会が十分な調査に基づき誠実に下した判断であれば、裁判所はその内容について審査すること

125　*See,* In re Computer Sciences Corp. Derivative Litig., 244 F.R.D. 580, 583（C.D. Cal. 2007）.
　　See also, Desimone v. Barrows, 924 A. 2d 908（Del. Ch. 2007）.本件では、デラウェア州衡平法裁判所は本件においてデマンドが免除されないと判断し、原告株主の提起したストック・オプションに関する株主代表訴訟を却下した。当該裁判所は、原告は会社の報酬委員会の半数以上の取締役らが原告の請求原因となる取締役会の行為に対して責任を負うことにつき、具体的な事実に関する主張（particularized factual allegations）をしなければならないと示した。*Id.* at 942.

126　DEMOTT, *supra* note（12）, at 692.

127　Auerbach v. Bennett, 393 N.E. 2d 994（N.Y. 1979）.

128　Zapata Corp. v. Maldonado, *supra* note（103）, at 779.

136 第4章 株主代表訴訟の提訴段階における濫用的訴訟と不適切な訴訟

なく、それを尊重することとする。この基準にしたがえば、裁判所が審査できるのは当該委員会の独立性および当該委員会の行った調査が適切で十分なものであるかという手続面のみである[129]。

　それに対し、Zapata 判決は裁判所が特別訴訟委員会の下した訴訟を終了させるという決定の実質的な内容を審査する能力を有するとした。当該判決においては、デラウェア州最高裁判所は特別訴訟委員会の訴え却下の判断を審査するにあたって2段階の基準を適用した。すなわち、裁判所は①まず特別訴訟委員会の誠実性と独立性、およびその判断の依拠する情報の合理性を審査し、②右の第1段階の要件が満たされる場合には、原告株主の主張した会社の請求権と特別訴訟委員会によって示された会社の最善の利益との均衡をとることが重要となり、特別訴訟委員会による訴え却下の申立てを認めるべきか否かを判断するにあたり、裁判所は自らの裁量に基づき「独自のビジネス・ジャッジメント」を行使することができる[130]。この基準が適用される場合には、特別訴訟委員会の訴え却下の申立てが認められるには Zepata 基準の第1段階および第2段階の要件を同時に満たさなければならない。Zapata 基準に従えば、仮に独立で利害関係のない委員会が、誠実な手続により株主代表訴訟が「会社の最善の利益に反する」という判断をして訴え却下の申立てを行ったとしても、裁判所はなお一定の範囲内で独自の判断を行う余地がある。これは、従来のビジネス・ジャッジメント・ルールの考え方——すなわち裁判所が会社のビジネス・ジャッジメントの内容に裁判所が介入せず、それに至る手続のみを審査するという考え方と異なるものであり、当該基準の第2段階における裁判所が「独自のビジネス・ジャッジメント」を行うということは特別訴訟委員会の下した判断の内容の妥当性に立ち入り、後知恵で判断する（second-guess）ことになると指摘された[131]。

　もっとも、Zapata 基準の第2段階における「独自のビジネス・ジャッジメント」の具体的な内容は必ずしも明らかではない。Zapata 基準を用いて株主代表訴訟の和解を承認すべきか否かにつき判断を下した後の判例[132]では、「……

129　DEMOTT, *supra* note（12）, at 694.

130　*Supra* note（103）, at 789.

131　Dennis J. Block & H. Adam Prussin, *The Business Judgement Rule and Shareholders Derivative Actions: Viva Zapata?*, 37 Bus Law. 27, 58（1981）.

132　Carlton Investments v. TLC Beatrice International Holdings, Inc., No. CIV. A. 13950, 1997 WL 305829（Del. Ch. May 30, 1997）.

Zapata 基準の第2段階は、当法廷に和解の合理性について裁判所独自のビジネス・ジャッジメントを適用することを求める。」[133]と示された。それに対し、デラウェア州以外の州の後の判例[134]では、裁判所は特別訴訟委員会の決定が尊重されるべきかを判断する際に、当該委員会の構成員の独立性（independence）と誠実性（good faith）だけでなく、その下した判断の合理性（rationale）まで審査すべきであるとしつつも、かかる判断の合理性を審査するには裁判所が Zapata 基準の第2段階の裁判所の「独自のビジネス・ジャッジメント」を行使することができないとされた[135]。このように、Zapata 基準の第2段階はすなわち独立性のある訴訟委員会の判断内容の合理性に対する審査を意味するとは言い切れないが、少なくともデラウェア州裁判所は当該委員会の下した訴え却下の（申立ての）判断の有する合理性を注意深く審査しているようである[136]。

　もっとも、取締役会が訴え却下の申立ての可否を判断する権限を有する特別訴訟委員会を指名したという事実は、当該取締役会自らが事実上独立性のないことを認めたことに等しいと解する裁判例がある[137]。これを踏まえて考えれば、自らが利害関係を有しておらずかつ独立していることを強く主張したい取締役会は特別訴訟委員会の指名を回避するインセンティブを有するかもしれない。このような場合には、特別訴訟委員会に先立ってまたはその代わりに、特別（審査）委員会を指名して株主の提訴のデマンドにつき調査させ、当該委員会の勧告に基づ

133　*Id.* at *49.

134　*See,* Brady v. Calcote, 2005 WL 65535, *4~6 (Tenn. Ct. App. 2005). 当該裁判所は、特別訴訟委員会の勧告（recommendation）に基づき、株主代表訴訟の却下を求める当事者は次の4つの要素、すなわち①当該特別訴訟委員会の独立性（independence）、②当該特別訴訟委員会の誠実性（good faith）、③当該特別訴訟委員会の手続的公正性、④当該特別訴訟委員会の結論および勧告の妥当性（soundness）を証明する責任を負うと示した。*Id.* at *3.

135　*Id.* at *4.

136　Gregory V. Varallo, William M. McErlean & Russell C. Silberglied, *From Kahn to Carlton: Recent Developments in Special Committee Practice,* 53 Bus. Law. 397, 421~422 (1998).

137　Abbey v. Computer & Comm. Tech. Corp., 457 A.2d 368 (Del. Ch. 1983).
　　本件においては、原告株主による事前のデマンドを受けた取締役会は、原告のデマンドおよび係属中の株主代表訴訟に対して自ら決定を下す権限を放棄し、1人の独立取締役を新たに選任して当該取締役を会社のために決定を下す最終的かつ絶対的な権限を有する特別訴訟委員会の委員に任命した。州衡平法裁判所は、当該取締役会は右の行動によって実質的に（in effect）原告株主による訴訟提起の正当性を認めたと判断した。具体的には、当該裁判所は当該取締役会が（デマンドが免除される場合に適用される）Zapata 判決の手続の利用を選択したことにより、当該株主代表訴訟が原告株主によって適切に提起されたものであることを推定できるとし、右の理由付けに基づき、原告の当事者適格の欠如を理由に当該株主代表訴訟の却下を求める特別訴訟委員会の申立ては認めなかった。*Id.* at 373.

き、判断（その多くは拒絶の判断）を行う実務がある。特別（審査）委員会は特別
訴訟委員会に類似する目的と（多くの場合は独立性を有する取締役らからなるという）
性格および調査の権限を有する[138]ものの、取締役会に対し訴訟を提起または却下
すべきか否かに関する勧告を行う権限しか有しておらず、最終的な決定権は取締
役会に留保される[139]点においては特別訴訟委員会と異なる。

　このように、特別訴訟委員会の行った訴え却下の（申立ての）判断は基本的に
一種のビジネス・ジャッジメントであると考えられ、ビジネス・ジャッジメン
ト・ルールの適用を受けるものの、通常のビジネス・ジャッジメントと異なり、
当該判断の内容の合理性も裁判所の審査の対象になりうる。これは、デマンド制
度によって阻止できる、または阻止すべきと考えられる株主代表訴訟の特徴を理
解するための手掛かりになると考える。以下は米国のデマンド制度と不適切な訴
訟の防止との関係について検討を行う。

（5）デマンド制度と不適切な訴訟の防止

　米国のデマンド制度の趣旨は一般的に株主が代表訴訟を提起する前に、当該訴
訟の提起が会社の最善の利益に一致するか否かというビジネス・ジャッジメント
を行うための機会を会社に与えることであると解されている。したがって、原告
株主の行ったデマンドが取締役会に拒絶された場合に、原告株主は当該取締役会
の不提訴の判断が不当であることを主張するには、通常当該取締役会が利害関係
を有することや独立性のないこと、そして特にデマンドに対する調査および回答

138　*See,* In re KLA-Tencor Corp. Shareholder Derivative Litig., 2008 WL 2073936（N.D. Cal.
　　2008).
　　　本件では、原告株主は当該会社の多数の取締役・役員を対象に、ストック・オプションの付与
　　された日付を実際よりも前の日付にした（back dating）という違法行為による責任を追及するた
　　めの株主代表訴訟を提起した。KLA-Tencor 社の取締役会は原告株主の請求原因となる事実を調
　　査するために、特別訴訟委員会（SLC）の指名に先立って特別委員会を設立した。当該特別委員
　　会の提出した事実に関する報告（the factual report）に基づき、特別訴訟委員会は最終的な判断
　　を下した。*Id.* at *1.
139　See, Madvig v. Gaither, 461 F. Supp. 2d 398（W.D. N.C. 2006).
　　　本件では、原告株主のデマンドを受けた後、取締役会は当該株主の求めた株主代表訴訟が会社
　　の最善の利益になるか否かを調査するために、独立取締役らからなる特別委員会を指名したが、
　　原告は特別委員会の調査が終了する前に株主代表訴訟を提起した。当該取締役会は当該特別委員
　　会の勧告に基づき、裁判所に対して訴え却下の申立てを行った。当該裁判所は当該特別委員会の
　　独立性、行った調査の合理性およびその誠実性を審査したうえ、本件株主代表訴訟を却下した。
　　Id. at 404~411.

第4節　提訴段階における不適切な訴訟に対する法的規制　　*139*

をするにあたって相当の注意を払わなかったことや誠実性がないことにつき主
張・立証しなければならないとされている。しかし、ニュージャージー州のよう
にこのような立証の責任を原告株主側から会社の内部情報に関して優位にある取
締役会の側に転換することによって、原告株主の証明責任を軽減することが可能
である。

　他方で、デマンドの無益性を理由とするデマンドの免除を認める州においては
Aronson 基準が適用され、原告株主は当該基準の2つの要素を選択的に主張・
立証することができる。原告の主張した事実に基づき、裁判所は取締役らに独立
性がないまたは利害関係が存在すると判断した場合または裁判所の裁量によって
請求原因となった取締役の行為が適切なビジネス・ジャッジメントの結果ではな
い可能性が認められた場合には、デマンドが免除され、原告株主は裁判所に対し
て株主代表訴訟を提起できる。

　さらに、提起された株主代表訴訟に対して取締役会または特別訴訟委員会が
「会社の最善の利益に反する」として訴え却下の申立てを行った場合には、その
判断は一種のビジネス・ジャッジメントと理解されているにかかわらず、当該判
断を行った者が独立で誠実な手続を尽くしたとしても、裁判所が当該判断の合理
性について疑問の余地があると判断したときは裁判所に尊重されない可能性が
ある。

　以上のように、訴訟の開始の段階において、デマンドによって阻止できるまた
は阻止すべきと考えられる株主代表訴訟は主に2つの特徴を有するものであると
思われる。1つは、会社の被った損害の回復の観点から、会社の最善の利益に反
するために訴訟の提起が望ましくないという会社の判断に高い信憑性が認められ
るにもかかわらず、株主によって提起された株主代表訴訟である。もう1つは、
裁判を通じて取締役等役員の違法・不正行為の有無を判断しそれを是正する必要
性の観点から、原告株主が請求原因とする行為が当該役員等の信認義務違反にな
る蓋然性が低いにもかかわらず、原告株主によって提起された株主代表訴訟であ
る。このいずれの特徴を有する株主代表訴訟は訴訟の開始段階において事前のデ
マンドの手続または多くの場合にデマンドと一体である（取締役会の）訴え却下
の申立てにより終了させられる可能性が高い。もっとも、このような訴訟は、原
告株主の主観的要素が問題とされず、もっぱら当該訴訟の提起を認める実益から
みて早期の段階において阻止すべきであると考えられる、本章でいう不適切な訴

140　第4章　株主代表訴訟の提訴段階における濫用的訴訟と不適切な訴訟

訟という類型のものである。したがって、デマンドに関するルールは strike suit を防ぐための原告適格の要件および担保提供の規制と異なり、主に不適切な訴訟の防止の役割を果たしていると考えるのが妥当であろう。

2　日本法における提訴請求制度およびその問題点
（1）提訴請求制度とは

　会社法は、株主は代表訴訟を提起する前に書面により会社に対して提訴請求をしなければならないと定めている（会社法847条1項）。会社は株主による提訴請求を受けてから、最長60日間の考慮期間において、自ら訴訟を提起するか否かを判断する。会社が自ら訴訟を提起すると判断した場合には、株主は代表訴訟を提起することができないが、60日間を過ぎても会社が訴えを提起しない場合には、その理由にかかわらず、株主は自ら会社のために訴訟を提起することができる（同法同条3項）。

　もっとも、会社は株主からの提訴請求を受けて60日間の考慮期間内に、訴えを提起しない場合に、当該提訴請求をした株主または取締役等から請求を受けたときは、当該請求をした者に対して遅滞なく、訴えを提起しない理由を書面その他の法務省令で定める方法により通知をする義務を有する（同法同条4項）。なお、不提訴理由通知書の記載事項には①会社が行った調査の内容、②請求対象者の責任または義務の有無についての判断およびその理由、③請求対象者に責任または義務があると判断した場合において、責任追及等の訴えを提起しないときはその理由が含まれる（会社法施行規則218条）。そのうち、③に関しては、それは会社（監査役等）の提訴裁量権の行使を意味すると解しうる[140]。

（2）提訴請求制度における問題点

　提訴請求制度の趣旨については、一般的に取締役等の責任を追及する訴訟を提起する権能は本来会社にあることから、訴訟を提起するかどうか判断する機会をまず会社に与えるべきであると解されている。しかし、前述したように現行法上の提訴請求制度のもとでは、提訴請求を受けた会社には自ら訴えを提起するかまたは請求株主に訴訟を提起させるかという2つの選択しか与えられていない。こ

140　周・前掲注（69）33頁。

第4節　提訴段階における不適切な訴訟に対する法的規制　*141*

れは、現行法においては株主から提訴請求があった以上、その請求原因となった取締役等の行為をめぐる紛争を（会社か株主による）訴訟によって解決する以外の選択肢がそもそも用意されていないことを意味する。しかし、そこには１つの疑問が生じる。すなわち、株主の提訴請求がなされなければ、取締役の責任の処理については会社に一部免除や訴訟以外の方法による処理等の一定の裁量の余地があるにかかわらず、提訴請求があっただけにそのような裁量が奪われることになるが、その理由は必ずしも明らかではない。もっとも、この点については、日本の株主代表訴訟制度は会社（監査役等）の判断に信頼をおかず、原告株主の判断を尊重するところに成り立っているからであるという説明がありうる[141]が、法が会社（監査役等）に判断する権利（または義務）を与えていながら、当該判断の合理性や正当性を一切考慮しないという実態は理解しがたいものであると思われる。

　また、比較法の観点からみれば、日本の提訴請求制度と米国のデマンド制度との違いは特に次の点において顕著である。①会社内部の経営監督の組織構造の違いにより[142]、米国では通常株主が取締役会に対してデマンドをするのに対し、日本では株主が監査役等監督機関に提訴請求をしなければならない。②ユニバーサル・デマンドの場合であれ、デマンドの無益性を争いうる場合であれ、米国では訴訟を提起しないという会社の判断に対して、裁判所は当該不提訴判断の正当性または原告の請求原因として主張された取締役の違法・不正行為の性質を後見的に審査したうえで会社の不提訴または訴え却下の判断を尊重すべきか否かを判断するのに対し、日本では、会社には自らの下した不提訴判断の正当性について争う機会を与えておらず、実質的には当該訴訟が会社にとって実益があるか否かについて判断する機会を与えていない。前者①は米国ではデマンドに対する判断は会社（経営監督を主たる機能とする取締役会）の経営判断の範囲内にあるのに対し、日本では必ずしもそうでないということを意味する。また後者②は、米国において訴訟の早期の段階において排除すべきとされる実益のない不適切な訴訟の提起について、日本ではそもそも問題視されていないことを示唆した。

　しかし、第２節において検討したように、提訴株主の提訴意図にかかわらず、株主代表訴訟の本来の有すべき機能には寄与せず、会社に応訴費用等の不利益だけをもたらすような不適切な訴訟の提起を正当化できる理由は必ずしも見当たら

141　神田秀樹「株主代表訴訟に関する理論的側面」ジュリスト1038号（1994）65～66頁。
142　周・前掲注（24）256頁。

ない。米国法を参考にしながら、不適切な訴訟に対して、一定の法的規制を設けるべきではないかと思われる。以下は、仮にこのような法的規制を設けるとすれば、どのような方策がありうるかを検討する。

第5節　不適切な訴訟に対する法的規制についての若干の検討

1　学説の状況

学説では会社全体の利益に合致しない不適切な訴訟が会社に強いられる危険性があるという問題および現行の株主代表訴訟制度における株主の提訴請求が株主代表訴訟の本訴において手続的瑕疵を指摘されないための形式的なものにとどまっているという問題を指摘した見解が多数ある[143]。また、不適切な訴訟を訴訟の早期段階で終了させるために、株主代表訴訟の提訴請求制度を改善する具体的な方策を示した見解としては、主に次のような2つがある。

一つは弥永真生の見解（以下「弥永説」という）である[144]。弥永説によれば、取締役等の行為によって会社に損害が生じた場合あるいは会社に損害が生じる可能性がある場合であっても、その責任を追及しないことが会社の利益になる場面が存在するため、訴訟により責任を追及しないことについて会社の裁量を認める余地がないとは言い切れない。したがって、会社（全株主）の経済的利益を損なう危険性が低い場合には、実体的審理に入る前の段階——すなわち請求原因があるか否かの審理の前あるいはその審理の初期の段階において、株主代表訴訟を棄却すべきかを検討してもよいという[145]。

具体的には①原告株主の請求原因となった取締役等の行為がいわゆる監視義務違反や経営判断の誤りであって、かつ（軽）過失を超える悪性の高い主観的事情が認められない場合に限って、②訴訟以外の解決方法によって会社の得られる経

143　前者の問題については、中村直人「大和銀行事件判決と代表訴訟制度の在り方」ジュリスト1912号（2000）21頁、近藤光男「株主代表訴訟の可能性と限界」小林秀之＝近藤光男編『新版株主代表訴訟大系』（弘文堂、2002）175頁、森本滋「大会社の管理運営と会社法制の現代化に関する要綱試案（中）」商事法務1700号（2004）30頁等、後者の問題については、江頭憲治郎ほか「株主代表訴訟の濫用の防止（四）——責任追及に関する裁量——」取締役の法務72号（2000）62頁以下等がある。

144　弥永・前掲注（3）327頁以下を参照。

145　弥永・前掲注（3）337頁。

第5節　不適切な訴訟に対する法的規制についての若干の検討　*143*

済的利益が会社の被った損害を明白に超えると裁判所が判断したときは、裁判所の裁量により当該株主代表訴訟を棄却することができると主張する[146]。その理論的根拠としては、主に①総会決議取消の訴えについて裁量棄却が認められることとのバランスから、株主代表訴訟については株主共同の利益のために裁量棄却を認める規定を設けることが不可能ではないこと、および②株主代表訴訟の提起権には内在的な制約があると考えられるため、株主共同の利益を著しく害するような場合には当該権利の行使が認められないことが挙げられる[147]。もっとも、弥永説は株主代表訴訟が給付の訴えであり、形成の訴えである株主総会決議取消訴訟とは若干異なるため、裁量棄却の規定を設けるという方法のほかに、株主代表訴訟の提起が会社の経済的利益に明白に反すると裁判所が判断した場合には原告適格を当該株主に認めないという立法論にも合理性があるとし、会社側が株主代表訴訟の提起が会社の経済的利益に明白に反することを主張・立証した場合には、訴えの却下という方向も考えうると指摘した[148]。

　それに対し、もう1つの提案は、現行法における不提訴理由通知書制度の法的位置づけ、とりわけ裁判における効果を明確なものにすべきであるという考え方に基づき、不提訴理由通知書制度を活かし、裁判所による訴訟指揮のもとで、濫用的な訴訟および訴訟追行が会社および株主の一般利益と乖離する不適切な訴訟を訴訟提起の時点において却下する制度を設けるべきであるという主張[149]（以下「高橋説」という）である。

　具体的には、①提訴請求を受けた監査役等に法定の考慮期間内において、中立の第三者を活用した調査体制を確立し、効率的かつ客観的な調査を行なわせ、②当該取締役等の責任の有無および当事者の請求の有無にかかわらず、監査役等はその調査結果および理由を一定の基準に沿って記載した不提訴理由通知書を当事者に対して発し、③提訴請求株主は不提訴理由通知書を受領するまでは訴訟を提起することができず、不提訴理由通知書を受領した株主は、不提訴理由通知書の

146　弥永・前掲注（3）349~350頁。
147　弥永・前掲注（3）358~354頁。
148　弥永・前掲注（3）355~357頁。
　　　もっとも、現実的には給付訴訟において当事者適格を欠くとして訴訟を却下するのは極めて例外的な場合に限るとされている。徳田和幸『複雑訴訟の基礎理論』（信山社、2008）331頁。
149　高橋・前掲注（4）2頁以下、同「株主代表訴訟における不提訴理由書制度をめぐる今後の課題」商事法務1756号（2006）34頁以下、小林＝高橋・前掲注（19）246~261頁。

144　第4章　株主代表訴訟の提訴段階における濫用的訴訟と不適切な訴訟

記載内容を不服として提訴に及んだ場合には、訴状において提訴に及んだ理由を不提訴理由に応答する形で訴状に記載し、④裁判所は、訴訟提起が正式になされてから、不提訴理由通知書の調査結果の書類等を必要に応じて監査役等に求め、その根拠の妥当性等を職権で検討し、訴訟受理か訴え却下かを判断する[150]。なお、裁判所の審査については、原告株主が不提訴理由通知書の結論・内容に納得しなかったことは妥当であると判断した場合には審理を開始し、会社（監査役等）の主張が正当であると判断した場合には訴訟を却下し、双方の主張は各々一理ある場合にはとりあえず審理に入ることを認めてもよいという[151]。

　以上のような不適切な訴訟を訴訟の早期段階において阻止するための具体的な方策については、弥永説は被告取締役等の会社に対する責任が認められることを前提に、総会決議取消訴訟における裁量棄却の制度に倣い、株主代表訴訟における裁量棄却の規定を設けることを提唱したのに対し、高橋説は不提訴理由通知書の裁判所による利用を通じて提訴請求手続と監査役等の考慮期間に実質的な効果を与えるべきという見解に基づき、会社（監査役等）が自らの不提訴判断の正当性につきその理由を主張・立証できた場合には、裁判所は株主の訴訟提起を却下することを提案した。前者は特に訴訟の早期段階で阻止すべきと考えられる不適切な訴訟の要件について、後者は不適切な訴訟を提訴請求の段階において却下するための可能な具体的な裁判手続について詳細な検討を行なったものであり、これらの提言は極めて有意義なものであるといえる。これらの学説を踏まえて、以下は不適切な訴訟に対応するための方策のあり方について検討する。

2　不適切な訴訟提起の対応策のあり方について

（1）裁量棄却か訴えの却下か

　本章において特に問題視している不適切な訴訟は、会社の損害の回復の観点からも、または取締役等の任務懈怠行為の抑止の観点からも会社にとって実質的な意義が明らかでないだけではなく、会社（全株主）の利益に反する可能性が高いと思われる訴訟の類型である。したがって、このような訴訟を早期段階において

150　小林＝高橋・前掲注（19）250頁~251頁。
151　小林＝高橋・前掲注（19）260頁。
　　なお、これは会社（取締役会）の提訴請求の拒否に関する米国法律協会（ALI）の提言を参照したものである。小林＝高橋・前掲注（19）125頁。

終了させることにより、訴訟の提起または継続が会社にもたらす不利益（具体的には、裁判による解決が不要ないし無益であるにもかかわらず、あえて訴訟を提起することによる会社の信用等に対する影響、会社の人的・時間的・金銭的な負担等）を回避することができる。裁判所は門前払い的な判断をするには躊躇があるかもしれないが、明白に不適切な訴訟にあたると判断する場合には、裁量棄却に比べれば、訴え却下という判断のほうが不適切な訴訟の対応策としてより適切であると考える。その理由は主に２つある。１つは株主代表訴訟においては会社が当事者でないため、会社の不提訴判断に基づく株主代表訴訟の裁量棄却の場合には会社がまず訴訟に参加しなければならず、会社には代理人弁護士費用を含む訴訟の費用が必ず発生し、また、従来指摘されてきたように、会社の補助参加のためにかえって審理が長引く可能性もある[152]からである。そしてもう１つは、会社（監査役等）が十分な調査に基づき被告とされた取締役等に責任がないと判断して不提訴の判断を下した場合に原告株主によって提起された不適切な訴訟については、それを（取締役の責任が認められることを前提とする）裁量棄却の対象とするのが適当でないと考えるからである。

　もっとも、訴えの却下という形で不適切な訴訟に対応するには、却下判決を下す合理性について説明しなければならない。これについては以下のように説明できると考える。まず却下判決を下す余地の有無は、本案判決をするための要件（訴訟要件）として判断される対象と本案判決の対象とが区別されうるかによると考えられる[153]。この点に関しては、訴訟提起の段階における不適切な訴訟であるか否かの判断の対象は、当該事案における原告株主の訴訟を提起する地位（権利）が会社の不提訴の判断によって制限されるかの問題であると解することができると思われる。具体的には、株主の訴訟提起の意向と会社の訴訟以外の方法による紛争解決の選択と、どちらが尊重されるべきかという問題である。それに対し、株主代表訴訟の提起自体が認められたことを前提とする本案判決の対象は（取締役等役員の）会社に対する損害賠償責任の有無の問題である。両者は少なくとも概念上区別しうるため、不適切な訴訟に対して訴え却下の判決を下す余地があると思われる。次に、前者の原告株主の地位の制限については、株主に固有の訴訟追行権を肯定するという前提に立っても、原告株主の地位は「授権の趣旨」

152　小林＝高橋・前掲注（19）40頁。
153　徳田・前掲注（148）329~330頁。

146 第4章 株主代表訴訟の提訴段階における濫用的訴訟と不適切な訴訟

——すなわち、会社による責任追及の懈怠があった場合に、株主が代わりに会社のために会社の有する権利を行使するという趣旨——等による制限を受けると解することができないわけではないため[154]、裁判所は一定の審査を行ったうえで、不適切な訴訟を却下する判決を下すことには必ずしも合理性がないとはいえない。

　もっとも、却下の基準について高度の明白性が要求されることは言うまでもない。不適切な訴訟であることが明白でない限り、当事者には当然本案訴訟において争う機会を与えるべきであろう。ただ、これはあくまでも「却下判決の判断基準」の問題であって、「却下判決」自体が認められる余地を否定するものではない。

（2）不適切な訴訟の却下のための裁判手続のあり方

　不適切な訴訟の却下が可能であることを前提とすれば、次にそのための裁判手続のあり方を検討しなければならない。本章は米国のデマンド制度をめぐる判例法において形成されてきた裁判所の審査基準を参考に、特に不適切な訴訟を却下するために裁判所の用いる判断基準およびそれに関する立証（証明）責任の分配ついて検討してみたい。

　まず、裁判所の判断基準のあり方については、明白性・迅速性の要求が最も重要であると思われる。

　裁判所は、会社（監査役等）は自らの下した不提訴判断が原告株主の訴訟提起権を制限しうるほど合理的かつ相当なものであることを十分に証明できたかを審査すべきであると考える。米国における特別訴訟委員会または特別（審査）委員会の判断に対する審査の基準に鑑みれば[155]、裁判所は具体的に①株主代表訴訟を却下すべきという実質的な判断を下した者が独立した立場にあるか、当該判断の前提となる調査は十分であるか、かつ②当該不提訴判断は一定の合理性・相当性を有しているかを審査すべきであると思われる。それに、日本法の場合は、裁判所は主に後者②の要件、すなわち当該不提訴判断が一定の合理性・相当性を有す

154　高田裕成「株主代表訴訟における原告株主の地位——訴訟担当論の視角から——」民商法雑誌115巻4・5号（1997）577~578頁。

155　日本においては、かかる不提訴判断は監査役等により下され、米国における取締役会のそれと異なり、通常の経営判断と異なるため、デマンドに対する取締役会の不提訴判断を審査するためのAronson基準よりも、特別訴訟委員会または特別（審査）委員会の判断を審査するためのZapata基準が参考になるのではないかと考える。

るか否かを審査すべきではないかと思われる。なぜなら、不提訴の判断を下した主体の独立性の問題は当該判断の信頼性に重要な影響を与えうるが、最も豊富な判例の蓄積のある米国においても独立性に関する判断基準が必ずしも明確ではなく、それを判断するために考慮すべき要素も事案によって大きく異なりうる[156]という事実に鑑みれば、判例の蓄積の少ない日本において不提訴判断をした監査役等の独立性を審査するための明白な基準を樹立することは一層困難になるのではないかと思われるからである。むしろ、独立性の問題があるかにかかわらず、会社は自らの下した不提訴判断が原告株主の代表訴訟提起権を制限しうるほど合理的かつ正当なものであることを証明した場合には、当該訴訟を認めなくてよいと思われる。もっとも、かかる合理性・相当性の有無を判断するために考慮すべき一つの要素として、当該不提訴判断を下した主体の独立性を審査することが可能であろう。

　不提訴判断の合理性・相当性に対する裁判所の判断は本案前の判断であるため、判断基準の明白性のほかに、判断の迅速性も求められる。日本の株主代表訴訟制度においては、株主が取締役等役員の会社に対する損害賠償の責任の存否につき疑いを提示した場合には、基本的に当該株主に裁判において争いの機会を認めるべきであるとされている。本章は不適切な訴訟への対応が必要であると考えるものの、それによって株主の提起した代表訴訟が却下されるのはあくまでも例外の場合に限ると考える。原告株主の提訴請求があれば、原則として裁判を受ける権利を認めるべきであり、不提訴判断の合理性・相当性が具体的に立証されない限り、裁判所は株主による訴訟の提起を受理したうえで、審理を進めるべきであろう。もっとも、不適切な訴訟提起に対して一定の制限を課すことは株主代表訴訟を必要以上に萎縮させるという懸念も想定されうるが、後述するように立証（証明）の責任を会社側に課すほか、一定の場合に（例えば、会社が訴訟物の存在を認めながらも、不提訴判断を下した場合に）不提訴判断の合理性・相当性を争うために原告株主に発生した訴訟費用および弁護士費用の会社に対する請求を認める[157]等の手当てを施せば、必ずしも株主代表訴訟の健全な利用まで制限することにはならないと思われる。

156　Rocky Dallum, *The Oracle That Wasn't: Why Financial Ties Have Remained the Standard For Assessing the Independence of Corporate Directors*, 46 WILLAMETTE L. REV. 99 (2009).

157　詳しくは、弥永・前掲注（３）365~366頁を参照。

148 第4章 株主代表訴訟の提訴段階における濫用的訴訟と不適切な訴訟

　次に、立証（証明）の責任については、米国ではごく一部の州[158]を除き、通常会社（取締役会等）の不提訴の判断はビジネス・ジャッジメントの性質を有するため、当該判断の相当性を争う場合にはビジネス・ジャッジメント・ルールの法理が適用され、原告株主側が当該法理の推定を覆すための立証責任を負う。また Zapata 基準において示されたように、原告株主が当該基準の2つの要件のうちのいずれかが満たされないことを主張・立証できない限り、特別訴訟委員会または特別（審査）委員会の不提訴判断は裁判所に尊重される。それに対し、日本では株主による提訴請求が監査役等に対して行われるものとなっており、監査役等が会社を代表して不提訴の判断を下したとき、当該判断は通常の経営判断と異なるものであり、米国法のように株主に立証（証明）の責任の負担を要求するのは、日本法においては必ずしも適切ではないと思われる。

　日本では、不適切な訴訟の却下の可能性を認めるならば、その立証（証明）の責任については、むしろ（米国ニュージャージー州最高裁判所の示したように）会社によって負担されるべきであると考える。その根拠は次の2つである。まず①取締役等の責任に関する訴訟資料の大部分は会社に保有されているため、情報優位者である会社に立証責任を分配したほうが合理的であると思われる。次に、②会社法は株主の固有の代表訴訟追行権を認めた以上、訴訟が株主によって提起された場合に原則として続行することになり、例外として会社に不適切な訴訟を阻止するための機会を与えるとしても、会社はそのために自らの下した不提訴判断の合理性・相当性を主張・立証（証明）しなければならないと考えるべきであろう。

（3）不提訴理由通知書制度の利用

　さらに、会社が不適切な訴訟を阻止するために下した不提訴判断の合理性・正当性に関する主張・立証（証明）には、不提訴理由通知書制度の利用が可能であると考える。会社法制定時に新たに導入された不提訴理由通知書制度は「提訴請求をした株主等が株式会社に対し調査の結果やそれを前提とした訴えを提起しないこととした株式会社の判断のプロセスの開示を請求することを認めることにより、役員間の馴れ合いで提訴しないような実態が生じないように牽制するとともに

158　例えば、前述したように、ニュージャージー州では「修正されたバージョン」のビジネス・ジャッジメント・ルールが適切な審査基準として採用されており、最初の立証責任は会社（取締役会）によって負担される。

第5節　不適切な訴訟に対する法的規制についての若干の検討　　*149*

に、株主等が代表訴訟を遂行するうえで必要な訴訟資料を収集することを可能にする」[159]という趣旨を有すると説明されている。また、証拠書類として裁判所に提出され、裁判所の心証形成に影響を与える可能性もある[160]ため、不適切な訴訟に対応するために、不提訴理由通知書の利用について検討することは必要かつ有意義なことであろう。

　具体的には、例えば、被告が会社（監査役等）の作成した不提訴理由通知書を証拠として裁判所に提出して原告株主の提起した訴訟が不適切な訴訟にあたるとして訴え却下の申立てを行い、裁判所は当該理由書の記載内容を原告株主の主張と比較衡量して会社の不提訴の判断が合理的かつ相当であるといえるか否かを判断するという方法が考えられる。不提訴理由通知書を活用することによって、株主の提訴請求に対する会社（監査役等）の調査を実質的なものにし、さらにその調査結果を開示させることによって、会社内部の監視・監督の実態を株主に対して開示させ、最終的にはコーポレート・ガバナンスの基盤強化にも寄与しうる[161]ため、それは本来株主代表訴訟に期待する機能と整合している。

　もっとも、不提訴理由通知書の運用上の問題として、特に不提訴理由通知書に記載される事項と証拠書類の開示範囲、および裁判所による利用についてのルール化を工夫する必要があることが指摘されると考える。しかし、それらの問題は不提訴理由書が積極的に利用される機会を認めてはじめて考慮できる問題であろう。不適切な訴訟に対応するためには、まず踏み出すべき第一歩として、会社に自らの不提訴判断が合理的かつ正当なものであることを争う機会を与えるための改正が必要であろう[162]。

159　相澤編・前掲注（66）250頁。
160　江頭・前掲注（64）498頁（注6）。
161　小林＝高橋・前掲注（19）53頁。
162　もっとも、監査役等の下した不提訴判断自体が後になって適切ではなかったことが明らかになれば、当該監査役等には任務懈怠による責任が追及されるかもしれない。近藤光男「代表訴訟と監査役の機能」江頭憲治郎先生還暦記念『企業法の理論（上巻）』（商事法務、2007）618~619頁。しかし、不提訴判断を下すために十分な調査が行われた場合には、事後的に監査役等の責任が問われることは限定的ではないかと思われる。
　　また、東京高判平成28・12・7金融・商事判例1510号47頁は、不提訴判断をした監査委員が、当該判断・決定時に合理的に知り得た情報を基礎として、同訴えを提起するか否かの判断・決定権を会社のために最善となるように行使したか否かによって決するのが相当であり、責任追及の訴えを提起した場合の勝訴の可能性が非常に低い場合には、監査委員が同訴えを提起しないと判断・決定したことをもって、当該監査委員に善管注意義務違反があるとはいえないと判示した。

第6節　小　括

　本章は株主代表訴訟の提起段階において濫用的訴訟および不適切な訴訟を規制するために、米国法および日本法の採用したアプローチにある共通点と相違点を検討してきた。原告株主の主観的要素に重点を置く濫用的訴訟の対応策に関しては、日本法は米国法と異なる制度を採用してきたにもかかわらず、その制度趣旨および判例において形成されてきた法的ルールの実質的な機能はおおむね一致している。とりわけ米国法において原告に要求されている適切代表性の要件については、日本法に株主権の濫用の一般原則や平成17年改正時に設けられた訴えの却下に関する条文（会社法847条1項但書）がそれに相当する実質的な役割を果たしうると考えるため、米国法の当該要件を新たに日本法に導入する必要がないと思われる。他方で、不適切な訴訟に対する規制に関しては、日本法の提訴請求制度は米国法のデマンド制度に似て非なるものである。日本法の提訴請求制度はそもそも不適切な訴訟による弊害を問題視していないといえる。

　しかし、不適切な訴訟の提起を正当化できる根拠が見つからない限り、この類型の訴訟を制限するための法的手当てが必要であると思われる。もっとも、そのための可能な方策を検討する際には、米国のデマンド制度をめぐり長年蓄積されてきた判例法上のルールが参考になるが、日本の株主代表訴訟制度の構造上の特殊性および提訴段階の他の制度との整合性を同時に考慮しなければならない。以上を踏まえて、本章は具体的に、現行法上の不提訴理由通知書制度を活用して、会社が自らの不提訴判断が合理的かつ相当なものであることを争う機会を与えるための制度改正の可能性について検討してみた。

第5章 組織再編後の株主代表訴訟の帰すう

第1節 問題の所在

　株主代表訴訟は株主が会社の取締役等役員に対する損害賠償請求権を当該会社の代わりに行使するという特殊な構造をもつ訴訟であり[1]、原告は会社の株主たる地位に基づき、株主代表訴訟提起・追行権を有すると考えられる。したがって、通常、株主代表訴訟を提起する際に、また訴訟の係属中においても、当該訴訟による結果が帰属する会社の株式を継続して保有しなければならないとされている[2]。これは、いわゆる株式継続所有の要件である。この要件によれば、株式を保有しなくなった者は、株主代表訴訟を提起または継続する原告適格をも喪失する。しかし、原告の株主たる地位の喪失は株式の譲渡のような株主自らの意思によるもののほか、株式交換・株式移転のような会社の一方的な行為の法的効果によるものもある。前者の場合には、原告が当該会社における株主としての利益関係を自らの意思により絶ったため、株式継続所有の原則にしたがい、当事者適格を欠くことにより、株主代表訴訟が不適法として却下されざるをえず、仮に係属中の株主代表訴訟であっても終了せざるをえない。それに対し、後者の場合には原告の意思にかかわらず、会社（取締役会）の行為よって株主の資格が失われるため、かかる会社（取締役会）の行為が株主代表訴訟の途を閉ざすために行

　1　日本の株主代表訴訟の法構造については、従来の学説は代位訴訟的構成、代表訴訟的構成および法定訴訟担当的構成に分かれる。詳細については、本稿第3章第2節の2を参照。
　　　なお、主にこのような特殊な構造をもつ訴訟を認める意義に注目して、株主代表訴訟は多数派の専横の防止と株主による経営監督を図るため、法が一定の状況下につき、特に少数派株主に多数派の判断を覆す権限を認めたものであると解する説がある。土田亮「多重株主代表訴訟の法構造についての一考察」名城法学第53巻第1号（2003）46頁。
　2　このほかに、株主代表訴訟を提起するための持株要件として、米国法は株主代表訴訟の原告に対して、請求原因となる取締役等の違法・不正行為の発生当時から株式を所有すること、いわゆる行為時株式所有の要件を要求するのに対し、日本法は米国の行為時株式所有の要件を要しないが、訴訟提起の6箇月前から株式を保有すること、すなわち6箇月の株式保有期間を要求する（会社法847条1項）。詳細については、本書第4章第3節を参照。

152   第5章　組織再編後の株主代表訴訟の帰すう

なわれる可能性があること、および株式交換・株式移転のような場合では形式的に株主でなくなった原告であっても実質的に従前の会社における株主としての利害関係がなお継続していることがありうることを考慮すれば、株式継続所有の原則に対する例外として原告適格の維持を認める余地があると考えられる。

　平成17年改正前商法にはこのような例外についての定めがなかったため、下級審裁判例では、株主代表訴訟係属中に株式交換・株式移転により、被告取締役等の属する会社が完全子会社となり、原告株主が完全親会社の株主となった場合には原告適格を欠くとし、かかる訴えを不適法として却下するという判断が定着していた。このような判断に対して、多くの商法学者は反対意見を述べたため、会社法制定時に、株主代表訴訟係属中に株式交換等組織再編により完全親会社（または吸収合併存続会社・新設合併設立会社）の株主となった者の原告適格を維持させるための立法手当てがなされ、会社法851条が新設された。ただ、同規定は訴訟係属中に株式交換等組織再編が行なわれた場合に原告適格の維持が認められるために満たすべき要件を形式的に定めているため、本条の適用を容易に回避できるという問題があるだけでなく、原告適格の維持が認められる場面をかかる組織再編の前に訴訟が提起されていた場合に限定する合理性についても疑う余地があると指摘されている。もっとも、とりわけ後者の問題については、平成26年改正会社法847条の2の新設により相当程度対応されたが、前者の問題は（会社法847条の2および851条の双方に）残っている。また、訴訟の提起が株式交換等組織再編の後になされる場合に株主たる地位を失った者が（組織再編前に被告取締役等の当該会社に対して負担した責任を追及するための）株主代表訴訟における原告適格を継続して有するかという問題は、多重代表訴訟を認めるか否かというより一般的な問題に還元されるという見解[3]もあるが、前者の株式交換等組織再編後の株主代表訴訟の帰すうに関する問題は後者の多重代表訴訟の可否の問題とどのような関係を有するか、また、多重代表訴訟を認めれば、前者の問題も直ちに解消するかはなお検討する必要があると思われる。

　本章はどのような場合に、株式交換・株式移転等の会社の組織再編行為によって株主の資格が失われた者に株主代表訴訟の原告適格を例外として認めるべきか、その判断基準についてどのように考えるべきか、そして多重代表訴訟制度の

3　新谷勝「持株会社の創設と株主代表訴訟の原告適格──大和銀行株主代表訴訟の和解が残した問題点──」判例タイムズ1085号（2005）32頁等。

創設によって、組織再編後の株主代表訴訟における原告適格の維持の問題が解消されるかという問題意識のもとに、第1に、合併・株式交換等組織再編後の株主代表訴訟の帰すうに関する米国判例法（とりわけデラウェア州判例法）におけるルールの形成過程を考察し、米国における合併・株式交換等組織再編後に例外として株主代表訴訟の原告適格の維持を認めるために用いられる判断基準および組織再編後の株主代表訴訟と多重代表訴訟の関係を明らかにする。第2に、株式継続所有原則に対する例外を定めた日本法の規定の妥当性を検討する。最後に、株式交換等組織再編後の株主代表訴訟の帰すうの問題に関して日本法と米国法のアプローチの相違を検討しつつ、多重代表訴訟の創設とともに、訴えの提起が株式交換等の後になされる場面においても一定の場合に株主の原告適格の維持を認めるための見直しを盛り込んだ平成26年会社法改正を踏まえながら、本章の提示した問題に対する可能な対応策を検討する。

第2節　米国判例法におけるルールの形成

1　合併・株式交換[4]等組織再編後の株主代表訴訟の帰すうについて

（1）株式継続所有の原則

　米国の連邦裁判所およびほとんどの州裁判所は、株主代表訴訟の原告株主に対して、訴訟を提起するために訴状において主張した請求原因となる取締役等の行為が発生した時点において会社の株主であること――いわゆる行為時株式所有の要件（contemporaneous ownership requirement）[5]を要求するほか、当該訴訟を判決まで継続するために当該会社の株主であり続けることをも要求している[6]。これ

4　米国では、株式交換の制度は完全親子会社関係を創設するために利用可能な制度として大多数の州会社法において規定されている。ただ、多くの州では、株式交換規定は（逆）三角合併が行われる際に、その手続を簡易化するために利用可能な制度であり、日本法における株式交換制度に相応するものではない。松井秀征「外国との合併・株式交換をめぐる法的規律〔IV〕会社法からの分析」商事法務1625号（2002）47~48頁、中東正文「アメリカ法上の三角合併と株式交換」中京法学28巻2号（1994）12~26頁。

5　詳しくは、小林秀之＝髙橋均『株主代表訴訟とコーポレート・ガバナンス』（日本評論社、2008）117~121頁、周剣龍『株主代表訴訟制度論』（信山社、1996）29~37頁、または本書第4章第3節を参照。

6　DEBORAH A. DEMOTT, SHAREHOLDER DERIVATIVE ACTIONS: LAW AND PRACTICE (2011~2012 ed.), § 4: 3 Rules of civil procedure and statutory provisions governing derivative suits――Plaintiff's ownership of shares, at 353.

はいわゆる株式継続所有の原則（continuous ownership doctrine）である[7]。株式継続所有の原則は行為時株式所有の要件を規定する連邦民事訴訟規則23.1条および州制定法[8]の定めに基づくものではあるが、制定法の条文に明記されているわけではなく、判例法において確立されてきたルールである[9]。原告株主に対して訴訟係属中に株式を保有し続けることを要求する理由については、会社の請求権を主張する株主代表訴訟では訴訟による救済が直接当該会社に帰属するため[10]、株主でなくなった原告には自らに利益をもたらすような不適切な和解を選択するインセンティブがあると考えられ、当該株主代表訴訟において原告が全株主の利益を適切に代表することを確実にするために、株式継続所有原則が必要であるという見解がある[11]。このほか、特に株主代表訴訟における弁護士による主導の問題に注目し、当該要件の趣旨は株式を所有しなくなった原告は会社の所有権者としての利害関係を有しなくなることに伴って、実質上訴訟をコントロールしている原告側の弁護士が会社の取締役らに対して和解を強要するような strike suits を制限するためであるとする裁判所の見解[12]もある。

　連邦裁判所および多数の州裁判所は株式継続所有の原則に基づき、株主代表訴訟の係属中に、原告が自らの意思によって株式を譲渡した場合[13]だけでなく、端株をもたらす株式の併合[14]や合併[15]等の会社の行為によって株主たる資格を失った場合にも、通常当該株主代表訴訟が中止されなければならないとしてきた。ただ、特に株式交換等の組織再編によって株主が自らの意思によらず（involuntary）株主としての資格を失った場合[16]には、デラウェア州最高裁判所は株式継続所有

7　ALI, PRINCIPLES OF CORPORATE GOVERNANCE: ANALYSIS AND RECOMMENDA-TIONS (1994), Vol. 2, 7.02, Reporter's Note 2, at 45~47.

8　例えば、カリフォルニア州会社法800条（b）の（1）やデラウェア州一般会社法327条がある。

9　周・前掲注（5）27~28頁。

10　例えば、デラウェア州最高裁は「株主代表訴訟の原告は個人的な請求権でなく、会社の請求権を主張しているため、当該株主は当該訴訟を継続するために株主としての地位を維持しなければならない」と判示した。Parnes v. Bally Entm't Corp., 722 A. 2d 1243, 1245 (Del. 1999).

11　STEPHEN M. BAINBRIDGE, CORPORATE LAW 196 (2nd ed. 2009).

12　See, Lewis v. Anderson, 477 A. 2d 1040, 1046 (Del. 1984).

13　See, e.g., Gleicher v. Times Columbia Distributors, Inc., 283 A.D. 709, 128 N.Y. S. 2d 55 (1st Dep't 1954) (per curiam); Snyder v. Pleasant Valley Finishing Co., Inc., 756 F. Supp. 725 (S.D.N.Y. 1990); McLaughlin v. Pannell Kerr Forster, 589 So. 2d 143 (Ala. 1991).

14　See, Lewis v. Kuntson, 699 F. 2d 230, 35 Fed. R. Serv. 2d 1444 (5th Cir. 1983).

15　See, Shilling v. Belcher, 582 F. 2d 995 (5th Cir.1978).
　　本件では、会社の交付金合併（cashout merger）が行なわれた後、裁判所は株式を所有しなくなった原告が原告適格を欠くとして株主代表訴訟を却下した。

の原則に基づき、一般原則（the general rule）として会社の株主でなくなった原告は株主代表訴訟における原告適格を有しなくなるという判断を示したうえで、この一般原則に対する一定の例外が認められることを示した。デラウェア州最高裁の示したこのような判断基準は連邦裁判所およびデラウェア州以外の一部の州裁判所にも採用されてきた[17]。

　株式交換等組織再編後の株主代表訴訟の帰すう問題に関するこの一般原則およびそれに対する例外の判断基準を明らかにしたのは、デラウェア最高裁判所の下した Lewis v. Anderson 判決[18]（以下「Lewis 判決」という）をはじめとするいくつかの判決である。次は、リーディング・ケースとして連邦裁判所および多くの州裁判所に踏襲されてきたこの Lewis 判決および Lewis 判決で示された一般原則に対する 2 つの例外について紹介する。

（2）Lewis 判決

【事実の概要】

　原告は旧 Conoco 社（以下「旧 C 社」という）の株主であった。ところが、旧 C 社はその株式の過半数がキャッシュ・テンダー・オファー（cash tender offer）によって Du Pont 社（以下「D 社」という）の完全子会社 DH 社に取得され、旧 C 社を消滅会社、DH 社を存続会社とする吸収合併が行われた（以下「本件合併」という）。その後、DH 社は社名を Conoco に変更し、新 Conoco 社（以下「新 C 社」という）は D 社の完全子会社となった。本件合併において、旧 C 社の株主は旧 C 社株式との交換で D 社の普通株式を取得し、原告は完全親会社 D 社の株主となった。

　旧 C 社が DH 社に吸収され、DH 社が新 C 社へ改名される前に、原告は旧 C 社のために（on behalf of Conoco）株主代表訴訟（以下「本件訴訟」という）を提起した。本件訴訟において、原告は本件合併により旧 C 社の元取締役と元執行役（officers）である被告らに多額の利益を与えることを定めたいわゆるゴールデン・パラシュート契約につき、本件合併・株式交換前の被告らの行為であった当該ゴールデン・パラシュート契約の締結が違法な、適切な業務目的の持たない不適切なものであり、それが会社に対する詐欺または会社の資産の浪費であると主張した。もっとも、原告は本件合併の公正性を争っておらず、訴外（完全親会社となった）D 社の違法行為に関する主張もしなかった。

16　逆にいえば、株式の喪失がその保有者であった株主の買取請求、契約の条項等に基づき、当該株主の自らの意思による（voluntary）ものである場合には、株式継続所有原則に対する例外が認められず、かかる者は株主代表訴訟の原告適格を失う。DEMOTT, *supra* note (6), at 390~391.

17　*Id.* at 385~390.

18　*Supra* note (12), 477 A. 2d 1040 (Del. 1984). これを紹介したものとして、近藤光男「会社の合併・株式交換と株主代表訴訟」商事法務1637号（2002）48頁がある。

156 第5章 組織再編後の株主代表訴訟の帰すう

　原告の主張に対して、被告らは原告が本件合併により旧C社の株主としての資格を失ったため、本件株主代表訴訟を継続する原告適格を有しなくなったことを含む3つの理由に基づき、デラウェア州衡平法裁判所に対して、訴え却下または事実審理を経ないでなされる判決（summary judgment）を求める申立てを行なった。

【判旨】

　原審では、州衡平法裁判所は「係属中の訴因に関する権利は吸収合併された会社の資産であり、当該吸収合併の存続会社に承継される。本件の事実に基づけば、旧C社の有していたその役員と取締役である個人の被告に対するエクイティ上の救済を受ける権利は当該吸収合併によって、DH社に転じ、そしてこのように新C社に移った。……原告が現に所有している株式の会社であるD社は、新C社の株式の全部を有しており、旧C社が本件訴訟の訴状において述べられた理由により元の役員と取締役に対して救済を受ける請求権を有していたとすれば、その請求権は新C社に所有されている。このような請求権の株主受益者は現在D社であって、原告ではない。また、旧C社の他の株主が訴訟を提起したときでも同様である。」[19]と判示して、被告らの申立てを認めた。

　上訴審において、州最高裁判所はデラウェア州法のもとでは、会社の組織再編行為によって株主たる地位を喪失した者は通常、株主代表訴訟を継続する原告適格を有しなくなるという一般原則を明らかにし、衡平法裁判所の判断を維持した。なお、州最高裁はこの一般原則の理由づけにつき、デラウェア州一般会社法（デラウェア法典第8法律第1編）の3つの条文を根拠に、次のような判断を示した。

　州最高裁の依拠した3つの条文はすなわち、デラウェア州一般会社法第259条（a）、第261条および第327条である。第259条（a）によれば、合併によって、「各消滅会社に属する全ての権利、特権、権能および営業権、各当事会社に属する全ての物的財産、人的財産および混合財産、ならびに株式の引受けによるかその他の全ての債権によるか理由のいかんを問わず、いずれかの当事会社に支払われるべき全ての債務は、全て吸収合併または新設合併の存続会社または新設会社に帰属する。」本条にしたがい、原告が有していた旧C社の権利から派生した請求権は新C社に属する権利となった[20]。

　そして、第261条[21]は合併の当事者会社の係属中の訴訟に対する当該合併の影響を定めたものに過ぎず、第259条に影響を与え、またはそれを修正するものではない[22]。そ

19　Lewis v. Anderson, 453 A. 2d 474, 479 (Del. Ch., 1982).

20　*Supra* note (12), at 1044.

21　デラウェア州一般会社法第261条によれば、「吸収合併若しくは新設合併の当事者である会社によるかもしくはそれに対する係属中の民事上、刑事上もしくは行政上の訴訟もしくは手続は、その吸収合併もしくは新設合併が行なわれなかった場合と同様に進行されなければならず、または、その吸収合併もしくは新設合併の存続会社もしくは新設会社が、その訴訟もしくは手続において代位することができる。」北沢正啓＝浜田道代『新版　デラウェア会社法』（商事法務、1994）129～130頁。

22　*Supra* note (12), at 1049.

れに、第327条[23]は株主代表訴訟を提起または継続するための原告適格を定めた唯一の条文であり、第327条と第259条はほぼ例外なく（nearly universally）合併後の株主代表訴訟の原告適格の問題に適用されてきており、合併の場合においては、判例は株主代表訴訟の原告株主は主張した不正行為の発生したときおよび当該株主代表訴訟を提起したときに株主でなければならないだけでなく、当該訴訟の係属中に株主たる資格を維持しなければならないとしてきた[24]。したがって、州最高裁はデラウェア会社法第259条、第261条および第327条に基づき、原告が株主でなくなった場合には、それが合併・株式交換またはその他の原因によるにせよ、株主代表訴訟を継続する原告適格を喪失すると結論づけた[25]。

　もっとも、州最高裁はこの一般原則に対して、2つの例外が認められることにも言及した。この2つの例外はすなわち、「（1）当該合併は詐欺の訴えの対象となるとき、および（2）当該合併は現実に原告の事業所有に影響を与えない組織再編である場合」[26]である。しかし、本件では原告はこの2つの例外の存在を主張しなかったため、一般原則に基づき、本件株主代表訴訟は継続できないと判断された[27]。

　Lewis判決において明らかになったように、会社の合併・株式交換等組織再編行為によって原告が会社の株主としての資格を失った場合には、一般原則としては当該株主代表訴訟が却下されなければならないが、この一般原則に対して2つの例外が認められる。原告がこの2つの例外のいずれかが適用できることを主張・立証できれば、当該原告はなお当該株主代表訴訟を継続するための適格を有する。この2つの例外——「いわゆる詐欺の例外（the so-called "fraud exception"）」と「単なる組織再編の例外（"mere reorganization" exception）」が具体的にどのような場面に適用されるかについては、それについて判断を下したデラウェア州の判例は注目に値する。

23　デラウェア州一般会社法第327条によれば、「会社の株主によって提起される株主代表訴訟においては、訴状において、原告は自己が訴える取引の時に会社の株主であったこと、または原告株式はその後に法の作用によって自己に帰属したことが、主張されなければならない。」北沢＝浜田・前掲注（21）179頁。

24　*Supra* note（12）, at 1046.

25　*Id.* at 1049.

26　*Id.* at 1047.

27　*Id.*

158　第5章　組織再編後の株主代表訴訟の帰すう

（3）2つの例外

①いわゆる詐欺の例外（the so-called "fraud exception"）

——Kramer v. Western Pac. Indus.（Del. 1988）[28]

【事実の概要】

　1986年に、Danaher社（以下「D社」という）はWestern Pacific社（以下「W社」という）の全株式につき公開買付けを実施し、そして当該公開買付後、公開買付価格と同額の価格による交付金合併（a cash-out merger）を行い、W社を吸収合併した（以下「本件合併」という）。本件合併に先立って、W社の株主であった原告はW社およびその取締役らを被告とし、本件合併に関連して被告取締役らの受け取ったストック・オプションとゴールデン・パラシュート契約に基づく利益、および第三者に対して支払われた多額の費用が会社の資産の浪費であり、それによる信認義務違反による責任を追及する株主代表訴訟を提起した（以下「本件訴訟」という）。ところが、本件合併によって、本件訴訟の原告は右公開買付けに応じなかったその他の株主らとともに、右交付金合併によってW社の株主たる地位を失った。

　本件合併後、被告らはLewis判決（Del. 1984）に基づき、本件合併の完了により原告が本件訴訟を継続する原告適格を有しなくなったと主張して、訴え却下の申立てを行なった。

【判旨】

　原審では、デラウェア州衡平法裁判所は、交付金合併が行なわれた事実および原告が本件吸収合併自体の公平性を争わなかった事実に基づき、原告が本件訴訟を追行する原告適格を有しないと判断した[29]。そこで、原告は上訴した。

　上訴審では、州最高裁判所は、会社の資産の浪費を争う本件訴訟はその性質が株主代表訴訟であると判断したうえで、次のように判示して原審の判断を維持した。

　「株主が株主代表訴訟を継続する原告適格を有するためには、原告は当該訴訟の提起時および当該訴訟の係属中に株主でなければならない。……裁判所はLewis判決において、吸収合併の場合に会社の現在の株主のみが派生的な性質を有する訴訟を継続する原告適格を有するという判断に対する2つの例外を示した。すなわち（ⅰ）当該合併自体がもっぱら（merely）株主の代表訴訟を提起する原告適格を奪うことを目的としたものであり、詐欺の訴えの対象となるとき、または（ⅱ）当該合併が現実に原告の事業所有に影響を与えない組織再編に過ぎない場合である。」

　「原告の請求が性質上派生的なものであることおよび原告がLewis判決において確立された例外にあたるような主張をしなかったことが明らかとされてきたため、原告は本件合併後、被告らに対する請求権を行使する原告適格を有しなくなってきた。」[30]

28　546 A. 2d 348（Del. 1988）.

29　*Id.* at 351.

30　*Id.* at 354.

第 2 節　米国判例法におけるルールの形成　　*159*

　本判決では、デラウェア州最高裁判所は、Lewis 判決に基づき、被告取締役ら
の会社の株主でなくなった原告は当該株主代表訴訟を継続する原告適格を有して
いないと判断した。その理由は、当該原告は Lewis 判決で示された 2 つの例外
を主張しなかったため、一般原則にしたがい、合併後、当該株主代表訴訟を継続
するための原告適格を失ったということである。本判決は、デラウェア州最高裁
判所が Lewis 判決で示されたいわゆる詐欺の例外は「当該合併自体はもっぱら
株主の代表訴訟を提起する原告適格を奪うことを目的としたものである」場合に
適用されることを明らかにした。

②単なる組織再編の例外（"mere reorganization" exception）
——Schreiber v. Carney（Del.Ch., 1982）[31]
【事実の概要】
　原告は元々 Texas International 社（以下「TI 社」という）の株主であったが、TI
社と組織再編のために新たに設立された持株会社 Tex-as Air 社（以下「TA 社」とい
う）の間に行なわれた株式を対価とする合併（"a share for share merger"、以下「本
件合併」という）によって、TI 社の完全親会社となった TA 社の株主となった。本件
合併後、原告は本件合併に際して TI 社が他の法人である当該会社の大株主に提供し
た融資の効力をめぐり、当該大株主、TI 社および両社の取締役らを被告として株主代
表訴訟を提起した。
　それに対して、被告は事実審理を経ないでなされる判決（summary judgment）を
求める申立てを行い、その理由の一つとして、株主としての資格を失った原告は当該
株主代表訴訟を提起する原告適格を有しないことを主張した。
【判旨】
　デラウェア州衡平法裁判所は次のように判示して、本件合併は原告の会社における
所有権に意義のある影響を与えることのない組織再編に過ぎないため、株式交換に
よって完全親会社の株主となった原告は、当該株式交換の後でも完全子会社となった
従前の会社のために、株主代表訴訟を提起することができると判断した。
　「8 Del. C. § 327 に要求されているように、会社のために株主代表訴訟を提起する原
告は訴訟を提起する際に当該会社の株主でなければならない。本件訴訟は原告の TI
株が TA 株と交換された後に提起され、そして合併により株主代表訴訟を求める排他
的な権利および当該訴訟の原告適格を取得した存続会社は、（株主代表訴訟を提起・継
続する）当該派生的な権利を承継するという法理（theory）に基づき、原告株主の会

31　Schreiber v. Carney, 447 A. 2d 17, 22（Del. Ch., 1982）. なお、この裁判例を紹介したものとし
　　て、山田泰弘『株主代表訴訟の法理——生成と展開——』（信山社、2000）277 頁以下がある。

160 第5章 組織再編後の株主代表訴訟の帰すう

社の株式に対する所有を失わせた当該合併は、当該訴訟の提起前または提起後に発生するかにかかわらず、通常原告の当該会社のために株主代表訴訟を提起し、または継続する地位をも失わせる。……しかし、このルールには例外がないわけではない。」[32]

「審理中の当該組織再編は新たに設立された持株会社との株式を対価とする吸収合併に過ぎず、旧会社は新しい持株会社の完全子会社にとどまり、旧会社の株主らは新しい持株会社の株式の全部を所有している。新旧会社の所有構造は……実質的に同一（virtually identical）である。」[33]

「当該合併は原告の事業所有に意義のある影響を与えなかったため、原告は主張された信認義務違反を是正するための株主代表訴訟を継続する原告適格を有すべきである。この2つの会社の所有構造を審査したところ、これは明らかである。なぜなら、この2つの会社の所有構造は実質的に同一であるからである。」[34]

本判決では、裁判所は、会社の組織再編行為後の株主代表訴訟の帰すうをめぐり判断を下したデラウェア州の他の判例を踏またうえで[35]、特に本件事案における合併の「新たに設立された持株会社との株式を対価とする吸収合併に過ぎず、旧会社は新しい持株会社の完全子会社にとどまり、旧会社の株主らは新しい持株会社の株式の全部を所有している」という特殊な構造に注目し、合併前後の原告の従前の会社における事業所有には実質的変化が生じなかったと判断し、従前の会社の株式を保有しなくなった原告が本件合併後に提起した本件株主代表訴訟を認めた。

本判決の後にあった Lewis 判決では、デラウェア州最高裁判所はこの判決を引用して、単なる組織再編の例外が適用される——すなわち当該組織再編が実際に株主の会社における事業所有に影響を与えなかった場合には、株主たる資格を失ったとしても、原告は株主代表訴訟の原告適格を失わないことを示した。もっとも、Lewis 判決と異なり、本件では、原告は本件合併の後、すなわち完全親会社の株主となった後に、完全子会社となった会社のために本件株主代表訴訟を提起したのである。このような株主代表訴訟は、二重代表訴訟と同様な構造を有しているが、原告は完全親会社の株主としてではなく、完全子会社となった従前の会社の株主として本件株主代表訴訟を提起したため、裁判所は二重代表訴訟とし

---

32 *Id.* at 21.

33 *Id.* at 22.

34 *Id.*

35 *Id.*「デラウェア州のいくつかの判例は吸収合併の後に株主の代表訴訟を継続する原告適格を否定してきた。……しかし、これらの事案では、それらの吸収合併は交付金合併（cash-out mergers）か、実際の資産を有している外部または既存の会社との合併である。」

てではなく、通常の株主代表訴訟における株式継続所有の原則に対する例外として原告の原告適格を認めた[36]。

(4) まとめ

米国法では、株主代表訴訟の原告適格の要件として、原告の訴えようとする違法不正行為の発生時より株式を所有していること（いわゆる行為時株式所有の要件）および訴訟係属中にかかる株式を保有し続けること（いわゆる株式継続所有の要件）が要求されている。この2つの要件はいずれも株主代表訴訟の濫訴を防止することを目的とするものであるが、前者は連邦民事訴訟規則23.1または州の制定法において明記されているのに対し、後者は前者の要件から推論され、判例法によって確立されてきたものである。

株式継続所有の要件によれば、会社の株主たる地位を失った者は自らが提起した株主代表訴訟を継続することも、株主としての資格を失う前に有していた株主代表訴訟提起権を行使することもできなくなる。したがって、合併等組織再編後の株主代表訴訟の帰すうに関しては、一般原則として、原告適格を欠くとして却下されることになる。しかし、原告株主の自らの意思にかかわらず、会社の一方的な組織再編行為によって株主たる地位を失った者に対して、この一般原則を機械的に適用することによって、不公平に原告の資格を否定する結果を生じさせるおそれがある[37]ため、一定の例外も認められている。

デラウェア州最高裁は、Lewis判決において原告の株主としての資格を失わせた会社の組織再編行為の目的および原告の会社における事業所有のかかる組織再編行為から受けた影響につき、原告に対してこの一般原則に対する2つの例外の適用を争う機会が認められることを明らかにした。この2つの例外とは、すなわちかかる組織再編行為がもっぱら株主代表訴訟を回避する目的で行なわれた場合に認められるいわゆる詐欺の例外[38]、および当該組織再編前後において原告の会

36　*Id.* at 18~21.

37　Lisa M. Millani, *The Continuous Ownership Requirement: A Bar to Meritorious Shareholder Derivative Action?* 43 WASH. & LEE. L. Rev. 1019, 1020 (1986).

38　もっとも、この要件にいう株主代表訴訟を回避する目的が当該組織再編の唯一の目的とはいえないものの、その主要な目的であるとされた場合には、例外として株主代表訴訟の提起または継続が認められるか否かに関しては必ずしも明らかでない。

　Arkansas Teacher Retirement System v. Caiafa, 996 A. 2d 321 (Del. supr., 2010)では、デラウェア州衡平法裁判所の「派生的な責任（追及）の回避は当該取引を支持する唯一の（the only）

社における所有権に特に変わりがない場合に認められる単なる組織再編の例外である。この2つの例外のいずれかが適用できる場合には、株主代表訴訟が組織再編の前またはその後に提起されたにかかわらず、被告取締役らの属する会社の株主としての資格を失った原告はなお原告適格を有する。もっとも、この2つの例外に関する主張・立証は原告によって行なわれなければならないため、会社の組織再編行為により従前の会社の株主としての資格を失った原告が当該会社のために株主代表訴訟を継続し、または新たに提起することは困難であろう[39]。

2 組織再編後の株主代表訴訟と多重代表訴訟

連邦裁判所および多数の州裁判所に踏襲された[40]Lewis 判決およびその判断の基礎となっている判決からみれば、Lewis 判決において示された「一般原則」およびそれに対する「2つの例外」はかかる株主代表訴訟が会社の組織再編行為の行なわれた時点において係属しているものであるか、または組織再編行為の後に新たに提起されたものであるかにかかわらず、同様に適用されるようである。組織再編後に例外として認められるこのような株主代表訴訟は二重代表訴訟または

理由ではなく、主要な（the principal）理由でもない」という判断に対して、州最高裁は、このような場合に Lewis 判決のいわゆる詐欺の例外が適用せず、本件訴訟の原告は株主代表訴訟の原告適格を有しないと判断した。*Id.* at 323.

また、Arkansas Teacher Retirement System v. Countrywide Financial Corp., 75 A. 3d 888 (Del. 2013)では、合併が詐欺的であり、その目的が原告適格の排除のみである場合のほかに、違法な手続きの流れの中の最終段階として合併が組み込まれた、いわゆる「不可分の詐欺」の主張があった場合には、例外的に代表訴訟の原告適格が認められるかについても、否定的な判断がなされた。釜田薫子「合併による株主の地位の喪失と原告適格」商事法務2137号（2017）51頁以下を参照。

39 なお、特に取締役等の信認義務違反または会社資産の浪費による責任が争われている株主代表訴訟の係属中に組織再編があった場合には、当該組織再編と訴訟の原因となった行為と関連しているとき、自らの株主たる資格を失わせた組織再編に詐欺的な問題があるとして、前者のいわゆる詐欺の例外にあたるという原告の主張が比較的認められやすいという見解がある。Lauren Deysher Gojkovich, *Leveraging Litigation: How Shareholders Can Use Litigation Leverage to Double-Down on Their Investment in High-Stakes Securities Litigation*, 16 STAN.J.L. BUS. & FIN. 100, 126 (2010).

40 *See, e.g.,* In re Merrill Lynch & Co., Inc. Sec., Deriv. & ERISA Litig., 597 F. Supp. 2d 427 (S.D.N.Y. 2009); In re Countrywide Fin. Corp. Deriv. Litig., 581 F. Supp. 2d 650 (D. Del. 2008); Kolancian v. Snowden, 532 F. Supp. 2d 260 (D. Mass. 2008); FirstCom., Inc. v. Qwest Corp. (D. Minn. Oct. 13, 2004); Arnett v. Gerber Scientific, Inc., 566 F. Supp. 1270 (S.D.N.Y. 1983).

See also, Grosset v. Wenaas, 42 Cal. 4th 1100 (2008); Parnes v. Bally Entm't Corp., 722 A. 2d 1243 (Del. 1999); In re First Interstate Bancorp Consol. S'holder Litig., 729 A. 2d 851 (Del. Ch. 1998), aff'd sub nom; Bonime v. Biaggini, 1984 WL19830 (Del. Ch. Dec. 7, 1984), aff'd, 505A.2d 451 (Del. 1985).

多重代表訴訟に類似する構造を有するが、実質的には異なるものであると考えられる。しかし、1992年に第3巡回区連邦控訴裁判所の下した Rales 判決は Lewis 判決を引用しながらも、それに対する独自の解釈を行ない、親会社株主となった原告が株式交換後に提起した株主代表訴訟につき、二重代表訴訟として認められるとして、原告適格を認めた。

（1）Rales 判決による新たな展開

——Rales v. Blasband（3d Cir. 1992）[41]

【事実の概要】

原告 Blasband は元々Easco Hand Tools 社（以下「E 社」という）の株主である。原告が E 社の株主であった1988年12月1日に、E 社は上位劣後債（Senior Subordinated Notes）の公募によって資金調達を行なったが、調達された資金の一部がジャンク債の購入に運用された結果、多額の損害を被った。1990年、E 社を Danaher 社（以下「D 社」という）の完全子会社とする株式交換による逆三角合併（以下「本件合併」という）が行なわれ、原告の所有していた E 社の株式は D 社の株式と交換された。

本件合併後の1991年3月25日に、原告はデラウェア地区連邦地方裁判所に対して、R1とR2（R 兄弟）を真正の被告（actual defendants）、D 社を名目上の被告（a nominal defendant）として、R 兄弟が目論見書の記載に反して右公募によって調達された資金をジャンク債の購入に運用したことによる信認義務違反を主張して株主代表訴訟（以下「本件訴訟」という）を提起した。なお、R 兄弟は、本件合併前から E 社の取締役兼大株主であり、本件訴訟提起時においては完全親会社 D 社の取締役であり、D 社の普通株式の42%を保有している株主でもある。

【判旨】

原審では、デラウェア地区連邦地方裁判所はデラウェア州法を適用して、原告が本件合併によって原告適格を欠くとし、被告の訴え却下の申立てを認めた。そこで、原告は上訴した。

上訴審では、第3巡回区連邦控訴裁判所は次のように判示して、原審の判断の一部を取り消し、原審に差し戻した。

「……デラウェア州裁判所は何度も、吸収合併によって株式を所有しなくなった原告は（筆者注：株主代表訴訟の）原告適格を欠くという一般原則に対して、2つの例外があることを示した。これらの例外は（1）合併自体が詐欺の訴えの対象となる場合、または（2）合併が現実に原告の事業所有に影響を与えない組織再編に過ぎない場合に適用される。しかし、本件において、原告はこれらの例外のいずれかが自分に当てはまることを争っていない。」[42]

41　971 F. 2d 1034 (3d Cir. 1992).

164　第5章　組織再編後の株主代表訴訟の帰すう

　「原告は、訴状において主張された不正行為を是正するために訴訟を提起する第一次的な権利（the primary right）を有するE社の親会社であるD社の株式を保有し続けており、本件訴訟に間接的な経済的利害関係（an indirect financial interest）を有している。したがって、原告は二重代表訴訟の原告が株式継続所有の要件を満たすのと同程度に、株式継続所有の要件を満たしている。」[43]

　「当裁判所は原告が地方裁判所において、そしてここで自らが二重代表訴訟を提起しているのではないと明言してきたことを承知している。彼はむしろ、『承継者の派生的な原告適格（successor derivative standing）』を有すると争っている。しかし、原告は実際、自分がデラウェア州の制定法および判例法上の原告適格の要件を満たしていると主張してきた。当裁判所はその弁論に完全に賛成しており、そして被上訴人はこれらの弁論を詳細に検討してきた。いずれにせよ、当該訴訟は二重代表訴訟のいとこ（a first cousin）であり、ふたご（a twin）ではないため、二重代表訴訟ではないという原告の譲歩（concession）は技術的（technically）には正しい。」[44]

　「当裁判所は1991年8月15日付けの原審の判断を取消し、原告に（筆者注：子会社および親会社の取締役会に対する）デマンドの無益性を主張し、E社を当該訴訟に当事者に追加するような訴状変更を認め、この問題を地方裁判所に差し戻す。」[45]

　原告が訴状を変更したところ、R1らが訴え却下の申立てをしたことから、デラウェア地区連邦地方裁判所は、デラウェア州最高裁判所に対して、通常の株主代表訴訟でも、二重代表訴訟でもない、この新しい種類の訴訟において、原告がデラウェア州の実体法に基づき、デラウェア州の会社であるD社の取締役会に対する提訴請求が免除されることを証明できる事実を主張したかという問題につき意見照会（certification）の手続を行なった[46]。

　Rales判決において、当該連邦控訴裁判所は二重代表訴訟を認めたデラウェア州最高裁判所の判決[47]を引用して、本件の原告は主張された不正な取引が発生したときに被告取締役らの属していた会社の株主であったため、当該原告の有している利害関係は二重代表訴訟のそれに類似していると判断した[48]。当該裁判所は、Lewis事件では、原告が親会社の代わりに間接的な請求をするための親会社

42　*Id.* at 1041.
43　*Id.* at 1043.
44　*Id.* at 1046.
45　*Id.* at 1055.
46　Rales v. Blasband, 634 A. 2d 927（Del. 1993）.
47　Sternberg v. O'Neil, 550 A. 2d 1105（Del. 1988）.
　　本件では、デラウェア州最高裁判所は、原告は自らの完全親会社における直接的な継続的な利害関係および完全子会社における間接的な継続的な利害関係を証明してきたため、二重代表訴訟の原告適格の要求を満たしていると判断した。*Id.* at 1108.
48　*Supra* note（41）, at 1042, n.9.

第2節　米国判例法におけるルールの形成　　*165*

の株主としての継続的な原告適格を主張しなかったため、本件事案は合併の場合における株主代表訴訟の事案である Lewis 事件と異なり、二重代表訴訟の事案に近いという独自な判断を示した[49]。

　もっとも、通常の二重代表訴訟は親会社が子会社の被る損害によって間接的に損害を被るために、親会社の株主に対して認められる当該子会社の損害を救済するための代表訴訟である[50]。通常の二重代表訴訟では、原告株主は親会社の株主として、子会社の被った損害に対する救済を求めることを通じて、最終的に親会社の被った間接的な損害を回復させるためのもので、株式継続所有の原則に基づき、二重代表訴訟を提起する時点から親会社の株主でなければならない[51]。また、行為時株式所有の要件によれば、二重代表訴訟の原告は請求原因となる取締役の行為の発生した時点にから（親）会社の株主である必要がある[52]ため、Rales 判決のような事案では、株式交換によって親会社の株主となった原告は株式交換前に発生した取締役の不正行為による責任を追及するために二重代表訴訟を提起しようとしても、行為時株式所有の要件を満たしておらず、通常の二重代表訴訟に要求される原告適格を欠くはずである。このようにみると、Rales 判決において原告適格が認められたこの種類の訴訟は通常の二重代表訴訟と似た構造を有するが、通常の二重代表訴訟と異なるはずである。

　Rales 判決は、デラウェア州法に基づき、株式交換後に親会社の株主となった原告に対して二重代表訴訟における原告適格を認める1つのありうる類推を示した[53]。しかし、この判決はデラウェア州の判例法を解釈したものであり、デラウェア州の判決ではない。Rales 判決の後、デラウェア州最高裁判所は、株式交換によって親会社の株主となった原告が子会社となった従前の会社の被った損害を救済するための株主代表訴訟における原告適格を有するかという問題につき、Lewis 判決で示された判断基準を再確認した。

49　*Id.* at 1043.

50　*Supra* note（47）, at 1108.

51　Mark M. Graham, *Delaware Post-Merger Derivative Suit Standing and Demand Requirement: Professional Management Associates, Inc. v. Coss,* 25 J. CORP. L. 631, 637~638（2000）.

52　通常の二重代表訴訟には、行為時株式所有の要件が適用される。*See,* DEMOTT, *supra* note（6）, § 2: 10 Double and triple derivative actions, at 171.

53　*Supra* note（51）, at 639.

（2）デラウェア州最高裁判所による Lewis 判決の再確認
──Lewis v. Ward（Del. 2004）[54]

【事実の概要】

　原告は元々Amax Gold, Inc.（以下「A 社」という）の株主である。原告は A 社のために、A 社とその多数派株主である Cyprus Amax Minerals Company（以下「C 社」という）との間にあった融資取引の条件の公正性を争う株主代表訴訟（以下「本件訴訟」という）を提起した。ところが、本件訴訟の係属中に、A 社を Kinross Gold Corporation（以下「K 社」という）の完全子会社とする株式交換による逆三角合併（以下「本件合併」という）が行なわれ、A 社の株式の全部は K 社の株式の交付を受ける権利に転換された。本件合併により、原告の保有していた A 社の株式が完全親会社 K 社の株式と交換され、原告は完全親会社 K 社の株主となった。なお、本件合併は A 社と関連性のない第三者（an unaffiliated third-party）との間に行なわれた独立当事者によるもの（ an arm's-length merger）であると認められた。

　本件合併後、本件訴訟の被告らは原告が A 社の株主でなくなったため、A 社のために株主代表訴訟を継続する原告適格を欠くとして、訴え却下の申立てを行なった。

【判旨】

　原審[55]において、デラウェア州衡平法裁判所は、本件合併により A 社の株式を所有しなくなった原告は本件合併がもっぱら彼の株主代表訴訟を継続する当事者適格を奪うことを目的とした詐欺であるという合理的な推定を支持する具体的な事実を主張しなかったため、Lewis 判決（Del. 1984）に基づき、A 社のために株主代表訴訟を継続する当事者適格を欠くと判断し、被告の申立てを認めた[56]。そこで、原告はデラウェア州最高裁判所に上訴した。

　州最高裁判所は、原告の「Lewis 判決における当裁判所の判断は、Rales 事件（Rales v. Blasband）における第三巡回区連邦控訴裁判所の判決と『相反』（"at odds with"）する」という主張につき、Rales 判決における第 3 巡回区連邦控訴裁判所の判

54　852 A. 2d 896（Del. 2004）.

55　Lewis v. Ward, 2003 WL22461894（Del. Ch., 2003）.

56　もっとも、州衡平法裁判所は原告に Lewis 事件（Del. 1984）判決の一般原則に対する「詐欺の例外（fraud exception）」に該当する事実を主張するために訴状の変更をすることを許可した。原告は変更した訴状において、K 社が本件合併の交渉において優勢になれるはずだったといえる（筆者注：にもかかわらず K 社がそうしなかった）ことおよび本件合併が A 社を存続会社とする通常の合併（a "straight" merger）として、または K 社ではなく A 社を公開親会社とする三角合併（a triangular merger）として構成できるはずだった（筆者注：にもかかわらずそのように合併を構成しなかった）ことを理由とし、「詐欺の例外」に該当すると主張したが、州衡平法裁判所は原告がそれについて十分な立証をしなかったことおよび本件合併の性質と多数派株主としての被告である C 社が A 社におけるエクイティ上の利害関係のために、本件合併において公正な対価を取得することに対する強い関心を有するはずであることから、原告が「詐欺の例外」を満たすに十分な事実を主張しなかったと判断し、原告の変更した請求につき再訴不可能な却下をした（dismissed complaint with prejudice）。Id. at *3~5.

断がLewis判決の判断と矛盾しているとしたデラウェア州衡平法裁判所の判決を引用して、次のように判示し、Lewis判決において示された判断基準に基づき、原審判決を維持した。

「当裁判所に支持された後の衡平法裁判所の判決は、Rales事件における第3巡回区の判決がLewis判決の明白な判断に矛盾（inconsistent）しており、当該判決が原告の意図していない買収会社の名における二重代表訴訟を提起する能力を認めたに過ぎないため、本件事案の判断にとって重要でないと正確に判断した。」

「合併が原告の会社の株主としての資格を失わせる場合に、それは通常原告の当該会社のために派生的な請求権の行使を継続する当事者適格をも失わせる。それらの派生的な請求権は法の作用により存続会社（the surviving corporation）に移転される。そこで、存続会社の取締役会のみが当該訴訟を継続する独占的な権利および当事者適格（the sole right and standing）を有する。したがって、本件において、当裁判所はLewis判決の一般原則およびその2つの例外を認め（ratify）、再確認（reaffirm）する。」[57]

Lewis判決の「単なる組織再編」の例外につき、州最高裁は本件において「A社とK社はそれぞれ自らの取締役会、役員、資産と株主を有する2つの別個の会社（two distinct corporations）である」ため、「単なる組織再編」の例外にあたらないと判断した。

また、Lewis判決のいわゆる「詐欺の例外」（the so-called "fraud exception"）につき、州最高裁は「変更された訴状では、A社の取締役会がK社との合併の構成を指図したこと、またはA社の取締役会がK社との合併を承認した際に、原告の派生的な請求権を考慮に入れたことさえ主張しなかった。このような主張がなかった以上、衡平法裁判所は、A社とK社が当該合併を逆三角合併として（as a reverse triangular merger）構成することを選択したという事実のみでは、『当該合併はもっぱら公開会社としての地位を失った当該会社の株主の代表訴訟の原告当事者適格を奪うことを目的としたものであると推定する合理的な根拠を提供していない』と適切に判断した」と原審判決を是認した[58]。

なお、州最高裁は「本件において、原告は派生的な請求権の行使を継続するための救済手段を欠いていなかった。衡平法裁判所が正しく認識したように、原告は合併後に二重代表訴訟を提起できたかもしれないが、そのような訴訟を提起する試みもしなかった」と示した。

　本判決は、Rales判決の後でも、株式を対価とする合併によって完全親会社の株主となった原告が完全子会社となった従前の会社に属する請求権につき、株主代表訴訟を継続できるかという問題に関して、Lewis判決において示された判断基準がなお適用されることを明らかにした。もっとも、デラウェア最高裁はこの

57　*Supra* note（54）, at 903~904.
58　*Id.* at 904~906.

ような原告が現在の完全親会社の株主としての地位に基づき、二重代表訴訟を提起できる可能性を否定しなかった。

そうであれば、問題は、株式交換等によって完全親会社の株主となった原告は通常の二重代表訴訟において原告に対して要求される行為時株式所有の要件を満たすかという点にある。Lewis判決の示した判断基準に基づけば、会社の組織再編行為によって株主たる地位を失った原告は「一般原則」に対する「2つの例外」のいずれかを主張・立証できない限り、原告適格の維持が認められないため、かかる株主代表訴訟を継続・提起しようとする原告は重い立証責任を負担しなければならない[59]。Lewis判決の「2つの例外」を主張・立証するより二重代表訴訟を利用したほうが合理的な選択になるかもしれないが、株式交換等によって完全親会社の株主となった者が提起するこのような二重代表訴訟に対しても、通常の二重代表訴訟と同様に原告が行為時株式所有の要件を満たすことを要求するならば、かかる二重代表訴訟は原告適格を欠くとして却下されざるをえないことになる。この問題について、次に紹介するデラウェア州最高裁判所の2010年の判決は、株式交換による合併が介在した二重代表訴訟は通常の二重代表訴訟と異なるものであるため、行為時株式所有の要件を要しないことを明らかにした。

（3）組織再編後の多重代表訴訟による救済
——Lambrecht v. O'Neal（Del. 2010）[60]
【事実の概要】

　Merrill Lynch社（以下「M社」という）の株主であった原告L1、L2は、M社の取締役および執行役が当該会社を債務担保証券の引受に参加させたこと等により信認義務に違反したと主張して、それぞれ株主代表訴訟を提起した。ところが、その後、M社とBank of America社（以下「B社」という）との株式交換による合併（a stock-for-stock merger）（以下「本件合併」という）が行なわれ、M社はB社の完全子会社となり、LらはB社の株主となった。そこで、ニューヨーク南部地区連邦地方裁判所は、Lらが原告適格を失ったことを理由として、再訴可能な却下判決を下した。

　L1は最初の訴訟を二重代表訴訟として再訴答し、L2は新たに二重代表訴訟を提起したが、被告は、二重代表訴訟を提起するために、原告は(a)本件合併の後においても、請求原因となった本件合併前の被告らの不正行為の発生した時点においてもB社

59　*Supra* note（55）, at *4~5.

60　3 A. 3d 277（Del. 2010）.

の株主であること、および（b）請求原因となった本件合併前の被告らの不正行為の発生した時点において、B社はM社の株主であることを証明しなければならないとし、再び訴え却下の申立てを行なった。これを受け、ニューヨーク南部地区連邦地方裁判所は、デラウェア州最高裁判所に対して、合併前の被買収会社の株主で、株式交換による合併によって合併後の親会社の株主となったデラウェア州法に基づく二重代表訴訟の原告は、主張された被買収会社における被告らの不正行為の発生した時点において、（a）自らが被買収会社の株式を所有していたことおよび（b）買収会社が被買収会社の株式を所有していたことを証明する必要があるかにつき、意見照会の手続を行なった[61]。

【判旨】

デラウェア州最高裁判所は次のように判示し、株式交換による合併によって完全親会社の株主となった原告が、合併前に株式を所有していた（現在、完全子会社となった）会社に属する請求権に基づく二重代表訴訟を提起する場合に、満たすべき原告適格の要件を明らかにした。

「二重代表訴訟は、一般的に2つのカテゴリーに分けられる。第1は、子会社レベルにおいて主張された不正行為の発生時に既存の完全子会社を有している親会社のために、最初から二重代表訴訟として提起される訴訟である。このカテゴリーの訴訟においては、合併が介在しない。第2のカテゴリーは、訴訟が最初、ある会社のために通常の（standard）株主代表訴訟として提起されたが、当該会社の後に行なう株式交換による合併によって他の会社に買収されるようなケースを含む。」[62]

「自らの取締役会または授権された執行役（officers）を通じて行動するB社には、自らの単独株主たる地位のみによって、その完全子会社であるM社の合併前の請求権を実現するに必要な行動をM社に行なわせるための直接的な支配権を行使する権限および資格が付与された。これを達成するために、B社が有しなければけらない唯一のものであるM社株式は、B社が本件合併によって取得したものである。」[63]

「二重代表訴訟において、原告らはB社の地位に基づく（提訴の）資格を有する。すなわち、彼らは、M社の合併前の請求権すなわち合併後においてM社の100%株主としてのB社に属する権利を実現しようとしている。B社には主張された不正行為の発生時にM社の株式を所有していたことが要求されないのと同じように、原告らについてもその発生時にB社の株式を所有していたことが要求されない。原告らは、B社のために二重代表訴訟を提起しようとする時にB社の株式を所有していれば足りる。この特殊なケースにおける原告らにとって、その要求は簡単に満足できるものである。原告らは本件合併においてB社の株式を取得し、彼らの二重代表訴訟はB社の合併後の行為、すなわちB社が自らの（間接的に）有しているM社の合併前の請求権を訴求しなかったことに基づいたものである。」[64]

---

61 *Id.* at 279~280.

62 *Id.* at 282.

63 *Id.* at 289.

170 第5章 組織再編後の株主代表訴訟の帰すう

　このように、デラウェア州最高裁判所は株式交換による合併が介在した場合の
二重代表訴訟、すなわち株式交換によって完全親会社の株主となった原告が完全
子会社となった従前の会社のために提起する二重代表訴訟と通常の二重代表訴訟
を区別し、前者の場合においては、原告に対して、請求原因となる子会社の取締
役等の違法・不正行為の発生時に当該親会社の株主であるという行為時株式所有
の要件が適用されず、原告は当該二重代表訴訟を提起する際に親会社の株式を保
有すれば十分であることを明らかにした。

　その理由付けにおいて、州最高裁判所は、株式交換後に原告らが株式を所有し
ている完全親会社であるB社は完全子会社M社の合併前の請求権を実現させる
ために、M社の代わりに（通常の）株主代表訴訟を提起するまでもなく、M社の
全株式を保有している単独株主としての地位に基づき、それを実現するのに必要
な行動をM社の取締役会に行なわせる直接かつ実行可能な権限（practical power）
を有しており、本件のような二重代表訴訟は合併後の完全親会社B社がその完
全子会社M社の合併前の請求権を実現させなかったという合併後に発生した事
実に基づくものであると示した[65]。

　したがって、本判決は、株式交換等組織再編によって株主たる地位を失った者
が新訴として提起する二重代表訴訟は完全親会社関係を前提としない通常の二重
代表の訴訟と異なり、とりわけ①株式交換により被告取締役の属していた会社が
他の会社の完全子会社となり、かつ②当該原告は当該株式交換後に完全親会社の
株式を取得した場面に限り認められることを示唆した。

（4）まとめ

　連邦控訴裁判所の下したRales判決（3d Cir. 1992）は、株式交換等組織再編が
行なわれ、原告が親会社の株主となった場合に、かかる組織再編後の株主代表訴
訟の帰すうの問題と二重代表訴訟との関係を示唆した。Rales判決が示したよう
に、組織再編後親会社の株主となった原告は従前の株主代表訴訟を二重代表訴訟
に切り替え、または新訴として二重代表訴訟を提起することができるかもしれな
い。ただ、Rales判決はデラウェア州最高裁のLewis判決（Del. 1984）に対して
独自の解釈を行なったうえで下した判断であり、Lewis判決において示された基

64　*Id.*

65　DEMOTT, *supra* note（6）, § 2: 10 Double and triple derivative actions, at 174.

準を否定したものではない。後の Lewis v. Ward（Del. 2004）において明らかになったように、Rales 判決以降でも、組織再編後の株主代表訴訟の帰すうの問題に関しては Lewis 判決の示した判断基準がなお適用される[66]。

　もっとも、Rales 判決を契機に、組織再編後に二重代表訴訟を利用して子会社となった従前の会社の被った損害を救済しうることが明らかとなった。Rales 判決によれば、株式交換により従前の会社が他の会社の完全子会社となり、かつ原告がその完全親会社の株主となった場合には、当該原告は二重代表訴訟を提起して、株式交換前に行使できるはずだった派生的な請求権を行使することができる。さらに、Lambrecht v. O'Neal（Del. 2010）判決の示したように、組織再編が介在した場合の二重代表訴訟は性質上、通常の二重代表訴訟と異なるものであるため、それと異なる要件で認められる。この種類の二重代表訴訟は Lewis 判決の示した2つの例外に対する主張・立証とともに、会社の一方的な組織再編行為により自らの意思に反して株主たる資格を失った者が従前の会社の被った損害に対する救済を求めるために利用可能な手段の1つになる。

第3節　会社法851条の制定およびその問題点

1　会社法851条の立法経緯と制度趣旨

　株主代表訴訟を定めた会社法847条によれば、6箇月前（定款の定めによって期間を短縮することは可能）から引続き株式を有する株主は、株式会社に対して取締役等の責任追及等の訴えの提起を請求することができる[67]。これは株主代表訴訟

66　Lewis v. Ward（Del. 2004）以降の Feldman v. Cutaia, 951 A. 2d 727（Del. 2008）において、デラウェア州最高裁は「主張される請求は派生的なものではなく、直接的な請求であるとき、または、Lewis v. Anderson 判決において認識された例外のいずれかが適用するとき」、組織再編によって株主としての地位を失った株主は原告適格を有すると示した。*Id.* at 731.

　　本件では、原告は Telx 社の株主であったところ、名目上の被告とされた Telx 社は別の会社に吸収合併され（以下「本件合併」という）、当該会社の全株式がキャッシュ・アウト（cashed out）されたため、原告は Telx 社の株式を保有しなくなった。本件合併前に提起された本件訴訟において、原告は本件合併前に Telx 社の従業員ストック・オプション・プランに基づき被告ら3人に与えられたストック・オプションによって当該会社における持分（his equity holdings）が希釈され、それによって本件合併において十分の対価を受けなかったと主張した。デラウェア州最高裁判所は、「会社の全株主が損害を受け、そして株主であるために当該会社の株式を保有する割合に応じてのみ救済される場合には、当該請求はその性質上派生的である。」と判示したうえで、原告が本件訴訟における原告適格を欠くと判断した。*Id.* at 733.

67　なお、会社法847条2項により、公開会社でない会社においては、このような一定の株式保有の

172 第5章 組織再編後の株主代表訴訟の帰すう

の原告に対して課している原告適格の客観的要件[68]——6箇月の株式保有要件である。また、ここにいう「株式会社」は一般的に「現に株主が保有している株式の株式会社」と解され、この株式保有要件から、株主代表訴訟が係属している間は原告株主が提訴当時に有している会社の株式を継続して保有していなければならない（以下「株式継続所有の要件」という）と解されている[69]。その理由については、株主がその会社の株主たる資格で会社の権利を行使するという株主代表訴訟の訴訟構造により、その会社の株主たる資格を失えば会社との法律関係が断絶し、株主たる地位に基づく代表訴訟追行権を失うからであるとされている[70]。

株式継続所有の要件にしたがえば、株主代表訴訟の係属中に原告株主が株式の全部を譲渡して株主たる資格を失った場合には、原告適格を欠くこととなり、かかる訴えは不適法として却下されざるをえない[71]。しかし、株主の意思にかかわらず、株式交換等会社による組織上の行為のために、法律の規定にしたがって強制的に株主としての地位が失われた場合に原告が株主代表訴訟を継続するための原告適格を失うかについては、平成17年会社法施行前では下級審裁判例と学説との間に見解が分かれていた。

会社法施行前の下級審判決は、ほぼ例外なく、株主代表訴訟の係属中に会社の組織再編に伴う株式交換・株式移転によって被告取締役等の属していた会社が完全子会社となり、原告株主が完全親会社の株主となった場合には原告適格が喪失するとし、かかる訴えを不適法として却下していた[72]。このような判断を下した判決は、主に株主代表訴訟を認めた改正前商法267条の文理解釈を理由とし、す

要件は要求されず、単に株主であれば、株主代表訴訟の原告適格を有する。

68　株式保有要件のほかに、代表訴訟を提起しようとする原告株主に対して主観的要件も明文により課されている。会社法847条1項但書によれば、「責任追及等の訴えが当該株主もしくは第三者の不正な目的を図りまたは当該株式会社に損害を加えることを目的とする場合は」、当該責任追及の訴えの提起を会社に請求することができない。詳細については、本書第4章第3節の2の（2）を参照。

69　上柳克郎＝鴻常夫＝竹内昭夫編『新版注釈会社法（6）』（有斐閣、1987）〔北沢正啓〕367頁、前田庸『会社法入門（第12版）』（有斐閣、2009）439頁、奥島孝康＝落合誠一＝浜田道代編『新基本法コンメンタール　会社法3（第2版）』（日本評論社、2015）448頁〔山田泰弘〕。

70　新谷・前掲注（3）33頁。

71　上柳ほか編・前掲注（69）〔北沢〕367頁、奥島ほか編・前掲注（69）448頁〔山田〕。

72　東京高判平成15・7・24判例時報1858号154頁（横浜松坂事件控訴審）、東京地判平成15・2・6判例時報1812号143頁（三井不動産販売事件）、名古屋高判平成15・4・23判例集未掲載LEX/DB 28082302（東海銀行事件控訴審）、名古屋地判平成14・8・8判例時報1800号150頁（東海銀行事件第1審）、東京地判平成13・3・29判例時報1748号171頁（日本興業銀行事件）。

なわち平成17年「改正前商法267条1項が代表訴訟を提起しうるものとして『六月前ヨリ引続キ株式ヲ有スル株主』と規定しているのは代表訴訟の原告適格を定めたものであり、右『株主』とは、文理上は被告である取締役が属する会社の株主であると解される」[73]ということに基づき、株式交換・株式移転後の原告の当事者適格を否定した。このほかに、原告適格を否定する理由として挙げられたものとしては、①（平成17年改正前）商法は、「親会社」と「子会社」の用語を明確に定義し、子会社と親会社との法律関係を規律する場合には、「親会社」、「子会社」という用語を用いてその旨を明らかにしていることから、商法267条1項・2項にいう「会社」には、「子会社」は含まないと解すべきであること、②完全親会社の株主となった者は完全子会社の財務状況から間接的な影響しか受けず、完全子会社の取締役に対する監督は株主である完全親会社の取締役の総合的な判断によるものであるため、当該子会社の取締役の責任が明白であるにもかかわらず、追及されないような場合には、完全親会社の株主は、完全親会社の取締役に対して株主代表訴訟を提起し、その任務懈怠責任を追及することによって対処すべきであること、③株式交換・株式移転には株主総会の特別決議を要することから、株主の意思によらない地位の喪失とはいえず、やむをえないことであること、④株式交換・株式移転に反対する株主保護のために株式買取請求権が用意されており、また株式交換・株式移転無効の確認の訴えを提起して、株主代表訴訟の回避を目的とする株式交換・株式移転を是正する途も残されていること等がある[74]。

　しかし、下級審裁判例においてほぼ定着していたこのような判断に対して、多数の商法学者はそれを批判して反対意見を述べた。学説は、主に次のようなことを根拠として、会社の組織再編行為に伴う株式交換・株式移転によって（完全）親会社の株主となった原告株主に株主代表訴訟を継続するための当事者適格を例外として認めるべきであると主張した。すなわち①原告株主は自らの意思とかかわりなく、株式交換・株式移転の会社による組織上の行為によって強制的に株主の地位を失った場合に、株主代表訴訟が却下されるという判断は明らかに正当性

73　前掲注（72）において挙げた判決を参照。

74　名古屋地判平成14・8・8判例時報1800号150頁（東海銀行事件第1審）を参照。なお、原告はさらに控訴した東海銀行事件控訴審（名古屋高判平成15・4・23裁判所ウェブサイト）では、高裁は原審の文言解釈を踏襲して、控訴人（株主側）の訴えを却下した。

を欠くこと[75]、②原告株主は、株式交換・株式移転後においても完全親会社の株主として利害を継続していること[76]、③被告取締役等が提起された株主代表訴訟から逃れるために株式交換・株式移転制度を悪用する危険性があり[77]、それに単に株主代表訴訟の回避を目的とするという事情の存在だけでは株式交換・株式移転無効の事由があるとは言い難いこと[78]、④完全親会社が完全子会社の取締役等に対する提訴権を適切に行使するか、また完全親会社取締役がかかる提訴権を適切に行使しなかった場合にそれによる完全親会社取締役の責任を実効的に追及できるかは事実上疑問があること[79]、および⑤株式交換・株式移転において従来の株主に買取請求権が与えられるが、結審していない株主代表訴訟が原告勝訴で終結するならば有するであろう原告の株式の評価額は正しく反映されず[80]、被告取締役等の行為により対象会社が被った損害があるとしても、それが裁判所に認められた公正な買取価格に反映されない可能性が高いこと[81]が挙げられた。

　右のような下級審判決への学説の強い批判を考慮して、平成17年会社法制定時に、株主代表訴訟係属中に株式交換等組織再編により完全親会社（または吸収合併存続会社・新設合併設立会社）の株主となった者の原告適格の維持を認める立法的手当てがなされ、株主でなくなった者の株主代表訴訟の追行を認める会社法851条が新設された[82]。

　会社法851条によれば、株主代表訴訟の提起後に株式交換・株式移転により被告である取締役等の属する会社が他の株式会社の完全子会社となり、原告株主が完全親会社の株主となった場合には、原告適格を喪失することなく当該訴訟を追行することができ（同条1項1号）、また被告取締役等の属する会社が合併の消滅会社となった場合において、原告株主が新設合併設立会社または吸収合併存続会

75　関俊彦「株主代表訴訟の原告適格と株式移転」ジュリスト1233号（2002）113頁、新谷・前掲注（3）34頁、周劍龍「判批」金融・商事判例1127号（2001）66頁、鳥山恭一「判批」法学セミナー561号（2001）114頁、江頭憲治郎ほか「〈特別座談会〉株式交換・株式移転——制度の活用について」〔江頭発言〕ジュリスト1168号（1999）115頁。

76　株主代表訴訟制度研究会「株式交換・株式移転と株主代表訴訟（1）——原告適格の継続——」商事法務1680号（2003）11頁。

77　村上裕「判批」東北大学法学66巻4号（2002）101頁、新谷・前掲注（3）37頁。

78　村上・前掲注（77）102頁。

79　株主代表訴訟制度研究会・前掲注（76）10頁、高橋英治「判批」商事法務1719号（2005）133頁。

80　高橋・前掲（79）134頁。

81　吉本健一「判批」判例時報1767号（2002）184頁。

82　奥島ほか編・前掲注（69）448頁〔山田〕。

社もしくはその完全親会社の株主となった場合も同様である（同条同項2号）[83]。なお、原告が株主となった完全親会社がさらに株式交換により他の会社の完全子会社等になった場合も同様である（同条2項）。

このように、従来の下級審判決は株主代表訴訟係属中に原告が会社の株式交換等組織再編行為によって株主の地位を失った場合に、「法律の文理に反して原告の原告適格の維持を認めると解釈すべき特段の理由」またはこのような原告に個別の救済を図るべき特段の事情がないとして、原告に対して訴え却下の判断を下したのに対し、会社法は、株主代表訴訟の係属中に原告である株主が株主でなくなった場合（例えば、株式を売却した場合や金銭交付合併等で株主が親会社株式以外の財産しか交付を受けなかった場合等）には、原則として原告適格を失う[84]ことを明確にした上で、その例外として、株式交換・株式移転、合併により、原告株主が完全親会社（または吸収合併存続会社・新設合併設立会社）の株主となった場合には、原告適格を失わないとした[85]のである。

会社法立法担当官の解説によれば、本条は「原告株主は完全親会社の株主として引き続き代表訴訟の結果につき間接的に影響を受けうるにもかかわらず、それまでの訴訟活動が全て水泡に帰する結果となってしまうことは妥当ではないという批判がされていた」ため、制定されたものである[86]が、この条文の直接に依拠した理論構成は必ずしも明らかでない。しかし、学説の結実である[87]といわれている本条の制定を導いた議論からこのような例外を認める必要性と趣旨が窺えるかもしれない。学説において挙げられた主な理由には、（ア）原告株主が自らの意思にかかわりなく、会社の一方的な組織再編行為によって強制的に株主の地位を失った場合には、原告適格を欠くために代表訴訟を却下するという判断は正当性を欠くこと（右の学説の根拠①）、（イ）株式交換・株式移転は実質的には単なる

---

83 もっとも、消滅会社株主が新設合併設立会社の株式を取得したり、吸収合併存続会社の株式を取得した場合については、合併における包括承継の理論に基づけば、特に会社法851条1項2号のような定めがなくても、このような株主は消滅会社株主と同様に扱われ、原告適格を失わないと解することができる。したがって、本号の規定はこれを確認したに過ぎない。岩原紳作「『会社法制の見直しに関する要綱案』の解説（Ⅲ）」商事法務1977号（2012）10頁。

84 江頭憲治郎『株式会社法（第7版）』（有斐閣、2017）499頁（注8）。

85 相澤哲編『新・会社法の解説』別冊商事法務295号（2005）218頁。

86 相澤編・前掲注（85）218頁。

87 周劍龍「株主代表訴訟」岩原紳作＝小松岳志編『会社法施行5年 理論と実務の現状と課題』ジュリスト増刊（2011）31頁。

176　第5章　組織再編後の株主代表訴訟の帰すう

組織変更に過ぎず、提訴株主は形式的に完全子会社となった従前の会社の株主で
ないにしても、実質的には一貫して投資を継続しており、原告適格の関係で従前
の会社の株主としての地位を失っていないこと（右の学説の根拠②）[88]、（ウ）会社
に対して違法・不正行為を行なった被告取締役等は株主代表訴訟による責任追及
を回避するために、株式交換等組織再編を濫用する可能性があると考えられ、か
つそれを矯正するためにその他の救済手段（株式交換等組織再編の無効の主張や株式
買取請求権の行使、または提訴権を適切に行使しなかったことによる完全親会社取締役の
責任の追及）を利用することが事実上期待できないこと（右の学説の根拠の③、④およ
び⑤）がとりわけ重要であろう。もっとも、（ア）については、株主としての資
格の喪失が当該株主の意思によらず、もっぱら会社の一方的な行為によるもので
あるということだけでは、株式継続所有の要件に反して原告適格を認めるほど特
段な事情があるとは言い切れないため[89]、従前の会社の株主たる資格を失った者
に対して代表訴訟の原告適格を認めるべきであるという結論を導く根拠として
は、（ア）だけでは足らず、実質的にみれば、（イ）従前の会社における株主とし
ての地位に変更がない、または（ウ）かかる組織再編が代表訴訟による責任追及
の回避を目的としたものであるという2つの特殊な事情のうちのいずれかが存在
することが必要であろう。

　しかし、会社法851条の文言からみれば、本条は例外として株主でなくなった
者の株主代表訴訟の追行を認める場合の形式的要件しか定めていない。したがっ
て、形式的に本条の要件を満たしていなくても、実質的にみれば原告適格の維持
を認める必要性がある——右の2つの特殊な事情のいずれかが存在する——場合
には本条を適用または類推適用できるか、またもしできなければどのような対応
策をとりうるかという疑問がある[90]。これは会社法851条のすなわち適用要件に関
する問題である。以下では株主代表訴訟の係属中に株式交換等組織再編が行なわ
れる場合と株式交換等組織再編後に株主代表訴訟が提起される場合に分けて、検
討してみる。

88　前掲注（76）に挙げた文献のほか、奥島ほか編・前掲注（69）449頁〔山田〕、相澤哲編『一問
　一答　新・会社法〔改訂版〕』（商事法務、2009）248頁もある。
89　釜田薫子「判批」商事法務1819号（2007）45頁。
90　奥島ほか編・前掲注（69）449頁〔山田〕は、親会社の株式を対価とする全部取得条項付種類株
　式の取得があった場合に、本条が類推適用されると解する。

2 会社法851条の適用要件に関する問題点

（1）訴訟係属中に株式交換等が行なわれる場合

会社法851条は、株主代表訴訟の係属中に株式交換・株式移転が行なわれ、被告取締役等の属する会社が他の会社の完全子会社となり、原告が完全親会社の株主となった場合には、原告適格を失わないこと（同条1項）[91]、および被告取締役等の会社が消滅会社となる合併がなされ、原告株主が存続会社または新設会社の株式を取得した場合、または完全親会社がさらに株式交換や合併をした場合でも、原告がさらにその完全親会社または存続会社の株主であり続ける限り、原告適格を失わないこと（同条2項・3項）を定めている。

したがって、本条で定められる株式継続所有の要件の例外として、株式交換等組織再編により株主たる地位を失った原告の代表訴訟における原告適格がなお維持されるのは次の3つの要件が満たされた場合に限る。すなわち、①株式交換等組織再編行為の時点において、株主代表訴訟は既に提起されている状態にあること、②株式交換等組織再編行為の結果として、従前の会社を完全子会社（消滅会社）とする完全親子会社の関係（合併）が形成されたこと、③原告株主が完全親会社（存続会社または合併新設会社）の株式を取得したことである。なお、原告は株主代表訴訟を継続するにはこれらの3つの要件を全て満たさなければならない。

右の①の要件は、株式交換等組織再編が行なわれた後に裁判所に対して提起される株主代表訴訟には会社法851条の規定が適用されず、株式継続所有の原則にしたがい、株式交換等により完全親会社（存続会社または合併新設会社）の株式を取得した株主であっても、かかる組織再編行為以前に提訴しない限り、完全子会社となった従前の会社に対する取締役等の責任を追及できないということを意味する。換言すれば、本条は株主の現実に行使している代表訴訟提起権の組織再編行為による喪失のみを救済するためのものであり、潜在的に存在する株主の代表訴訟提起権の組織再編行為による喪失を救済するものではないとみることができる[92]。このような制限を設けた理由[93]は必ずしも自明ではないが、訴訟の提起が

---

91 なお、平成26年会社法改正に伴い、削除された会社法施行規則219条によると、当該会社と持株会社との間に中間的持株会社がある場合や、当該会社の株式の全てを完全親会社と当該会社以外の完全子会社に保有される場合も同様である。

92 小林＝髙橋・前掲注（5）56頁。

93 立法担当官の解説からみれば、訴訟係属中に会社の組織再編行為が行なわれた場合には、原告適格の維持を認めなければ、原告のそれまでの訴訟活動が全て水泡に帰する結果になってしまう

178　第5章　組織再編後の株主代表訴訟の帰すう

会社の組織再編行為の前か後かで、現行法のような重大な差を生じさせることの合理性は疑わしい[94]と言わざるをえない。この問題は次節において検討するが、仮に①の要件が満たされることを前提に、すなわち株主代表訴訟の係属中に株式交換・株式移転等が行なわれる場合に限り原告適格の維持が認められるとしても、②と③のような要件には問題がないと言い切れない。

　すなわち、まず②の要件は、株式交換等組織再編行為によって従前の会社を完全子会社とする完全親子会社関係が形成される場合、または従前の会社を消滅会社とする合併が行なわれた場合に限り、例外として原告適格の維持を認めるということである。会社法が合併の場合を除き、完全親子会社関係を形成する場合に限定した理由は明らかではないが、株式交換・株式移転が親会社となる会社が完全親会社となる場合に限られていることとの平仄を合わせるためだけと推察できる[95]。しかし、この要件のために、親会社が完全子会社の株式の一部を（当該会社の別の完全子会社以外の）他の者に譲渡した場合等には、会社法851条が適用できず、原告は当事者適格を失うことになる。換言すれば、株式交換・株式移転後に完全親会社が一株でも完全子会社の株式を譲渡すれば、提訴株主の原告適格が否定されることになる。本条の適用は容易に回避できる[96]。

　また③の要件については、原告は自らの意思により株式を売却した場合だけではなく、組織再編における対価の柔軟化により、金銭、社債、新株予約権等完全親会社または存続会社・新設会社の株式以外の財産しか交付を受けなかった場合には、株主代表訴訟の原告適格を失うことを意味する[97]。金銭のみが交付された場合については、立法担当官は「原告株主が、組織再編行為により金銭を取得していた場合には、その後、原告は当該株主代表訴訟の結果によって、自己の財産の価値が左右されることはなくなるため、代表訴訟を真摯な遂行を期待することができない」と解説しており[98]、また、学説では原告株主に社債等が交付されて

　ことは妥当ではないということを強く意識しているようであるが、このような説明は株主の地位を強制的に失わせた会社の組織再編行為が行なわれた後に裁判所に対して訴訟を提起した者に対して一切原告適格を認めないという会社法851条の立場を正当化できるかについて、疑問を禁じえない。

94　前田雅弘「親会社株主の保護」ジュリスト1439号（2012）43頁。

95　神田秀樹『会社法（第19版）』（弘文堂、2017）271頁を参照。

96　周・前掲注（87）31頁、奥島ほか編・前掲注（69）449頁〔山田〕、小林＝高橋・前掲注（5）57頁。

97　相澤編・前掲注（85）218頁。

同人が完全親会社の株主とならなかった場合にも、原告株主は原告適格を喪失するとされている[99]。このほかに、株式交換等組織再編行為以外の会社の行為によって株主の地位が強制的に失われた場合については、下級審裁判例には、株主代表訴訟の原告が訴訟の口頭弁論終了前に株主たる地位を失った場合にはその原因の如何を問わず、原則として原告適格を失うものと解すべきであることを示したうえで、100％減資手続を含む再生計画案の実施により原告株主が株主の資格を喪失した場合に、原告株主は任意に株主の資格を放棄したわけではなくても、完全親会社の株主として被告取締役等の会社に関する利害を継続する関係を喪失したため、当該訴訟における原告適格を有しないと判断し、原告の訴えを不適法として却下した事例[100]がある。当該地裁判決に対して、会社法851条の反対解釈として、組織再編行為以外の事由による株主地位の喪失の場合には原告適格が失われるとしなければならないという見解[101]がある一方、株主の意思に基づかない株式所有関係の解消による株主代表訴訟への影響を限定的にすべきであるという立場から、本件のような100％減資の場合には会社法851条の類推適用を認めるべきとする見解もある[102]。

　もっとも、原告株主が完全親会社または存続会社・新設会社の株式以外の財産しか交付を受けなかった場合に原告適格を失うとする理由は、当該原告株主は会社に対して株主としての利害関係をもはや有しなくなったからと解されているようであるが、少数株主の意思にかかわらず、会社が組織再編の構成や対価を選ぶ一定の自由が法的に認められているため、株主代表訴訟を回避する目的でかかる組織再編を行なう危険性は否定できないと思われる。

　会社法851条は株式継続所有の原則に対する例外として原告適格の維持を認めるための要件として、株式交換・株式移転による完全親子関係の形成（または合併）および完全親会社（または吸収合併存続会社・新設合併設立会社）の株式の取得という2つの要件を要求することによって、原告株主が組織再編前後に従前の会社おける株主としての利害関係を維持していることを担保しているのかもしれない。しかし、右のような形式的要件は容易に回避できるため、実質的にみれば、

98　相澤編・前掲注（88）260頁。
99　江頭・前掲注（84）499頁（注8）。
100　東京地決平成16・5・13判例時報1861号126頁。
101　柴崎暁「判批」金融・商事判例1267号（2007）23頁。
102　奥島ほか編・前掲注（69）450頁〔山田〕。

原告の株主たる地位を失わせた会社の組織再編行為において株主代表訴訟逃れの目的が明らかである場合であっても原告適格の維持が否定されるとすれば、株主代表訴訟の途が不当に閉ざされるおそれがある。このような場合に例外的に原告適格を認める必要性があるにもかかわらず、会社法851条の形式的要件が満たされていないからといって、原告適格を否定するのは問題があると言わざるをえない。

（2）株式交換等の後に訴訟が提起される場合

　前述したように、会社法851条の文言によれば、本条の適用は株式交換等組織再編の前に訴えが提起されていた場合に限定されるため、組織再編が行われた後は、従前の会社の株主としての資格を失った者が組織再編行為に伴い完全親会社または存続会社・新設会社の株式を取得した場合であっても、従前の会社に対する任務懈怠による取締役等の責任を追及するために株主代表訴訟を提起する原告適格を有しなくなる。平成17年会社法制定時に、株式継続所有の要件に対する例外は株主代表訴訟係属中に会社の株式交換等組織再編行為が行なわれた場合に限って認められるとした理由は明らかではないが、それは従来の下級審裁判例はほぼ例外なく、株主代表訴訟係属中に株式交換等の組織再編行為が行なわれた事案であり[103]、このような場面における原告適格の維持を否定した判断に対する学説の強い批判があったにもかかわらず、このような下級審判決がほぼ定着していたことを受けて、立法的な解決に踏み込んだという立法経緯があったこと[104]、および多数の学説は、少なくとも株主代表訴訟係属中に株式交換等の組織再編行為が行なわれた場合においては、例外として原告適格の維持を認めるべきであると主張していたこと[105]と一定の関連性があると推測できよう。換言すれば、このような限定を設けたのは、会社法制定当時、訴訟係属中に株式交換等組織再編が行なわれる場合における株主代表訴訟の帰すうの問題のみが喫緊の課題として浮き彫りになったからであろう。

　しかし、従来の下級審裁判例において現れなかった問題、すなわち株式交換等組織再編後、従前の会社が別の会社の完全子会社となり、従前の会社の株主が完全親会社の株主となったような場合に、当該株主は従前の会社の取締役等が組織

103　前掲注（72）に挙げた下級審裁判例を参照。

104　周・前掲注（87）31頁。

105　例えば、土田・前掲注（1）72頁、荒谷裕子「判批」判例時報1885号（2005）217頁等がある。

第 3 節　会社法 851 条の制定およびその問題点　*181*

再編前に当該会社（現在では完全子会社）に対して負担した責任を追及するために株主代表訴訟を提起できるかという問題が、新たに浮上した。この点が問題となった会社法制定後の下級審裁判例として、東京地判平成19年 9 月27日判例時報1992号134頁がある。

　本件では、旧 A 社と B 社が共同で株式移転を行なうことにより完全親会社 C 社（後に、商号変更により A 社となった）を設立した。原告 X は、本件株式移転前、旧 A 社の株主であったが、株式移転後、完全親会社 C 社の株主となった。本件株式移転後、X は完全親会社 C 社の取締役または監査役に就任せず、旧 A 社の取締役または監査役の地位に留まっている Y らを被告として、Y らの旧 A 社に対する忠実義務違反および善管注意義務違反による責任を追及するための株主代表訴訟を提起した。なお、本訴では、X は Y らに対して、かかる損害賠償金を C 社に支払うよう請求した。

　裁判所は、会社法851条の立法経緯、規定文言および条文相互間の関係等を踏まえたうえで、「会社法847条に規定する『株式会社』とは、現に株主が保有している株式の「株式会社」を指し、例外的に、同法851条 1 項 1 号により、株主の地位を喪失しても、株主代表訴訟係属中に株式移転が行なわれたときには当該株主代表訴訟の原告適格を有しているものと解するのが相当である。そうだとすると、株式移転により完全親会社が設立された場合に当該完全親会社の株主となった者は、完全親会社の取締役、監査役等役員を相手に株主代表訴訟を提起することができるのであって、完全子会社の取締役、監査役等役員を相手に株主代表訴訟を提起することはできないというべきである。」という解釈論を示したうえで、X が本件株式移転により完全親会社 C 社の株主となり、旧 A 社の株主たる地位を喪失したことおよび Y らが旧 A 社の取締役または監査役であったが、完全親会社 A 社の取締役または監査役に就任したことはないという事実に基づき、X の請求を棄却した[106]。

106　もっとも、本件では、原告 X は組織再編後でもなお完全子会社（旧 A 社）に属する（組織再編前に発生した）取締役等（被告 Y ら）の（旧 A 社に対する）損害賠償責任を完全親会社（C 社、後の A 社）に対して履行するよう求めており、裁判所は「被告 Y らは A 社に対して取締役又は監査役としての責任を負うべき地位にあるか否か」という争点に対する判断として、それを否として、X のかかる請求を棄却したのである。しかし、かかる判断を下す際に、当該裁判所は、もっぱら株式移転により従前の会社における株主としての地位を喪失した X は Y らを相手に株主代表訴訟を提起することはできないこと（判例時報1992号137頁）を根拠としている。したがって、本件判決は、実質的には Y らの旧 A 社に対する責任を追及するための株主代表訴訟

182　第5章　組織再編後の株主代表訴訟の帰すう

本判決は会社法847条および851条の文言に忠実にしがたい下した[107]判断であるといえるが、その理由付けにおいて、裁判所は会社法851条の立法経緯について「改正前商法のもとにおいては、株主代表訴訟係属中に、株式移転により完全親会社の株主の地位を取得し、完全子会社の株主の地位を喪失した株主の完全子会社の取締役、監査役等役員に対する訴えの原告適格の有無が問題となっていたところ、原告適格を失うとするのが裁判実務であった……上記裁判実務の立場に対し、学説上は批判が多くあった。そこで、会社法は、前記裁判実務を変更する趣旨で、新たに851条を設け」たと述べただけで、株式継続所有の原則に対する例外として本条の定めた要件を満たした場合に限って原告適格を維持する実質的な根拠には触れなかった。形式的な要件しか定めていない条文を形式的に適用すれば、本件事案における原告の訴えは不適法却下とされる、または本判決のようにかかる請求が棄却されることにならざるをえないと思われる。

しかし、問題は、組織再編前に発生した取締役等の完全子会社に対して負担した債務は組織再編後でもなお存在している[108]以上、それを履行させるための実効性のある方法を用意する必要があるという点である。このような場面においては、完全子会社の損害額をそのまま完全親会社の損害額と同視するできる場合[109]はともかく、完全子会社に対する任務懈怠については、原則として別の法人格を有する当該完全子会社に対して損害賠償しなければならないと考えられる[110]。完

におけるＸの当事者適格を否定したと考える。言い換えれば、仮にＸはＹらの（旧Ａ社に対する）損害賠償責任を旧Ａ社に対して履行することを求め、株主代表訴訟を提起するとしても、恐らく原告適格を欠くことを理由に不適法却下とされることになるのではないかと思われる。

107　会社法851条に関してはその類推適用を考慮しておらず、限定的な解釈を行なったともいえよう。

108　関・前掲注（75）107頁以下。

109　完全親子会社間であれば子会社の損害額をそのまま親会社の損害額と同視できる可能性を認めた判例として、最判平成5年9月9日民集47巻7号4814頁がある。

110　この点に関しては、本件の原告Ｘは別訴（東京地判平成20・3・27判例時報2005号80頁）において、本件株式移転後に完全親会社Ｃ社の取締役に就任した旧Ａ社の元取締役Ｚに対して、同様な請求原因に基づく損害賠償をＣ社に支払うよう求めた株主代表訴訟を提起したが、かかる請求は棄却された。株式移転により完全子会社となった会社（旧Ａ社）の取締役はその後に完全親会社（Ｃ社）の取締役に就任した場合、完全子会社の取締役として行なった過去の任務懈怠行為を理由に、完全親会社に対して責任を負うかという問題につき、裁判所は、株式移転によって完全親子関係が創設された場合には「……既存の株式会社の法人格は、完全子会社となった後も維持されるため、既存の株式会社の有する債権債務関係が、当然に完全親会社に承継されるわけではない」ため、子会社の取締役として行なった任務懈怠にかかる責任は株式移転の後でも当該子会社に対するものに過ぎず、当該取締役が「株式移転後に完全親会社の取締役に就任したとしても、完全子会社において行った過去の違法行為を理由に、完全親会社に対して責任を負うことは特段の事情が存在しない限りないというべきである」と判断した。もっとも、本判決は「特段の

全子会社の被った損害を救済するために完全親会社の取締役会が株主代表訴訟提訴権を適切に行使するかは事実上疑問があることやその他の効果的な手段[111]が必ずしも利用できないことを考慮すれば、株主代表訴訟係属中に株式交換等組織再編が行なわれた場合と同様に、一定の場合に、株式交換等組織再編後完全親会社の株主となった者について、完全子会社の被った損害を回復するために提起される株主代表訴訟における原告適格を例外として認める必要性がある。

3　まとめ

　会社法851条の立法経緯——すなわち、平成17年会社法制定前に、株主代表訴訟提起後に株式交換・株式移転が行なわれ、法律の規定にしたがい親会社の株式を取得し親会社の株主となった原告株主は当該組織再編によって完全子会社となった会社における株主代表訴訟の原告適格を喪失するとして、かかる訴訟を不適法却下とする判決が相次ぎ、このような判断に対して多くの学説が反対意見を述べたにもかかわらず、原告適格の維持を否定する下級審判決がほぼ定着していたことを受け、立法的な解決に踏み込んだということ——に鑑みれば、このような場合における原告適格の維持を認める会社法851条の新設は評価されるべき立法措置といえるのであろう[112]。

　しかし、右の検討からみたように、本条は株式交換等組織再編によって株主で

　事情」があれば、組織再編前に完全子会社の取締役の任務懈怠により完全子会社が被った損害についても、完全親会社の株主の提起する代表訴訟によって完全親会社に対して損害賠償をさせる余地があることを示唆した。裁判所が「C 社の設立は、X の主張した違法行為に基づく旧 A 社の取締役の責任を回避するためにされたものとは認めない」と判示したことに鑑みれば、かかる「特段の事情」とは株主代表訴訟による責任の追及を回避する目的で株式移転等組織再編を行なったことを意味しているかもしれない。

　　しかし、仮に右のような「特段の事情」があるとしても、本件のような組織再編前に完全子会社に発生した損害につき、組織再編後に完全親会社の取締役となった者に完全親会社に対して賠償させるのは合理的な解決ではないと思われる。なぜなら、仮に完全子会社に対して任務懈怠のあった取締役が完全親会社に対して損害賠償をしたとしても、完全子会社の被った損害が補てんされる保証がなく、完全子会社の債権者が救済されないという問題が生ずるほか、完全親会社の取締役に就任するかしないかによって、完全子会社に対して負担した債務を履行させるか否かが決まるのは不合理であるからである。陳若嵐「判批」ジュリスト1433号（2011）130頁を参照。

111　例えば、本件判決に対する検討において、株式継続所有の原則に対する例外としてではなく、二重代表訴訟を認める可能性や利害関係の継続等を考慮して、例外的に原告による完全子会社の取締役等の責任の追及を認めるべきであるとする見解がある。金尾悠香「判批」慶応義塾大学法学研究81巻10号（2008）98~99頁。

112　周・前掲注（87）31頁。

なくなった者の原告適格の維持を例外的に認める場面について実質的要件でなく
形式的要件しか定めていないため、新たな問題を生じさせた。具体的には、次の
ような2つの問題である。1つは、株主代表訴訟の係属中に組織再編が行なわれ
る場面に関して、かかる組織再編行為が株主代表訴訟逃れの目的に利用される場
合においては、株主代表訴訟制度が骨抜きにならないように原告適格の維持を例
外的に認めるべきであると考えられるにもかかわらず、現行法では十分な法的手
当てが施されなかったことである。もう1つは、株式交換等組織再編が行なわれ
た後に提起される株主代表訴訟に関して、実質的にみれば、組織再編の後であっ
ても原告適格との関係で原告が従前の会社の株主としての利害関係を失っていな
い、または組織再編が株主代表訴訟による責任の追及を回避するために濫用され
ているような事情があるという場合には例外的に原告適格を認める必要性および
合理性があるにもかかわらず、同条ではそれを一切認めないという立場をとった
正当な理由が見つからないことである。

第4節　2つの問題点についての検討

1　株式交換・株式移転後の株主代表訴訟と平成26年会社法改正

　米国法とりわけデラウェア州判例法においては、株式交換等組織再編後の株主
代表訴訟の帰すうに関しては、1984年のLewis判決（Lewis v. Anderson）におい
て明らかになったように、訴えの提起が組織再編の前か後を問わず、従前の会社
の株主たる地位を失った原告に対して、一般原則として原告適格を否定するが、
2つの例外すなわち、原告の株主としての資格を失わせた会社の組織再編行為が
もっぱら株主代表訴訟を回避する目的で行なわれた場合に認められるいわゆる詐
欺の例外および当該組織再編の前後において原告の事業所有が特に変わらなかっ
た場合に認められるいわゆる単なる組織再編の例外のいずれかが主張・立証され
た場合には、原告適格の維持が認められる。もっとも、連邦控訴裁判所が1992年
に下したRales判決およびデラウェア州最高裁判所の2004年のLewis v. Ward判
決と2010年のLambrecht v. O'Neal判決において明らかになったように、合併・
株式交換等組織再編により株主としての資格を失った者は右の2つの例外を立
証・主張することによって従前の会社に対して株主代表訴訟を継続・提起するこ
とができるだけでなく、完全親会社の株主として二重代表訴訟を提起することも

できる。後者の2010年のデラウェア州最高裁判所の判決からみたように、特に従前の会社が株式交換等により別の会社の完全子会社となり、原告がその完全親会社の株主となった場合には、原告は訴訟を二重代表訴訟に切り替え、または二重代表訴訟として新たに提起することができる。デラウェア州では、二重代表訴訟は実際、合併・株式交換等により株主たる地位を失った者が従前の会社の被った損害に対する救済を認めるために利用可能な手段の1つになっている。

　日本においては、会社法制定前から、会社の一方的な株式交換等組織再編行為により形式的に従前の会社の株主でなくなった者の原告適格の維持を一定の場合に例外として認めるべきとする学説が多数ある。かかる主張を基礎付けるために用いられたアプローチは、大きく分ければ2つある。1つは株式継続所有の要件の解釈からのアプローチまたは手続法的アプローチと呼ばれ、もう1つは多重代表訴訟からのアプローチまたは実体法的アプローチと呼ばれている[113]。前者は原告が任意に株式を手放したわけではなく、会社の株式交換・株式移転の組織再編行為により形式的に株主代表訴訟を提起していた会社の名簿上の株主でなくなった場合に、株式継続所有の要件の例外としてその原告適格を認めるべきであるとする[114]。それに対し、後者は、株式交換・株式移転後の株主代表訴訟の帰すうの問題を多重代表訴訟の利用によって解決することを主張する[115]。さらに、後者のアプローチをとった学説には、株式交換・株式移転が行なわれた場合の株主代表訴訟の原告適格の問題を多重代表訴訟の一場面として解する説[116]、株式交換・株式移転後においても原告適格を失わないとすることは多重代表訴訟を認めることを意味すると解する説[117]や多重代表訴訟を認めなければかかる組織再編後の原告適格の問題の解決が困難であるとする説[118]がある。このような捉え方に対して、株式交換・株式移転の場面における原告適格の維持の問題と一般的な多重代表訴

113　土田・前掲注（1）71頁は従来の学説を「株式保有の要件の解釈からのアプローチ」と「多重代表訴訟からのアプローチ」に分ける。それに対し、佐合美佳「判批」名古屋大学法政論集191号（2002）248頁は、「手続法的アプローチ」と「実体法的アプローチ」として同様な分類を行なった。周・前掲注（87）31頁は「株式継続保有要件の適用除外」と「二重代表訴訟の利用」という分類を行なった。

114　土田・前掲注（1）71頁、佐合・前掲注（113）248頁、周・前掲注（87）31頁。

115　土田・前掲注（1）71頁、佐合・前掲注（113）249頁、周・前掲注（87）31頁。

116　山田・前掲注（31）331~332頁、周・前掲注（75）66頁、新谷・前掲注（3）39頁。

117　南隅基秀「判批」札幌学院法学18巻2号（2002）126頁。

118　森江由美子「判批」関西学院大学法と政治55巻3号（2004）244頁。

186　第 5 章　組織再編後の株主代表訴訟の帰すう

訟の可否の問題とは本質の異なる別の問題であるという反対意見がある[119]。

　本章の議論との関係で問題となるのは、株式交換等組織再編後に原告適格の維持を認める場面につき形式的要件しか定めていない会社法851条の残した 2 つの問題のうちの 1 つ、すなわち株式交換等組織再編後に株主代表訴訟が提起される場面において、原告適格との関係で（完全親会社は子会社の株式の一部を譲渡した等）原告が従前の会社の株主としての経済的利害関係を失っていない場合またはかかる組織再編が株主代表訴訟による責任の追及を回避するために行なわれた場合には、例外的に原告適格の維持を認める必要性と合理性があるにもかかわらず、現行法はそれを認めていないという問題は多重代表訴訟を認めることによって解決できるかということである。結論からいえば、一部の学説がすでに指摘した[120]ように、多重代表訴訟が認められるとしても、多重代表訴訟の要件を満たさない限り訴訟が継続できないため、全ての問題が解決されるわけではない。

　平成26年 6 月20日に国会で可決され成立した会社法改正法（法律第90号）では、親子会社に関する規律の一部として、親会社株主の保護につき、多重代表訴訟制度を創設したほかに、会社法851条の規定を拡張し、株主代表訴訟提起前に株式交換等組織再編が行なわれていたとしても、一定の場合に当該組織再編により株主たる地位を失った株主が従前の会社のために株主代表訴訟を提起することを認めるという見直しが盛り込まれた。具体的には、 6 か月前から最終完全親会社の総株主の議決権または発行済み株式の 1 ％以上を有する株主が、責任原因となる行為の発生時に、当該最終完全親会社の有する完全子会社の株式の帳簿価額が当該最終完全親会社の総資産額の 5 分の 1 を超える場合に限り、当該完全子会社の取締役等の責任を追及するために多重代表訴訟を提起できるとする（会社法847条の 3 ）。さらに、株式交換等の効力発生 6 カ月前から効力発生日まで、当該株式会社の株主であって、株式交換等により完全親会社の株主となった者は、株式交換等の後であっても、株式交換等により完全親会社の株式を取得したときまたは被告取締役等の会社が消滅会社となる吸収合併により存続会社の完全親会社の株式を取得し、引き続き当該株式を有するときは、当該株式交換等の効力発生時までに生じた事実が原因となる当該株式会社の取締役等の責任を追及するために（同法847条所定の）株主代表訴訟を提起することができるとする（同法847条の 2 ）。

119　土田・前掲注（ 1 ）72頁、荒谷・前掲注（105）215頁等。
120　土田・前掲注（ 1 ）74頁（注71）、前田・前掲注（94）43頁。

このように、通常の株主代表訴訟制度と異なり、平成26年会社法改正により新設された多重代表訴訟制度は、最終完全親会社の一定割合以上の議決権・株式を保有する株主のみに対して、かつ追及できる責任の範囲を、責任原因となる事実が生じた時点で当該株式会社の株式の帳簿価額が最終完全親会社の総資産額の5分の1以上であるという「重要な子会社」の取締役等の当該株式会社に対する「特定責任」に限定する形で、訴訟提起の権利を認めているに過ぎない。これに加えて、責任追及の対象となる取締役等のいる株主会社に損害が発生しても、責任原因となる事実によって最終完全親会社に損害が生じていない場合には、多重代表訴訟が認められない（会社法847条の3第1項2号）。組織再編の自由化や規制緩和に伴って顕在化した企業グループにおける親会社株主の経済利益の保護の問題へ対応するために、多重代表訴訟制度の必要性が論じられてきた背景を踏まえて考えると、このような制度設計を採用した理由はコーポレート・ガバナンス・システムにおいて、株主代表訴訟および多重代表訴訟のそれぞれに期待している役割がやや異なる点にあると考えられる。株主代表訴訟制度にはより一般的な（経営者の）任務懈怠抑止の機能が期待されるのに対し、多重代表訴訟制度の主な狙いは親会社およびその株主の（完全子会社の取締役等の任務懈怠により被った）損害回復にあると理解すべきである。そのため、多重代表訴訟制度の創設により、株主代表訴訟の帰すうの問題を解決できる必然性がなく、またそのようにする必要性も必ずしもないと思われる。また、改正過程における議論からみても、株式交換等組織再編の後に株主代表訴訟が提起される場合においてもかかる組織再編により株主の資格を失った者に対して例外的に原告適格を認める余地があるか否かという問題は多重代表訴訟の可否と異なる問題であり、別個の問題として検討される必要性があることは認識されている[121]。

121　その根拠は法務省法制審議会会社法制部会における議論から見出すことができる。平成22年10月20日に開催された第6回会議では、二（多）重代表訴訟に関連する議論の中で組織再編により株主の資格を失った者の原告適格の問題が初めて提示された。詳細については、法制審議会会社法制部会第6回会議（平成22年10月20日開催）議事録21頁〔神作幹事発言〕を参照。

　　ただし、後の議論において、右の問題は二（多）重代表訴訟の問題と別個の問題であるという前提において、法制審議会総会が平成24年9月7日に決定した「会社法制の見直しに関する要綱」においては（またその前の要綱案においても）、二（多）重代表訴訟に関する項目と並行する項目において定められるようになった。それにいたる議論については、同部会第6回会議（平成22年10月20日開催）議事録22頁〔中東幹事発言〕・24頁〔前田委員発言〕・26頁〔荒谷委員発

188 第5章　組織再編後の株主代表訴訟の帰すう

　以下は、株式交換等組織再編後の株主代表訴訟の帰すうの問題に関して日米の
とられたアプローチの相違を検討しつつ、平成26年改正会社法の関連する内容を
踏まえて本章において提起してきた2つの問題点について検討する。

2　訴訟係属中に株式交換等が行なわれる場合における原告適格の維持の問題

　株式交換等組織再編が行なわれた後の株主代表訴訟の帰すうという問題をめぐ
り、米国とりわけデラウェア州判例法において形成してきたルールと日本法にお
いてとられたアプローチは株式継続所有を原則としながらも、一定の場合に限り
この原則に対する例外を認めるという点において共通している。ただし、米国で
は株式継続所有の要件の例外として原告適格の維持を認めるには、判例法は会社
の一方的な組織再編行為により自らの意思に反して株主たる資格を失った原告に
対して、組織再編前後において原告の従前の会社における事業所有が変わらな
い、またはかかる組織再編がもっぱら株主代表訴訟逃れを目的とするものである
という実質的要件のいずれかが満たされることを要求するのに対し、日本におい
ては、学説は原告適格の維持を例外的に認める理由として、原告が組織再編後で
も原告適格との関係で従前の会社の株主としての利害関係を失っていないことお
よびかかる組織再編が株主代表訴訟による責任の追及を回避するために濫用され
る危険性があることを挙げているものの、会社法851条の文言はこのような実質
的要件ではなく、原告適格の維持を例外的に認めるための形式的要件しか定めて
いない。

　このような形式的要件のために、株主代表訴訟係属中に株式交換等が行われた
場合であっても、その後に完全親会社が1株でも完全子会社の株式を譲渡すれば
提訴株主の原告適格の維持が否定され、本条の適用を容易に回避でき、株主代表
訴訟の途が不当に閉ざされるおそれがあるという問題がある。この問題に対処す
るためには、会社（取締役会）による株式交換等組織再編または組織再編後の株
式の譲渡が株主代表訴訟の途を閉ざす目的で行われたというような事情があれ
ば、形式的に会社法851条の要件が満たされない場合にも本条を適用し、原告適

　言〕、第11回会議（平成23年7月27日開催）議事録8頁〔前田委員発言〕、第14回会議（平成23年
　9月28日開催）議事録2頁〔塚本関係官報告〕・5頁〔神作幹事発言〕・9頁〔前田委員発言、神
　田委員発言〕、第17回会議（平成24年2月22日開催）34頁〔塚本関係官報告〕、第23回会議（平成
　24年7月18日開催）14頁〔塚本関係官報告〕を参照。
　Available at, http://www.moj.go.jp/shingi1/shingi03500005.html.

第4節　2つの問題点についての検討　　*189*

格を維持すべきであると思われる。具体的には、株主代表訴訟係属中に行われた
株式交換等により原告株主が完全親会社の株式を取得した場合に関しては、訴訟
追行の要件としては「完全親会社の株式を取得した」ことが認められれば足り、
その後、当該完全親会社が完全子会社の株式の一部を譲渡した場合にはもはや訴
訟追行に影響しないと解する余地があると思われる[122]。また、原告株主に完全親
会社または存続会社・新設会社株式以外の財産しか交付されない場合について
は、株主代表訴訟係属中にかかる組織再編が行われた場合には、後述する組織再
編後に訴訟を提起した場合と比べ、株主代表訴訟を中止させる目的で濫用される
蓋然性が高いと考えられるため、かか目的が明確である、または強く推認される
ときは株主代表訴訟の存在意義——法の実現（被告取締役等の違法・不正行為の是
正）が害されないように[123]、訴訟追行を認める必要性があると思われる[124]。

　　もっとも、既述のように、米国（デラウェア州）の裁判実務では、株主代表訴
訟逃れがかかる組織再編の唯一の目的であるとはいえなくも、当該組織再編を決
定した様々な目的の中で、他の目的に優越する場合、すなわち主要な目的である
場合においても、例外として被告取締役らの属する会社の株主としての資格を
失った原告の（係属中の）株主代表訴訟における当事者適格を認める可能性が
まったくないとは言い切れない[125]。この場合には、株主代表訴訟による責任の追
及を逃れるという目的が主要な目的でなくても、当該組織再編により係属中の当
該代表訴訟が必然的に中止せざるをえないことを認識しつつ、組織再編がなされ
るわけであるため、原告が代表訴訟逃れの目的の存在をある程度立証できれば、
訴訟の係属はを認めるべきであろう。組織再編後の親会社および子会社の全体の
利益に鑑みて、当該株主代表訴訟を早期に終了させるべきである場面も否定でき
ないが、訴訟の係属を認めたうえで、原告および被告の合意による公正かつ合理
的な和解を促すことが考えられる[126]。

122　なお、このような場合における会社法851条の適用は基本的に本条の文言解釈により認められう
　　ると思われるが、仮に文言解釈に無理があるとしても、本条の「類推適用」としてこのような適
　　用を認めることも可能であろう。

123　柴田和史「株式移転における株主代表訴訟の問題」判例タイムズ1122号（2003）29頁、山田泰
　　弘「企業再編対価の柔軟化と株主代表訴訟」立命館法学296号（2004）105頁。

124　株主代表訴訟を中止させる目的の存在に対する立証の責任は原告適格の維持を主張する側に
　　よって負担されるべきであろう。

125　前掲注（38）を参照。

126　もっとも、現行法上の株主代表訴訟の和解制度にも問題がないわけではない。株主代表訴訟の

190　第5章　組織再編後の株主代表訴訟の帰すう

　また、平成26年改正会社法により、多重代表訴訟制度が認められるようになった（会社法847条の3）ため、株主代表訴訟係属中に行なわれる株式交換・株式移転により完全親会社の株主となった原告は、従来の株主代表訴訟を多重代表訴訟に変更し、完全子会社となった従前の会社に対する被告取締役等の責任を追及することができるかもしれない。ただし、会社法に導入された多重代表訴訟制度はその提訴権が少数株主権とされており、かつ重要な完全子会社の取締役の特定責任の追及に限定されているため、これらの要件を満たさない限り訴訟を継続できず、株主代表訴訟または多重代表訴訟による責任の追及を回避する目的で株式交換等組織再編を濫用する危険はなお存在すると思われる。

3　株式交換等の後に訴訟が提起される場合における原告適格の問題

　平成17年会社法制定前に、株式交換等組織再編により従前の会社の株主でなくなった者がかかる組織再編の後に従前の会社のために株主代表訴訟を提起できるかという問題は議論されていたが、一部の学説はこの問題を日本法において多重代表訴訟を認めるべきかという問題として扱っていた。また、会社法制定時においては、代表訴訟係属中に株式交換等組織再編が行われた場合に一定の要件が満たされたとき、例外として従前の会社の株主ではなくなった者に対して原告適格の維持を認めるための立法的手当てがなされたが、株主たる地位を失った者がかかる組織再編の後に従前の会社のために株主代表訴訟を提起することが認められるかについては、そもそも問題視されなかったようである。しかし、株主代表訴訟の提起が組織再編の前か後で、かかる組織再編により強制的に株主の資格を失った者に例外的に原告適格を認める余地があるか否かが決まるのは合理性がないだけではなく、従前の会社の被った損害を回復させるための実効性のある手段として、株式交換等の後に訴訟が提起される場合においても、一定の場合にこのような者の原告適格を認める必要性があると言わざるをえない。

　実際、米国判例法上のルールも、訴えの提起が組織再編の前か後を区別せず、実質的にみれば組織再編の前後に原告の会社における事業所有に変更がなかった場合、またはかかる組織再編が株主代表訴訟逃れのために取締役等に利用された場合には、株式継続所有の原則に対する例外として原告適格を認めるとしている。

　和解制度にある問題点および公正かつ合理的な和解を確保するための対策については、本書第6章第3節および第4節を参照。

日本法では、株主代表訴訟の提起が組織再編の前か後かにかかわらず、会社法851条と同趣旨の規定が必要である。すなわち、提訴が株式交換等組織再編の後であっても、それにより被告取締役等の属する会社の株主でなくなった者が株式交換等により完全親会社の株式の交付を受けた場合、または被告取締役等の会社が消滅会社となる合併により存続会社（またはその完全親会社）・新設合併設立会社の株式を取得した場合には、当該株式交換等の効力発生時までに生じた事実が原因となる被告取締役等の責任を追及するために（会社法847条の）株主代表訴訟を提起することができ、完全親会社がさらに株式交換や合併をした場合であっても、原告がさらにその完全親会社または存続会社の株主であり続ける限り、同様にすべきであると思われる。このような規定は、組織再編前後に原告の従前の会社株主としての地位（利害関係）に実質的な変更がない場合における原告適格の維持を認めることになる[127]。加えて、潜在的な株主代表訴訟による責任の追及が顕在化したことを受け、責任の追及を回避するために株式交換等組織再編の後に、株主代表訴訟の途を不当に閉ざすために、例えば訴訟提起直前に株式交換等完全親会社が1株でも完全子会社の株式を譲渡することにより、条文で定められている形式要件を回避した場合には、責任の追及の回避がこのような株式譲渡行為の主要な目的である[128]可能性が高いとき、例外的に原告適格を認める必要もあると思われる。

平成26年会社法改正は、訴訟提起が株式交換等の前か後かにより、株主代表訴訟の原告適格の有無に重大な差が生じていたことにある合理性の問題を解消するために、また企業グループにおける親会社株主の権限強化（株主の監督是正権の縮減を防ぐ）の一環として、「旧株主による責任追及等の訴え」の規定を新設した。これにより、株式交換等の効力発生6カ月前から効力発生日まで、当該株式会社の株主であって、株式交換等により完全親会社の株主となった者は、完全子会社に対して、株式交換等の効力発生前に生じていた原因に基づき代表訴訟を提起す

127　平成26年会社法改正により、このような規定（会社874条の2）が実際に会社法に設けられた。この規定により保護される株主の利益については、「株主代表訴訟を提起することができる状態にあったということ自体を一種の既得権とみなし、株式交換等によって親会社株主となった後もこれを奪われないと説明することに」なるとして理解しうるをことを示唆した見解がある。藤田友敬「親会社株主の保護」ジュリスト1472号（2014）36頁。

128　もっとも、会社法において組織再編に対して要求されている諸手続およびそれに要する時間を踏まえて考えれば、公開会社に関しては、この問題は恐らくそれほど深刻でない。ただ、閉鎖会社（全株式譲渡制限会社）に関しては当該問題の発生する可能性があると思われる。

ることができるようになった（会社法874条の2第1項）。同条の定めは会社法851
条の内容を株式交換等の後に提起した株主代表訴訟に拡張したものである[129]ため、第3節において提示した2つ目の問題点に相当程度対応した。もっとも、会社法851条と同様の解釈の問題、すなわち株主代表訴訟による責任追及の危険が顕在化したことをうけ、完全親会社が完全子会社の株式を譲渡すること等により、本条で定められている形式要件を回避した場合に、提訴株主の原告適格が維持できるかという問題が同条にもあると思われる。

　また、平成26年会社法改正により会社法には多重代表訴訟が創設されたため、株式交換等により完全親会社の株主となった者は完全親会社の株主として多重代表訴訟を提起して、当該株式交換等の前に完全子会社の被った損害に対する救済を求めることが考えられる。ただし、この場合には、前述したように原告は多重代表訴訟の要件を満たさなければならない。株主代表訴訟が株式交換等組織再編の後に提起される場合における原告適格の維持の問題は多重代表訴訟制度の創設によって完全に解決できるわけではない。米国判例法が示唆するように、株式交換・株式移転の後に完全子会社となった従前の会社の有する債権の履行を求めるために提起された株主代表訴訟は法形式的に多重代表訴訟の構造を有するから、多重代表訴訟の一類型として扱うことが可能であるものの、多重代表訴訟は会社の組織再編行為により強制的に株主たる資格を失った者が従前の会社の被った損害に対する救済を求めるために利用可能な手段の1つとなるに過ぎない。

第5節　小　括

　株主代表訴訟の原告は、通常自らの有している会社の実質的な所有者としての利害関係に基づき、訴訟を提起・追行する権利を有すると解されているため、濫訴または不適切な和解等により会社の訴権が不当に処分されることを防止するという点からみれば、原告が株主代表訴訟の提訴時および係属中に株主としての資格を保持することは重要である。しかし、株主の代表訴訟提起・追行権は法が立法政策上、少数派の株主に多数派の不提訴の判断を覆すことを認めた権限である

---

[129] 「旧株主による責任追及等の訴え」の対象となる完全子会社の取締役等の責任の範囲は、会社法847条の3で定められる多重代表訴訟のそれと異なり、会社法847条所定の通常の株主代表訴訟とパラレルに定められている。奥島ほか編・前掲注（69）422頁〔山田〕。

第5節 小括 *193*

と理解することもできること[130]、株主代表訴訟の存在意義として取締役等の会社に対する違法・不正行為を是正すべきという法の要請を私人（株主）によって実現させるという面があること[131]等を考慮すれば、特に会社の一方的な組織再編行為により強制的に株主たる地位を失った者に対しては、一定の場合に、株式継続所有の原則に対する例外として原告適格を認める余地があると言うべきである[132]。

　株式交換等組織再編後の株主代表訴訟の帰すうの問題をめぐり、米国判例法と日本法は株式継続所有を原則として求めながらも、会社の組織再編行為により株主の資格を失った者に対して、一定の場合に例外として株主代表訴訟における原告適格を認めるという点において共通しているが、かかる例外が認められるために満たされなければならない要件が異なる。米国判例法上のルールは実質的要件を要求するのに対し、平成17年改正により新設された会社法851条および平成26年改正により新設された847条の2は形式的要件を定めている。これらの形式的要件はこれらの条文の適用が容易に回避できる問題をもたらした。本章は、株式交換等組織再編後の株主代表訴訟の帰すうに関する右の問題につき、日米のとられたアプローチの相違を検討したうえで、平成26年改正後になお残っている問題点への可能な対応策としては、解釈論として、かかる組織再編に株主代表訴訟回避の目的が明らかであるまたは強く推認される場合に仮に条文上の形式的要件を満たさなくても同条の適用を認めることを主張してきた。

　また、本章のもう1つの問題意識、すなわち株式交換・株式移転後の株主代表訴訟における原告適格の問題と多重代表訴訟の可否の問題がどのような関係を有するかに関しては、米国判例法および平成26年会社法改正により創設された多重代表訴訟制度（会社法847条の3）からみたように、両者は緊密な関係を有するも

130　土田・前掲注（1）48頁。

131　柴田・前掲注（123）29~30頁。

132　なお、会社の組織再編以外の行為、例えば単元株式制度を採用している会社では、定款の定めによって、単元未満株主の代表訴訟提起請求権を排除することができ、代表訴訟の原告適格が単元未満株主には認められない。弥永真生『リーガルマインド　会社法（第14版）』（有斐閣、2015）248頁。

　　しかし、訴訟提起後に会社が一単元の株式の数を変更して、単元未満株式にすることによって原告の地位を喪失させるときは、株主代表訴訟回避の目的が存在する可能性があると思われる。このような問題に対しては、組織再編が行われた場合における定めを類推適用することによって対応することが可能であろう。奥島ほか編・前掲注（69）449~450頁を参照。

のの、本質の異なる別個の問題である。多重代表訴訟は、株式交換・株式移転後の株主代表訴訟における原告適格の維持の問題を解消できるというわけではないが、会社の組織再編行為により強制的に株主たる資格を失った者が従前の会社の被った損害に対する救済を求めるために利用可能な手段の1つになりうる。

第6章　株主代表訴訟の和解と裁判所の役割

第1節　問題の所在

　本章は、株主代表訴訟の和解による終了のあり方について検討を行うこととする。

　株主代表訴訟は他の訴訟と同様、訴訟の結果に対して重要な利害関係を有する訴訟当事者による合意があるとき、終局判決ではなく和解によって終了することが可能である。しかし、他の訴訟と異なり、株主代表訴訟の和解に対して重要な利害関係を有する者は、訴訟当事者である原告株主と被告取締役等役員にはとどまらない。株主代表訴訟の原告は自らの権利ではなく、所有する株式の会社の権利（被告取締役等に対する請求権）について、会社の代わりに訴訟の提起・追行を行っており、訴訟の結果は原告株主ではなく、直接会社（全株主）に帰属するため、株主代表訴訟の和解に関しては、当該訴訟の原告と被告のみならず、会社および原告以外の株主も重要な利害関係者である。そのため、株主代表訴訟の和解を、通常の訴訟と同様に、原告・被告間の自由な合意に完全に委ねるとしたら、原告・被告の馴れ合いにより会社および原告以外の株主の利益が害される懸念がある。これが、株主代表訴訟制度において馴れ合いによる和解から会社（全株主）の利益を保護するための措置を必要とする理由である。

　ところが、これだけでは、株主代表訴訟の和解に対して一定の法的規制を課す必要があることを直ちに正当化することができない。なぜなら、訴訟当事者である原告株主と被告取締役等役員には会社（全株主）の利益を害する和解合意を締結するインセンティブがなければ、あるいは株主代表訴訟の和解に関して重要な利害関係者である会社および原告以外の株主には自らの利益が害されないように原告・被告の馴れ合いによる和解を阻止するインセンティブがあれば、仮に公正な株主代表訴訟の和解合意の締結を担保するという政策的な要請があるとしても、法的規制を課すことよりは、和解を利害関係者間の自由な交渉に委ねるほうが効率的な選択肢になるはずである。

しかし、実際には、米国の連邦法および州の制定法・裁判所規則は、明文により株主代表訴訟の和解に対して裁判所の承認を要すること等を規定している。また、日本においても、平成13年商法改正によって株主代表訴訟の和解制度が明文化される前より、一部の学説は会社（全株主）の利益を害するような不適切な代表訴訟の和解を防止するために、米国にならって裁判所の承認を要求すべきことを主張してきた。ただ、何故、株主代表訴訟に限って、不適切な和解を防止するための制度が必要であるか、そしてこの役割は、何故裁判所によって果たさなければならないのかは必ずしも自明なことではないし、また仮に裁判所の承認を要する必要があるとすれば、裁判所はどのような審査を行うべきかをさらに綿密に検討することが重要であると思われる。

このような問題意識に基づき、以下では、まず米国の学説を踏まえて米国において株主代表訴訟の和解を規律している理由を明らかにしたうえで、米国の制定法・裁判所規則における規定および判例の状況の両面から、とりわけ米国における株主代表訴訟の和解[1]に対する裁判所の承認の意義およびかかる承認の要件を検討する。次に、日本における株主代表訴訟の和解制度[2]の成立前後の議論の状況を踏まえながら、現行会社法における問題点を検討する。最後に、米国における株主代表訴訟の和解に関する規律を参考にして、日本において公正かつ合理的な株主代表訴訟の和解を確保するために、どのような対策をとりうるかを模索してみたい。

1　米国の株主代表訴訟には会社の取締役等役員に対して提起したもののほかに、会社の債務者である（取締役等役員以外の）第三者に対して提起したものもある。本章では、米国法を日本法とパラレルに検討するために、前者すなわち会社の取締役等役員を被告として提起された株主代表訴訟の和解のみを検討の対象とする。

2　もっとも、株主代表訴訟の和解には再訴禁止の効力のある訴訟上の和解と、このような効力のない裁判外の和解がある。池田辰夫「株主代表訴訟における和解」小林秀之＝近藤光男編『新版株主代表訴訟大系』（弘文堂、2002）288~301頁を参照。

　　ただ、裁判外の和解は和解の当事者である原告株主および被告取締役等の間でのみ効力を有するため、再訴が禁止されていない会社および原告以外の株主は自らの利益が害されたときに、別訴を提起してそれを争うことができる。本章の問題意識との関係で、ここではとりわけ会社および原告以外の株主の利益を保護する必要性のある訴訟上の和解について検討を行う。

第2節　米国における株主代表訴訟の和解に関する規律

1　株主代表訴訟の和解を規律する必要性
（1）株主代表訴訟の和解に関する実証研究の状況

　米国では株主代表訴訟は他の民事訴訟と同様、和解によって終了することができる。株主代表訴訟の和解における問題点は、1970年代後半から多数の実証研究において指摘されてきた。具体的には主に次の4点である。

　すなわち、一般的な民事訴訟における和解率と比べ、株主代表訴訟は特に和解で終了するケースが多いこと[3]、裁判所に承認された和解のうち、原告に有利なようなものが極めて少ないこと[4]、会社に金銭的な救済（monetary relief）をもたらした和解が少なく、取締役会の構造の変更等のような「構造的な救済（structure relief）」しかもたらさない和解が多いこと[5]、および会社に非金銭的な救済しかもたらさなかった事案を含め、和解で終了したほとんどの事案では、原告側弁護士には相当額の弁護士報酬が認められたこと[6]である。

　これらの実証研究について、株主代表訴訟の和解率が際立って高いという結論に関しては、研究の対象となる事案の件数が限られていることおよびかかる事案が一定の特殊性のあるものであることを理由に、懐疑的な態度を示した学説がある[7]ものの、多数の株主代表訴訟の和解においては，原告株主および会社が実質

3　Roberta Romano, *The Shareholder suit: Litigation Without Foundation?*, 7 J. L. ECON. & ORG. 55, 60 (1991); Janet Cooper Alexander, *Do the Merits Matter? A Study of Settlements in Securities Class Actions*, 43 STAN. L. REV. 497, 524~526 (1991); Bryaant G. Garth, Ilene H. Nagel & Sheldon J. Plager, *Empirical Research and the Shareholder Derivative Suit: Toward a Better-Informed Debate*, 48 LAW & CONTEMP. PROBS. 137, 141~147 (1985); Thomas M. Jones, *An Empirical Examination of the Resolution of Shareholder Derivative and Class Action Lawsuits*, 60 B.U. L. REV. 542, 544~545 (1980).

4　Romano, *supra* note (3), at 60.

5　*Id.* at 61.

6　Alexander, *supra* note (3), at 539; Jones, *supra* note (3), at 565~566.

7　Alexander, *supra* note (3), at 525~526 によれば、一般的な民事訴訟（civil suits）においては、和解の比率はおよそ60~70％のようであるが、当該研究の対象となった1983年に提起されたコンピュータ会社またはコンピュータ関連の会社の行った新規株式公開（intial public offering, IPO）に関する証券クラス・アクションは全て和解によって終了した。

　当該研究に対して、John C. Coffee, Jr., *The "New Learning" on Securities Litigations*, N.Y.L.J., March 25, 1993, at 5は、この研究の対象となる訴訟の件数が少ないことおよび新規株式公開に関する事案が特殊であることを指摘した。

198　第6章　株主代表訴訟の和解と裁判所の役割

的な救済を得られていないのに対し、被告取締役等が会社に対する金銭的損害賠償を免れ、かつ原告側の弁護士も相当額の弁護士報酬を得られているという結論に関しては、ほぼ異論がないようである。

　このような実証研究の結果に基づき、米国の株主代表訴訟に関しては正式事実審理（trial）に入る前の段階よりも、むしろ和解の段階において strike suits[8]が発生する危険性は高いと指摘する見解がある[9]。しかし、会社の有している被告取締役等に対する損害賠償請求権について原告株主が会社に代わってそれを行使する株主代表訴訟ではあるものの、理論的には、通常の訴訟と同じく原告株主と被告取締役等とは対抗する関係にあるため、互いに一定の利益をもたらすような和解でなければ成立しないはずであるところ、何故原告株主および会社の利益にならず、原告側弁護士および被告にのみ利益をもたらすような和解合意がなされるのであろうか。その理由を解明するために、次に株主代表訴訟の和解における（合理的な）利害関係者[10]のインセンティブおよび利益相反（a conflict of interest）の問題を検討する。

（2）和解における利害関係者の利益相反の問題
①原告株主と原告側弁護士

　株主代表訴訟における原告株主と原告側弁護士との関係について、しばしば指摘されてきたのは原告株主による原告側弁護士に対する監督（monitoring）が不十分であるという問題および原告側弁護士によって株主代表訴訟が主導されるという問題である[11]。すなわち、本来ならばエージェントとしての原告側弁護士は

　8　正式事実審理に入る前の段階における strike suits に対する法的規制については、本書第4章第3節の1を参照。

　9　Tim Oliver Brandi, *The Strike Suit: A Common Problem of the Derivative Suit and the Share-holder Class Action,* 98 DICK. L. REV. 355, 384 (1994).

　10　株主代表訴訟においては、原告株主、原告以外の株主、被告役員および会社という4つの利害関係者が潜在的に互いに衝突する利害関係を有するという見解がある。Susanna M. Kim, *Conflicting Ideologies of Group Litigation: Who may Challenge Settlements in Class Actions and Derivative Suits?,* 66 TENN. L. REV. 81, 122 (1998).

　　　しかし、本章の検討との関係で、とりわけ株主代表訴訟の和解に関して、原告株主よりも原告側弁護士が訴訟の進行を実際にコントロールしている場合があり、原告以外の株主の利益を会社の利益と同視することができると考えるため、主に原告株主、原告側弁護士、被告役員および会社という4つの利害関係者の間の利益相反の問題を検討する。

　11　Jonathan R. Macey & Geoffrey P. Miller, *The Plaintiffs' Attorney's Role in Class Action and Derivative Litigation: Economic Analysis and Recommendation for Reform,* 58 U. CHI. L. REV. 1,

プリンシパルである原告株主のために、その監督のもとでその指示にしたがって訴訟活動を行なうべきではあるものの、株主代表訴訟では訴訟による救済が直接会社に帰属し、原告株主が得られるのは所有株式を通じて間接的に受ける利益に過ぎず、このような利益はその代理人弁護士の訴訟活動を監督するために必要な費用・努力に比して僅かであるため、合理的な原告株主はそもそもその代理人弁護士の行動を監督するインセンティブを有しないと考えられる[12]。それに対し、原告側弁護士には訴訟活動を行なうことによって得られる報酬を最大化する強いインセンティブがあるため、株主代表訴訟の提起、係属および終了の各段階においてプリンシパルである原告株主よりも重要な経済的利害関係を有している。その結果、原告株主側の弁護士は実質的に、株主代表訴訟をコントロールしている[13]。

原告株主とその弁護士とのこのような特殊な関係により、株主代表訴訟を継続させるかまたは終了させるかという重要な意思決定が行われる際に、株主代表訴訟の真の当事者である原告株主とその代理人弁護士との間には利益相反の問題が発生してくる[14]。とりわけ和解に関しては、訴訟を続ければ原告株主（会社）に有利な判決が下される可能性があるにもかかわらず、原告側弁護士と被告取締役等との合意により、株主代表訴訟が早期の段階において終了してしまう懸念がある[15]。本来ならば訴訟の継続が原告株主（会社）の利益になるはずであるが、原告株主による効果的な監督を受けることなく、実質的に株主代表訴訟を主導している原告側弁護士は、原告株主または会社の利益のために訴訟活動を行なうインセンティブを有せず、自らの報酬に対する期待に適した和解であれば、それを受け入れようとするからである[16]。この問題はとくに原告側弁護士が成功報酬（the contingent fee）を受け取る——敗訴のときは報酬を取らない——場合に深刻化すると考えられる。訴訟活動の報酬によって生計を立てている原告側弁護士は、生計費でない余剰資金で投資している株主よりも敗訴のリスクを避けたいという強いインセンティブを有するのが通常であるため、彼らは仮に会社（原告株主）の

19~27 (1991); John C. Coffee, Jr., *Understanding the Plaintiff's Attorney: The Implications of Economic Theory for Private Enforcement of Law Through Class and Derivative Action*, 86 COLUM. L. REV. 669, 677~679 (1986).

12　Macey & Miller, *id.* at 19~22.

13　Coffee, Jr., *supra* note (11), at 677~679.

14　Brandi, *supra* note (9), at 389.

15　*Id.*

16　Macey & Miller, *supra* note (11), at 44~45.

200　第6章　株主代表訴訟の和解と裁判所の役割

最善の利益にならなくても、訴訟の継続より早期に訴訟を終了させる和解を選択してしまう可能性が大いにあるからである[17]。

　もっとも、米国では、株主代表訴訟の原告側弁護士の報酬は、勝訴した原告の弁護士が訴訟によって得られた共同の利益（common fund）から報酬を取得するといういわゆる「コモンファンド理論（the common fund doctrine）」[18]による場合と、訴訟の結果会社に非金銭的な利益しか生じなかったものの、勝訴株主が会社に「実質的な利益（substantial benefitまたはcommon benefit）」を生じさせたと認められるときに原告側弁護士の報酬が会社から償還されるという「実質的な利益理論」[19]による場合がある。しかし、そのいずれの場合においても、原告株主と原告側弁護士との間にある利益相反の問題は解消されない。その報酬の計算方法にかかわらず、複数の訴訟の代理人を務めうる原告側弁護士は自らの精力や時間を複数の訴訟に「分散投資」でき、合理的な弁護士はそれらの訴訟からなるポートフォリオの全体的な効率性と収益性から、個々の訴訟を継続させるかまたは終了させるかの判断を行うと考えられる[20]ため、原告側弁護士は原告株主の利益にそぐわない不適切な和解合意を締結する危険性が依然として存在している[21]。

17　ROBERT C. CLARK, CORPORATE LAW 658 (1986).
　　See also, ALI, PRINCIPLES OF CORPORATE GOVERNANCE: ANALYSIS AND RECOM-MENDATIONS (1994), Vol. 2, § 7.14, comment c, at 177.
18　コモンファンド理論とは、すなわち訴訟の結果として、第三者に共同の利益が生じた場合に、その共同の利益（コモンファンド）から勝訴原告の弁護士報酬が支払われることを認める理論であり、株主代表訴訟や証券クラス・アクションにおいて適用される。*See,* Monique Lapointe, *Attorney's Fees in Common Fund Actions,* 59 FORDHAM L. REV. 843, 844~845 (1991). または、釜田薫子「米国株主代表訴訟における原告側弁護士報酬——実質的利益理論の適用を中心に」同志社法学55巻7号 (2004) 397頁を参照。
　　なお、コモンファンド理論に基づく弁護士費用の計算方法は主に2通りある。1つはlodestar方式と呼ばれる時間性の報酬で、すなわち勝訴した当事者側弁護士の合理的な（reasonable）時間給と当該弁護士が合理的（reasonably）に訴訟に投入した時間数との積が当該訴訟における当該弁護士の報酬額となるという計算方法である。もう1つは、percentage方式と呼ばれる方法で、勝訴した当事者側弁護士費用はその共同の利益（コモンファンド）の一定のパーセンテージに相当する金額となるという計算方法である。Macey & Miller, *supra* note (11), at 22~25. *See also,* Coffee, Jr., *supra* note (11), at 678 (note (26)).
19　*See,* Macey & Miller, *supra* note (11), at 25. または釜田・前掲注 (18) 398~399頁を参照。
20　JAMAES D. COX & THOMAS LEE HAZEN, THE LAW OF CORPORATIONS 219 (3d ed. 2010).
　　See also, Coffee, Jr., *supra* note (11), at 704~714. Coffeeは原告側弁護士を複数の訴訟に対する投資からなるポートフォリオを有する「投資家（investor）」とみて、原告側弁護士が勝訴する可能性の低い株主代表訴訟を提起する可能性を検討する。
　　See also, Myriam Gilles & Gray B. Friedman, *Exploding the Class Action Agency Costs Myth: The Social Utility of Entrepreneurial Lawyers,* 155 U. PA. L. REV. 103, 104 (2006).

第2節　米国における株主代表訴訟の和解に関する規律　*201*

　また、法曹倫理（legal ethics）は原告側弁護士に原告株主の最善の利益のために訴訟活動を行うことを要請するとも考えられるが、顧客との長期の関係を維持したいという願望を持つ社内弁護士と異なり、株主代表訴訟の原告側弁護士にはこのようなインセンティブがないため、このような期待は理論的なものにとどまるに過ぎない[22]。

②会社（取締役会）と被告取締役等役員

　原告側弁護士だけではなく、被告取締役等役員にも係属中の株主代表訴訟を終局判決ではなく、和解によって早期に訴訟を終了させるインセンティブがあると考えられる。これは、被告取締役等役員のリスク回避的な性質および被告の訴訟費用等の会社による補償または D&O 保険に基づく損害の補てんによるものと説明されている[23]。

　米国の実証研究[24]によれば、特に公開会社においては株主代表訴訟の提起がまれにしか起こらない偶然な出来事（an infrequent occurrence）である。必ずしも頻繁に株主代表訴訟に遭遇しない被告役員はいわゆる「一回限りのゲームのプレーヤー（one-shot player）」である[25]。このような「一回限りのゲームのプレーヤー」はリスク回避的な行動をとる傾向があるため、彼らは現在係属中の株主代表訴訟における譲歩が将来の自分に対する株主代表訴訟の発生をもたらすかに対してほとんど関心を持たず、現に問われている自分の潜在的な責任をどのように回避す

21　具体的には、コモンファンド理論によって弁護士の報酬が定まる場合には、lodestar 方式または percentage 方式のどちらの計算方法をとるかにかかわらず、原告側弁護士は成功報酬（the contingent fee）をもらう——敗訴の場合は報酬を取らない——ため、彼らは弁護士報酬を実質的に保証してくれる和解を受け入れるか、それとも訴訟を継続させるかという意思決定を行う際に、原告に有利な判決によってより高額の報酬を手に入れる確率と被告に有利な判決によって何の報酬ももらえない確率を予測し、訴訟の継続によって得られる利益の期待額と和解案において提示された報酬額とを比較衡量して判断するはずである。Brandi, *supra* note (9), at 390. *See also,* Macey & Miller, *supra* note (11), at 44~45.

　　他方で、「実質的な利益理論」に基づき、原告側弁護士報酬は会社から償還される場合においても、原告側弁護士は和解によって自らの報酬がどれぐらい償還されるかということだけに関心を持ち、和解が会社や原告株主の利益の最大化につながるかについては関心を持たないため、会社や原告株主にとって合理性のない和解を行う可能性がなお存在している。Macey & Miller, *supra* note (11), at 45.

22　Coffee, Jr., *supra* note (11), at 707.

23　Brandi, *supra* note (9), at 386.

24　Romano, *supra* note (3), at 59.

25　Brandi, *supra* note (9), at 386.

るかにのみ注目する[26]。このようなリスク回避的な性質のある株主代表訴訟の被告にとっては、たとえ勝訴の可能性があっても、敗訴の危険性をも伴う訴訟の継続より、追及されている責任をある程度回避できる和解が合理的な選択肢になる。

また、被告の訴訟費用等の会社による補償またはD&O保険に基づく損害の填補が認められることも、被告取締役等役員が和解による株主代表訴訟の終了を好む理由である。一部の州では、制定法または会社の定款において、株主代表訴訟が和解により終了した場合に被告側弁護士報酬を含み訴訟に関して被告が実際負担した費用の相当な額につき会社が補償することを定めることが認められている[27]。それに対し、終局判決によって会社に対する被告役員の責任が認められた場合には、被告の訴訟費用等の補償が認められない[28]。さらに、D&O保険契約には通常被告取締役等役員の責任を認める判決が下された場合に被告の訴訟費用を補てんしないという免責条項が定められているが、和解の場合にはそれが適用されない[29] [30]。これは、和解の場合において被告取締役等役員が会社または保険会社にその費用を負担してもらえるのに対して、敗訴の判決が下された場合には自らがその費用を負担せざるをえないということを意味する。したがって、会社による補償および保険の利用が可能な場合には、被告にとっては訴訟の継続よりも、彼らに金銭的な費用（cost）を負担させないような和解が合理的な選択になる[31]。

確かに、和解の場合においても、被告取締役は会社に対して和解金を支払わなければならないことがある。しかし、和解においては、被告取締役が自らの支払

26　*Id.*

27　*See, e.g.,* N.Y. Bus. Corp. Law § 722 (c), Del. Code. Ann. tit. 8, § 145 (b). ただし、デラウェア州では訴訟費用の会社による補償が認められるが、和解金の補償が認められない。

28　*Id.*

29　理論的には、D&O保険の保険会社は「繰り返しゲームのプレーヤー（repeat players）」の役割を果しうる。すなわち、保険会社には自らの長期の利益の観点から、株主代表訴訟の和解のために支払う保険金の額を抑えるための戦略（strategy）を立てるインセンティブがあるはずである。保険会社は被告に対して、保険会社の支払いで早期に和解を行わないようプレッシャーをかけることができるかもしれない。しかし、現状からいえば、D&O保険の保険会社はそのようにしているようにみえない。Alexander, *supra* note (3), at 550~556.

　　See also, Richard Squire, *How Collective Settlements Camouflage the Costs of Shareholder Lawsuits,* 62 DUKE L. J. 1, 9~14 (2012).

30　Brandi, *supra* note (9), at 388; Coffee, Jr., *supra* note (11), at 715.

31　Coffee, Jr., *supra* note (11), at 715~716.

　　See also, COX & HAZEN, *supra* note (20), at 219~220.

うべき和解金を最小限にとどめるよう交渉することができる[32]。米国では会社に対する金銭的な支払いを伴わない非金銭的な和解（nonpecuniary settlements）も認められるようになってきたため、被告取締役は実質的に何らの金銭的な支払いもせずに、株主代表訴訟を終了させることが可能である[33]。

③規律の必要性

このように、実質的に株主代表訴訟を主導している原告側弁護士は自らの報酬および訴訟に費やされる努力や時間にしか関心を持たない。また被告取締役等役員は自らの金銭的な支払いを最小限にとどめるように行動をとるはずである。原告側弁護士と被告取締役等役員との合意により、会社に対して被告が僅かな和解金しか払わないかまたは全く払う必要がないものの、会社が原告側弁護士の報酬を償還するような和解が成立する可能性がある[34]。このような和解は会社の利益にならないばかりか、むしろそれを損なうかもしれない[35]。

もっとも、株主代表訴訟の原告・被告間の和解に関して、取締役会は会社を代表して意見を述べたり、和解に反対したり、会社の利益のために争ったりすることができる[36]ため、会社（取締役会）が原告・被告間の会社（全株主）の利益にそぐわない和解を阻止できるとも考えられる。しかし、通常、会社（取締役会）には株主代表訴訟の和解に反対するインセンティブがないはずである。なぜなら、会社を支配している経営者（corporate manager）は通常（routinely）株主代表訴訟に対して敵対的な（hostile）立場をとっており、訴訟の継続が会社および会社の株主の最善の利益になるかにかかわらず、訴訟の早期の終了を好んでいるからである[37]。したがって、会社には原告側弁護士と被告取締役等役員との合意による

32　Coffee, Jr., *supra* note (11), at 716.

33　*Id.*

34　Macey & Miller, *supra* note (11), at 25〜26.

35　ALI, *supra* note (17), at 177.
　　See also, DEBORAH A. DEMOTT, SHAREHOLDER DERIVATIVE ACTIONS: LAW AND PRACTICE 956 (2011〜2012 ed.).

36　ALI, *supra* note (17), at 95. もっとも、会社のこれらの権利は絶対的なものではなく、裁判所は当該訴訟において会社を支配または代表している者が他の株主を「公正かつ適切」に代表していないことを理由に当該会社の申し立てを認めないことができる。*Id.* comment c, at 97〜98. ただ、株主代表訴訟の和解は会社の権利に関する和解であるため、会社（取締役会）が当該和解案に賛成しない限り、和解することができない。William E. Haudek, *The Settlement and Dismissal of Stockholders'Actions——Part II: The Settlement,* 23 Sw. L. J. 765, 799 (1969).

37　Macey & Miller, *supra* note (11), at 34.

204　第6章　株主代表訴訟の和解と裁判所の役割

和解を阻止することが期待できない。そればかりか、米国では被告と会社との（原告株主の同意のない）株主代表訴訟の和解が認められるため、会社と被告取締役間で、会社（全株主）にとって合理性のない不適切な和解が成立する可能性さえある[38]。

　このように、重要な利害関係者は会社（全株主）の利益から合理性のない不適切な和解を阻止するインセンティブを有しないため、株主代表訴訟の和解に関しては一定の法的規制を課す必要性があることは明らかである。米国の連邦法および州の制定法・裁判所規則では株主代表訴訟の和解に対する裁判所の後見的な監督を重視した規定が設けられており、判例法では裁判所の具体的な関与の仕方が示されている。そこで、次は制定法・裁判所規則における株主代表訴訟の和解に関する規定を紹介したうえで、判例法から株主代表訴訟の和解に対する裁判所の承認の要件を検討する。

2　制定法・裁判所規則における株主代表訴訟の和解に関する規定
（1）連邦民事訴訟規則における規定

　沿革的には、株主代表訴訟はもともとクラス・アクションと同じ条文[39]において定められていたが、1966年連邦民事訴訟規則の改正により、クラス・アクションに関する規定と独立した条文において定められるようになった[40]。しかし、株主代表訴訟とクラス・アクションにおける和解に関する規定は改正の前後において、実質的に変わっていない[41]。具体的には、クラス・アクションは原告がある集団の構成員全員を代表して訴訟を提起し、その訴訟の結果がほぼ無条件に原告以外の当該集団の構成員まで拘束するような訴訟形態であるため、クラス・アク

38　Brandi, *supra* note (9), at 390.

39　1966年改正前の連邦民事訴訟規則23条である。

40　もっとも、米国では、クラス・アクションや株主代表訴訟をはじめとする訴訟を「代表訴訟（representative actions）」と呼んでいる。それに対応する概念として、それ以外の訴訟を「非代表訴訟（non-representative actions）」と呼び、非代表訴訟の判決効はその当事者（原告および被告）にしか及ばないため、当事者の間の合意に基づき自由に和解をすることができ、裁判所はその和解の成立に特に関与しない。*See,* Fed. R. Civ. P. 41.

41　Richard F. Dole, Jr., *The Settlement of Class Actions for Damages,* 71 COLUM. L. REV. 971, 976 (1971). 1966年改正前後の連邦民事訴訟規則の条文における主な変化は、改正前においては一定の場合にその通知が要求されなかったが、改正後では全てのクラス・アクションと株主代表訴訟の取下げおよび和解において裁判所の承認および利害関係を有する者に対する通知が要求されるようになったことである。*Id,* at 976.

ションを定めた連邦民事訴訟規則23条は原告が当該集団の構成員の利益を「公正かつ適切」に代表しなければならないこと[42]、および訴訟は裁判所の承認なくして和解することができず、そして裁判所の命じた方法によって他の構成員に通知されなければならないこと[43]を規定している。それと同様に、株主代表訴訟を定めている連邦民事訴訟規則23.1条は原告の適切代表性の要件および和解に関する規律を定めている[44]。すなわち、株主代表訴訟を提起する原告株主には原告と類似の状態にある株主・構成員の利益を公正かつ適切に代表することが要求され、会社および原告以外の株主・構成員を拘束する株主代表訴訟の和解には裁判所による承認および株主・構成員への通知が必要とされている。

かかる規定の趣旨は、潜在的に馴れ合いによる和解の生じる危険性が高い株主代表訴訟およびクラス・アクションに対して、裁判所の監督（judicial supervision）を要求し、かつ訴訟当事者以外の利害関係者に対し、裁判所に当該和解の適切性に関して助言を行う機会を与えることによって、馴れ合いによる和解を防止するためであると解されている[45]。

また、後述するようにクラス・アクションと異なり、株主代表訴訟では、原告・被告間の和解のほか、原告の同意のない会社・被告間の和解もありうるが、連邦訴訟規則における株主代表訴訟の和解に関する規定は実質的にクラス・アクションのそれと異ならないため、ここにいう和解は原告・被告間の和解のみを意味していると思われる。すなわち、連邦訴訟規則は主に原告（実質的には原告側弁護士）と被告取締役間の馴れ合いによる和解を防ぐために、株主代表訴訟の和解に対して裁判所の承認を要求している。また、株主代表訴訟における他の株主へ

---

42 Fed. R. Civ. P. 23 (a).

43 Fed. R. Civ. P. 23 (e).

44 Fed. R. Civ. P. 23.1: "(a)PREREQUISITES. ……The derivative action may not be maintained if it appears that the plaintiff does not fairly and adequately represent the interests of the shareholders or members who are similarly situated in enforcing the right of the corporation or association. ……

(c) SETTLEMENT, DISMISSAL, AND COMPROMISE. A derivative action may be settled, voluntarily dismissed, or compromised only with the court's approval. Notice of a proposed settlement, voluntary dismissal, or compromise must be given to shareholders or members in the manner that the court orders."

45 Dole, *supra* note (41), at 976.

See also, George R. Nickerson, *Case Note, Federal Civil Procedure──Rule 23.1──the Need for Findings of Fact and Conclusions of Law in the Approval of Proposed Settlements of Shareholder Derivative Actions,* 36 OHIO ST. L.J. 163, 163~164 (1975).

の和解通知に関しては、その主な目的は当該和解に反対する他の株主に和解の審理（hearing）に参加する機会を与え、裁判所に反対者の提供した情報を踏まえたうえで和解提案を審査させて、原告側弁護士と被告取締役の馴れ合いを防ぐためであると解されている[46]。もっとも、クラス・アクションとの歴史的な関連性から、連邦民事訴訟規則における株主代表訴訟の和解通知の要件は、当該和解に原告以外の株主に対する既判力（res judicata）を与えるという意義を有すると考えられる[47]。しかし、株主代表訴訟の和解は裁判所に承認された以上、会社および他の株主まで拘束する[48]ため、かかる通知は原告以外の株主に対する既判力をもたらすための要件であるとはいえ、合理性のない不適切な和解から原告以外の株主の利益を保護するための予防措置にとどまっていると考える[49]。

（2）州制定法・裁判所規則における規定

多数の州の制定法または裁判所規則は、連邦民事訴訟規則と同様に、明文の規定により原告・被告の間の合意による株主代表訴訟の和解に対して裁判所の承認および他の株主への通知を要求している[50]。ただ、その他の州に関しては、株主代表訴訟の和解に裁判所の承認が必要であることを明文により定めているものの、当該和解の承認に先立って和解案を他の株主に通知することを特に定めていない州[51]や、かかる通知が必要か否かの判断は裁判所の裁量に委ねられると定めている州もある[52]。和解の通知の要求に関するこのような違いは株主代表訴訟を

---

46 DEMOTT, *supra* note（35）, at 960.

47 必要な通知を欠いたままでなされた和解は原告以外の株主に対して既判力を有しないと解しうる。ALI, *supra* note（17）, at 178.

48 Nickerson, *supra* note（45）, at 169.

49 Richard G. Himelrick, *Note, Federal Rules of Civil Procedure——Dismissal of Derivative Suits for Failure to Answer Interrogatories——Effect of Failure to Comply with Notice Provisions of Rule 23.1*, 20 WAYNE L. REV. 223, 228~229（1973）.

50 DEMOTT, *supra* note（35）, at 958.
　　See, e.g., Alabama（Ala. R. Civ. P. 23.1）, Alaska（Alaska R. Civ. P. 23.1）, Colorado（Colo. R. Civ. P. 23.1）, District of Columbia（DC. Rules Ann. 23.1）, Indiana（Ind. Trial Rule 23.1）, Massachusetts（Mass. R. Civ. P. 23.1）, Minnesota（Minn. R. Civ. P. 23.06）, Ohio（Ohio R. Civ. P. 23.1）, Tennessee（Tenn. R. Civ. P. 23.06）, Texas（Tex. R. Civ. P. 42（a））, Washington（Wash. R. Civ. P. 23.1）.

51 DEMOTT, *supra* note（35）, at 959.
　　See, e.g., Louisiana（La. Code Civ. Ann. Art 596）, Maryland（Md. R. Civ. P. 2 -231（h））, Michigan（Mich. Comp. Laws § 450.1491 and M.C.R. 3 -502; M.S.A. § 21.200（491））, Wisxonsin（Wis. Stat. § 55-55（c））.

クラス・アクションと同じ条文において定めている州においてもみられる。すなわち、一部の州はかかる通知を要する[53]のに対し、他の州は通知が必要か否かの判断を裁判所の裁量に委ねている[54]。

　もっとも、株主代表訴訟の和解に関する株主への通知については、連邦民事訴訟規則においても「裁判所の命じた方式によって」それを行わなければならないと規定しているに過ぎないため、州の制定法・裁判所規則はこのような通知の免除の可否または必要か否かの判断を州裁判所の裁量に委ねることができるはずである。また、かかる裁量権を認めている州の規定を具体的にみれば、一部の州では実質的に当該和解による影響を受ける株主に対して通知しなければならないと定められているのに対し[55]、最も多くの会社が設立されているデラウェア州では、再訴可能な（without prejudice）訴え却下の場合に他の株主への通知を要しないことしか定められていない[56]。しかし、必要な通知を発さなかったことやかかる通知を十分に行わなかったことは裁判所が株主代表訴訟の和解を承認しない理由になりうる[57]。

　これらのことから、以下のようなことが結論付けられると考える。すなわち、株主代表訴訟の和解に関する原告以外の株主への通知の要件はその根源が手続法において株主代表訴訟がかつて一種のクラス・アクションとして処理されていたことにあり、これはとりわけ当該和解の既判力と一定の関係を有するものの、その主な目的は裁判所が株主代表訴訟の和解を承認する前に既判力を受ける原告以外の株主に原告株主の代わりに訴訟を継続するまたは和解の審理において反対の意見を述べる機会を与えることにより、合理性のない不適切な和解から原告以外の株主の利益を保護するためである。もっとも、この要件は一種の政策的な考慮（policy considerations）に基づくものであり、当該要件を課すことによりかかる通知の費用の負担の問題、特に公告によりなされた場合にかかる通知が十分である

52　DEMOTT, *supra* note（35）, at 959.

　　See, e.g., Florida（Fla. Stat. § 607.147）, Georgia（Ga. Code § 14-2-123）, New York（N.Y. Bus. Corp. Law § 626（d））, Tennessee（Tenn. Code Ann. § 48-718）, Virginia（Va. Code § 13. 1-673C）.

53　North Carolina（N.C. Gen. Stat § 1A-1, R 23b）.

54　Rhode Island（R.I. RCP 23（b））, West Virginia（West Va. RCP 23（b））.

55　Virginia（Va. Code § 13.1-673）, Illinois（Ill. Rev. Stat. ch 110A par 7.80（c））.

56　Del. Ch. R. 23.1（c）.

57　Haudek, *supra* note（36）, at 790.

208 第6章　株主代表訴訟の和解と裁判所の役割

かをめぐる裁判が新たに生じうる問題、および被告取締役等に実質的な意味のない訴訟追行を強いることになりかねないという問題が生じる懸念があることは指摘されている[58]。

次に検討する判例法の状況からみるように、裁判所は株主代表訴訟の和解を承認するか否かの判断を下す際に、和解合意を締結する過程において当該和解に反対する原告株主以外の株主が公正に扱われていたかを重視するものの、反対株主の意見自体は決定的な考慮要素ではない。また実際、和解に関する通知の有無をめぐって提起した訴訟も少ないようである。そこで、次は主に株主代表訴訟の和解に関する裁判所の承認の要件について、検討を行う。

3　判例法からみた裁判所の承認の要件
（1）原告・被告間の和解

前述したように、株主代表訴訟における原告側弁護士と被告役員との馴れ合いによる和解を防ぐために、連邦民事訴訟規則および各州の制定法・裁判所規則は原告・被告間の合意による和解について裁判所の承認を要求している。ただ、事実審裁判所がどのような要素をもって和解の可否を判断するかに関しては、当該裁判所の裁量に委ねられている[59]ため、裁判所が株主代表訴訟の和解を承認するにあたって、行う審査の範囲および具体的な審査内容につき見解が分かれうる。具体的には、以下のとおりである。

まず、株主代表訴訟の和解を承認するにあたり裁判所の行う審査の範囲については、多数の裁判所は、自らの役割は当該和解が認められるべきか否かを審査することであり、自らの判断をもって和解当事者のなした判断に代えることではないという点においては、見解がほぼ一致している[60]。しかし、裁判所は和解の当

58　Himelrick, *supra* note (49), at 229~230. *See also,* George D. Hornstein, *Problems of Procedure in Stockholder's Derivative Suits,* 42 COLUM L. REV. 574, 591~592 (1942).

59　Haudek, *supra* note (36), at 792~793.
　　通常、和解の承認は事実審裁判所の正当な裁量に委ねられているため、連邦控訴裁判所は事実審裁判所がその決定をする際に考慮すべき要素につき言及したり、事実審裁判所の和解承認の判断を覆したりすることがあるものの、その判断の内容は当該事実審裁判所が自らの裁量の権限を濫用したか否かにとどまる。*See,* DEMOTT, *supra* note (35), at 961. または、釜田薫子「訴訟参加していなかった株主が株主代表訴訟の和解に関して控訴する当事者適格」商事法務1567号(2000) 33頁以下を参照。

60　COX & HAZEN, *supra* note (20), at 218.

第2節 米国における株主代表訴訟の和解に関する規律 *209*

事者が行ってきた交渉およびその結果として提示された和解案の内容をどの程度尊重すべきかに関しては、見解が分かれている。例えば、デラウェア州最高裁判所はポーク判決（Polk v. Good[61]）において、「和解を審査する際に、大法官（Chanceller）はその事案を審査する（try the case）必要がない。実際、彼には実体的な事項（merits）に関する問題を判断することが要求されていない。……その代わりに、彼は請求の基礎となる事実や状況およびそれに対する可能な抗弁を吟味し（look to）、一種のビジネス・ジャッジメントを行使して当該和解の全体的な合理性を判断する」[62]との見解を示した。それに対し、連邦第3巡回区控訴裁判所は第1審の裁判所の下した株主代表訴訟の和解を承認するという判断に対して、当該和解に関連する実体的な事項を含め、詳細な検討を行ったうえで、原審の判断を覆したとみられる事例がある[63]。

　次に、裁判所が審査する内容に関しては、ほとんどの裁判所は主に当該和解が公正かつ合理的なものであるか、および当該和解がそれによる影響を受ける全ての者の最善の利益になるかを審査する[64]。ただ、具体的にその公正性および合理性を、どのような要素から判断するかに関しては、必ずしも統一した基準がないようである。例えば、多くの株主代表訴訟の判決において引用され、和解案の妥当性に対する判断として権威のある事例とされている City of Detroit v. Grinnell Corp. 判決[65]においては、和解を承認する際に裁判所が特に考慮すべき要素として9つの項目を挙げた[66]のに対し、前述したポーク判決においては、デラウェア

61　507 A. 2d 531（Del. 1986）.
　　なお、本件は事実審裁判所の下した和解を承認するという判断に対して、当該和解に反対する他の株主が上訴した事案である。

62　*Id.* at 536.

63　In re Pittsburgh & Lake Erie R.R Sec. & Antitrust Litig., 543 F. 2d 1058, 1070（3d Cir. 1976）.

64　ALI, *supra* note（17）, at 180~181は、判例法におけるこの基準と実質的に同一の基準、すなわち裁判所は原告勝訴の見込みと和解提案とを比較衡量したうえで、承認の判断を支持できる十分な会社の利益があり、かつ和解が公序にも適合した場合に、和解の申立てを承認すべきであるというルールを示した。なお、当該和解が公正かつ合理的であることに対する立証の責任は和解の承認を申立てた側にあるという点においても、ほとんどの裁判所の見解は一致しているようである。

65　495 F. 2d 448（C.A.N.Y. 1974）.

66　すなわち、①訴訟の複雑性、かかる費用および可能な継続期間（likely duration）、②当該和解に対する（原告の代表している）クラスの反応、③訴訟追行の段階および既に履行された救済の額、④責任（liability）の立証に関するリスク、⑤損害賠償（damages）の立証に関するリスク、⑥正式事実審理においてクラス・アクションを継続させることによるリスク、⑦より大きな判決に持ちこたえる（withstand）被告の経済的能力、⑧最も可能な救済（recovery）を踏まえてみた和解金の合理性、⑨訴訟に付随する全てのリスクを踏まえてみた可能な救済に対して当該和解

210 第6章 株主代表訴訟の和解と裁判所の役割

州最高裁判所はかかる審査をするには次のような6つの要素を考慮することを明らかにした[67]。

   1. 請求の正当性

   2. 裁判所が当該請求をエンフォースすることにおける明白な困難

   3. 損害賠償の可能性

   4. 訴訟による遅延、費用、混乱

   5. 判決による賠償額および賠償の可能性と比較した和解の額

   6. 利害関係者の見解

これは裁判所が特に考慮する重要な要素を挙げているが、全ての要素を限定列挙したものではない[68]。通常、裁判所は自らの裁量に基づき、特定の事案において重要とされるいくつかの要素を総合的に検討したうえで、その和解を承認するか否かを判断している。したがって、米国における株主代表訴訟の和解に対する裁判所の承認の要件をより明らかにするためには、右のような検討だけでは十分ではない。もっとも、米国では、株主代表訴訟の和解の申立てがあったとき、それを承認した事案が多数を占めており、承認しなかった事案が少ない[69]ようである。和解の承認にあたって裁判所が特に注意深く審査している要件を明らかにするために、裁判所があえて和解を承認しなかった事例を検討することには一定の意義があると思われる。そこで、特に和解が承認されなかった事例として、株主

金の有する合理性という9つの要素である。*Id,* at 463. *See also,* Desimone v. Industrial Bio-Test Labs., Inc., 83 F.R.D. 615 (S.D.N.Y. 1979), at 619.

67　*Supra* note (61), at 536. また、近藤光男「株主代表訴訟の和解における裁判所の承認」商事法務1498号 (1998) 30頁を参照。

68　事案によって、当該和解が係属中の他の訴訟への影響も裁判所の考慮要素の1つになる。

　　1つの例として Off v. Ross, 2008 WL5053448 (Del. Ch. Nov. 26, 2008) を挙げることができる。本件では、承認が申立てられた和解に反対する株主の1人はニューヨーク州で提起された別件の株主代表訴訟および連邦証券詐欺クラス・アクションの原告である。裁判所は仮にデラウェア州で提起された本件株主代表訴訟の和解を承認したら、ニューヨーク州で係属中のクラス・アクションを大きく害しかつ複雑化しうることを理由に、本件和解を承認しなかった。その代わりに、裁判所はデラウェア州の本件訴訟をニューヨーク州の訴訟の結果が明らかになるまで一時的に停止するとした。

69　COX & HAZEN, *supra* note (20), at 218; Coffee, Jr., *supra* note (11), at 714. なお、その理由として①紛争を早期に解決するために、裁判所は和解を承認するインセンティブを有すること、②和解の公正性の評価にあたって裁判所は必ずしも十分な情報を有しないこと、および③反対者が少ないため、和解の審理は典型的には原告側弁護士と被告側弁護士の集まりとなっており、その双方は和解するインセンティブを有することが挙げられている。Macey & Miller, *supra* note (11), at 45~47.

第2節　米国における株主代表訴訟の和解に関する規律　*211*

代表訴訟の和解に関する米国の文献においてしばしば引用されてきた次の4つの
裁判例を紹介する。

事例①　和解に合理性がないとして承認しなかった事例
——Lewis v. Hirsch（Del. Ch. June 1, 1994）[70]
【事実の概要】

　本件は、United States Surgical 社（以下「U.S. 社」という）の株主が、U.S. 社およびその取締役らを被告として提起した株主代表訴訟である。原告は最初の訴状において、被告取締役らが現金、ボーナスおよびストック・オプションのかたちで過大な報酬を受け取ったこと、およびそのような過大な報酬が会社の資産の浪費になったこと（以下「本件過大報酬に関する請求」という）のみを主張した。しかし、後に原告は訴状を修正して、被告取締役ら（そのうちの1人を除き）が会社の重要な未公開の情報を利用してインサイダー取引を行なったこと、およびそれが会社に対する信認義務違反となったこと（以下「本件インサイダー取引に関する請求」という）を追加した。

　その後、訴訟の当事者らは和解の合意に達し、裁判所に対して承認の申立てを行った。右和解の審理において、原告でない2つのグループの株主は原告株主が本件インサイダー取引を十分に調査せずに和解に同意したと主張して、右和解に反対した。

　【判旨】

　裁判所は株主代表訴訟の和解案を審査するにあたって、当該事案に関する全ての事実的および法的な状況を考慮して当該和解案が合理的かつ公正であるか否かを判断しなければならないこと、およびかかる審査にあたって裁判所は全ての事実に関して認定を行う必要がなく、訴訟記録（record）のみに基づき判断を行うことを示した[71]うえで、とりわけ本件和解案の合理性につき、次のように判断し、本件和解を承認しなかった。

　「当裁判所は、本件過大報酬に関する請求につき十分に調査が行われ、かつ合理的に和解がなされた（reasonably compromised）ということに同意する。過大報酬に関する請求を正式事実審理において証明するのは困難である。それは主に、過大報酬が通常会社の取締役会のビジネス・ジャッジメントに委ねられる問題であることによる。……仮に本件過大報酬に関する請求が原告の主張した唯一の請求であれば、当該和解案は公正かつ合理的なものとして承認されるはずである。」[72]

　しかし、「本件事案に関する全ての事実的および法的な状況に鑑みれば、当裁判所は現在当該和解案の全体的な合理性を評価できないと結論付ける。なぜなら、原告は彼が本件インサイダー取引に関する請求を十分に調査したことを示さなかったからであ

70　Fed. Sec. L. Rep. P98382, 1994 WL 263551.

71　*Id.* at *2.

72　*Id.* at *3~4.

る。したがって、当該和解を現在の訴訟記録に基づき、承認することができない。」「原告は本件インサイダー取引に関する請求に関する重要な問題に注目してこなかった……その実体的事項（merit）を決めるには、自らの主張することについて少なくとも調査すべきである。原告は自分が……どのような調査を行ったかを示さなかった。彼はどのような書類を審査し、そして……それらの書類が何を明らかにしたかを具体的に述べなかった。

　要するに、原告がこれらの請求を調査してこなかったため、当裁判所はこの時点では訴訟記録に基づき、当該和解がもたらすと推定される何らかの利益の価値と比較して、本件インサイダー取引に関する請求の価値を十分に（adequately）評価できない。したがって、当裁判所は現在、自らのビジネス・ジャッジメントを行使して自らの裁量に基づき、当該事案に関する全ての事実的および法的な状況に鑑みて、当該和解が合理的かつ公正であることを結論付けることはできない。」[73]

事例②　和解の条件が会社にとって公正でないとして承認しなかった事例
——Fricke v. Daylin, Inc. (E.D.N.Y. 1975)[74]
【事実の概要】

　本件は、ニューヨーク証券取引場に上場されているデラウェア州の会社であるDaylin社（以下「D社」という）の株主が、D社および当該会社の取締役会を構成していた11名の取締役・執行役を被告として提起した株主代表訴訟である。原告株主の主張によれば、被告らは当該会社の取締役会において、被告のうちの4名が「経営者インセンティブプラン」（Key Employee Incentive Plan）（以下「本件プラン」という）に基づき取得した当該会社およびその子会社の株式の取得対価として、当該会社およびその子会社に対して発行した約束手形（promissory note）（以下「本件約束手形」という）の条項（terms）を、実質的に変更した決議案を採択させ、彼らの会社に対する債務を不正に減額させた。よって、原告は被告らに対して会社に対する総額1,650,500ドルの損害賠償を求めた。

　被告らは原告の訴状に対して回答を行わなかったが、次のような4項目を主な内容とする和解を提案した。（1）D社の重要役員報酬信託（Key Executive Compensation Trust）（以下「本件信託」という）は取り消され、その資産は会社に返還される。（2）減額された後に被告のうちの3名がD社に対して有している債務は取り消される。（3）被告のうちの4名が分割払いでD社に対して支払ったおよそ総額34,200ドルの金銭は現金の代わりに、彼らにD社の普通株式を時価で取得させることによって返還される。（4）被告のうちの2名は取得した50,000個のストック・オプションを会社に返還する。原告側弁護士は右和解案に同意したが、ニューヨーク州東部連邦地方裁判所は当該和解の申立てを承認しなかった。

73　*Id.* at *7.
74　66 F.R.D. 90 (E.D.N.Y. 1975).

【判旨】

本件の裁判所はまず「全株主が利害関係を有している本件和解の会社にとっての公平性（fairness）を決めるには、4,300人の株主のうちの5人しか当該和解案に反対の意見を示さなかったことは決定的な要素（a controlling factor）ではない」[75]という判断を示した。

次に、本件事案につき、「これは通常のケースではなく、当裁判所はこれが最も異常なケースであると考える。本件では、『和解による支払い（amount offered in settlement）』がなく、あるのは当該会社が既にそのエクイティ上の所有権を有している（equitably owns）資産をいざというときに自由に利用できるということに対する利害関係者である被告取締役・執行役らの『同意（consent）』のみである」[76]ことを指摘した。

具体的には、和解条項の（2）ないし（4）に対して、「当裁判所の判断では、申立人は提案された和解が当該会社およびその株主らの最善の利益になる（in the best interests of the corporation and its stockholders）ことを全く証明できなかった。……提案された和解の条項によれば、現在D社には、これらの取締役・執行役の発行した本件約束手形に関して、自らの有する減額後の請求権さえ放棄することが要求されている。それと同時に、D社は彼らに、本件約束手形が当初発行された時よりも多くのD社株式を取得することを認めている。」として、これらの条項は会社に利益をもたらさないばかりか、それを害する可能性さえあることを明らかにした。

さらに和解条項の（1）については、「本件信託に入れられた優先株について、D社はその所有権を有しているため、……（本件信託の）プログラムからこれらの株式を直ちに（right now）離脱させる権利を有する。仮にこれらの優先株式を1978年1月1日までに信託資産から直接に『償還（redeemed）』させるのが困難であっても、当該プログラムから離脱させれば、これらの株式を『このプログラムの条項と関係なく、それに妨げられることなく自由に他人に譲渡できる……』……D社が現在でも実際にできることを行うには、被告らの『同意』が必要でない。さらに、仮に実際D社は現在キャッシュを緊急に必要とするとしても、一つの重要な問題がある。すなわち、受認者である被告らは個人的な利益相反のために、その同意を差し控えるべきである。」として、条項（1）は会社に何の利益ももたらさないことを確認した。

最後に、原告側弁護士が本件和解に賛成する理由として挙げた被告の「支払い不能（insolvency）」の問題に対して、「問題は……彼らが経済的に責任を果たせるか否かではなく、本件訴訟の再訴不可能な却下（the dismissal with prejudice）の代わりに、何らかの実質的な対価がD社に渡されるかどうかである。当裁判所からみれば、この対価は全て逆のほうへ流れており、そして現在の形の当該和解は会社およびその株主の最善の利益にならない。」[77]と示し、本件和解を承認しなかった。

75　*Id.* at 97.

76　*Id.*

77　*Id.* at 97~98.

事例③　和解に同意した特別和解委員会の独立性の問題を理由に承認しなかった事例——In re Oracle Sec. Litig.（N.D. Cal. 1993）[78]

【事実の概要】

本件はカリフォルニア州に主たる事業所を有するデラウェア州の会社 Oracle Systems 社（以下「O 社」という）および当該会社の取締役・執行役を被告として提起された 2 件の株主代表訴訟と、O 社、当該会社の取締役・執行役ならびにその会計監査人を被告とする十数件の証券クラス・アクションの和解の承認に関する事案である。

1990年 3 月、O 社が赤字決算を発表した 2 日後、その株価は急落した。その直後に、O 社およびその取締役・執行役が会社の財務状況に関する不利な情報を直ちに（promptly）開示しなかったことは連邦証券法に違反するとして、証券クラス・アクションが提起された。それと同時に、右取締役・執行役がインサイダー取引を行なったことおよび会社経営を誤って会社の収益を減少させ、かつ会社をクラス・アクションに晒させることは当該会社およびその株主に対する信認義務違反になるとして、2 件の株主代表訴訟（以下「本件株主代表訴訟」という）も提起された。同年 5 月15日に、裁判所はこれらの証券クラス・アクションおよび株主代表訴訟を併合して審理することとした。

1992年12月、本件クラス・アクションおよび本件株主代表訴訟の当事者らは裁判所に対して、これらの訴訟に関して和解の合意に達したことを通知した。その際には、O 社は裁判所に対して当該和解承認の手続に参加することを明らかにしなかった。しかし、その後、O 社および当該会社の役員である被告らの代理人を共同して務めている O 社のゼネラル・カウンシル（general counsel）および Morrison & Foerster 法律事務所（以下「M & F 事務所」という）は当該裁判所に対して、本件株主代表訴訟の和解に同意する書面を提出して、当該和解を承認するか否かの判断を下すために被告とされなかった O 社の 4 名の取締役（以下「非被告取締役ら」という）を特別和解委員会（a special settlement committee）に指名することを通知した。1994年 6 月、O 社のゼネラル・カウンシルおよび M & F 事務所は、右非被告取締役らが特別和解委員会を代表して署名した新しい和解合意書（以下「本件和解」という）を裁判所に提出した。

O 社はデラウェア州で設立された会社であるため、カリフォルニア州北部地区連邦地方裁判所はデラウェア州法に基づき、本件和解に同意した会社の取締役らの独立性を疑問視し、その申立てを承認しなかった。

【判旨】

本件事案の特徴につき、裁判所は「O 社の取締役会は本件和解を承認するために、彼らによれば利害関係のない取締役からなる委員会を設置して、実質的に Zapata Corp. v. Maldonado, 430 A. 2d 779（Del. 1981）におけるデラウェア州最高裁判所の検討した手続に類似する手続にしたがって本件株主代表訴訟を終わらせた。Zapata 判決

---

[78] 829 F. Supp 1176（N.D. Cal. 1993）.

第2節　米国における株主代表訴訟の和解に関する規律　*215*

では、裁判所は利害関係のない取締役会のメンバーを、『会社の最善の利益を害すると思われる株主代表訴訟を却下する』権限を有する特別訴訟委員会に任命することを承認した。……Zapata 判決における特別訴訟委員会と同じように、O 社の特別和解委員会は何ら対価も要求せずに被告らに対する O 社の請求を撤回する（withdraw）ことを決めてきた。……O 社はデラウェア州の会社であるため、Zapata 判決は特別な関連性を有する。」[79]と示した。

そこで、裁判所は本件において「Zapata 判決と同じように、当裁判所は当該特別委員会の本件株主代表訴訟を終了させる決定が当該会社およびその株主の利益を十分に保護しているかを判断しなければならない。Zapata 判決の裁判所は特別委員会による株主代表訴訟の終了を承認するか否かを決めるための『2段階基準（a two-part test)』を設けた。第1に、裁判所は訴訟委員会の独立性および誠実性、そしてその結論を支える根拠について審査しなくてはならない。……第2段階（の審査）は、株主代表訴訟で申立てられた正当な会社の請求原因から独立している委員会によって示された会社の最善の利益とのバランスをとるための重要な鍵である。……本件和解はZapata 判決基準の第1段階を満たさなかった」[80]ことを明らかにした。

その理由は、すなわち本件において、O 社の特別和解委員会は本件和解が O 社の最善の利益になるか否かを検討するために、独立した弁護士に相談したことがないばかりか、O 社のゼネラル・カウンシルによる助言を受けていたからである[81]。当該裁判所は具体的に、「本件では『利益の相反（the conflict of interest)』は極めて強い。このゼネラル・カウンシルは、当然 O 社の従業員である。同時に、本件株主代表訴訟の被告には O 社の上席執行役員のうちの3人……が含まれている。したがって、当該ゼネラル・カウンシルは彼らが毎日仕えておりかつ彼らのこの会社における将来を支配している被告らに不利な立場をとるのを嫌がることを、疑う余地がないようである。……特別和解委員会は固有のバイアスのかかっている社内弁護士の助言を信頼したため、彼らの本件和解に対する承認は……価値のないものである。」[82]と示した。

したがって、裁判所は「本件和解の条件が実際に不合理であることを意味しないが、当裁判所は今まで受けてきた疑わしい証言に基づき、これ以外の結論を公正に見出すことができない」[83]ため、本件和解を承認しないと結論付けた。

79　*Id.* at 1186

80　*Id.* at 1186~1187.

81　*Id.* at 1187~1188.

82　*Id.* at 1189.

83　*Id.* at 1189~1190.

216 第6章 株主代表訴訟の和解と裁判所の役割

事例④　和解の合理性が証明されなかったことおよび和解交渉のプロセスが公正でないことを理由に承認しなかった事例

——MAXXAM, Inc. Federated Dev. S'holders Litig.（Del. Ch. 1995）[84]

【事実の概要】

　本件はデラウェア州の会社 Maxxam 社（以下「M 社」という）の一部の株主が、M 社、同社の完全子会社であった MCOP 社（以下「MC 社」という）、M 社の取締役ならびに同社の支配株主である F 社を被告に提起した一連の株主代表訴訟の和解の承認に関する事案である。

　原告株主らの主張によれば、その完全子会社 MC 社が、M 社の1987年6月および11月の取締役会決議に基づき F 社に対して行った金銭の貸付（以下「本件金銭貸付」という）および後に M 社と F 社との間にあった不動産の取引（以下「本件取引」という）は不公正な自己取引の結果であり、かつ被告らは詐欺的に自らの信認義務違反の事実を隠蔽した。本件金銭貸付および本件取引をめぐり、1991年5月28日に M 社の少数株主は最初の株主代表訴訟を提起し、1991年11月13日に M 社の普通株式の14％を所有する株主であり、経営陣に属さない最大の株主である NL Industries（以下「NL 社」という）は別件の株主代表訴訟を提起した。その後、本件金銭貸付および本件取引をめぐって、いくつかの株主代表訴訟が提起されたが、NL 社の提起した訴訟以外の株主代表訴訟は1992年2月3日に併合された（以下「本件併合株主代表訴訟」という）[85]。1994年7月7日に、本件併合株主代表訴訟の原告と被告は和解に達し、被告が300万ドルを支払う代わりに、本件金銭貸付および本件取引に関する請求が全て取り下げられるという旨の合意に至った（以下「本件和解」という）。ところが、NL 社は本件和解に反対し、本件和解の審理において異議を申立てた。

【判旨】

　デラウェア州衡平法裁判所は、まず和解の承認にあたって、裁判所は訴訟の和解を推進する政策と株主の利益が正当に保護されることを保障する政策との均衡をとらなければならず、そのためにポーク判決[86]の要素が適用されることを示したうえで、本件において特に問題となったのは1番目（請求の正当性）および5番目（判決による賠償額および回収可能性と比較した和解の額）の2つの要素であることを示した[87]。

　当該裁判所はまず本件金銭貸付および本件取引に関する株主代表訴訟の請求を綿密に吟味し、本件金銭貸付に関する請求が出訴期限法（the statute of limitations, 10 Del C. §8106）により妨げられないこと、および被告が正式事実審理において本件取引が完全に公正であることの立証責任を果たしうることを示していないことを明らかにした[88]。

84　659 A. 2d 760（Del. Ch. 1995）. 近藤・前掲注（67）27頁以下を参照。

85　詳細な事実については近藤・前掲注（67）27頁を参照されたい。ただ、NL 社も株主代表訴訟を提起した事実およびそれらの株主代表訴訟の併合の事実については、近藤・前掲注（67）では触れなかったため、ここでこれを特に補足する。

86　*Supra* note（61）, Polk v. Good, 507 A. 2d 531（Del. 1986）.

87　*Supra* note（84）, 659 A 2d 760, at 768.

第 2 節　米国における株主代表訴訟の和解に関する規律　　*217*

　さらに、本件和解金額と比較した原告の本来の請求の価値につき、裁判所は「和解
の妥当性を証明する責任は当該和解の提案者にある。彼らは、原告の得られうる終局判
決による……損害賠償額が極めて少額であり、（それに比較して）300万ドルの和解金が
公正かつ合理的なものである旨を説得的に示す証拠を提出していない」と判断した。
　最後に、当該裁判所は「訴訟の和解を推進する政策と株主の利益が正当に保護され
ることを保障する政策との均衡をとる場合、当裁判所は本件において後者の政策が優
先されなければならないと結論付ける」と示したうえで、本件和解の締結するプロセ
スにおける瑕疵につき補足的に説明する必要があるとした。すなわち、「和解は通常、
訴訟当事者全員による作成およびその同意によってなされるが、本件はそうでない。
本件和解の交渉は、被告らに対する訴訟を精力的に行っている（vigorously prosecut-
ing）14％の株式を保有している――実際、本件和解に反対した――株主の参加のない
状況で行われた。……本件では、被告らは自らに好意を持っていない原告による請求
を消滅させるために、好意的な原告と和解交渉を行おうとしていることが明らかであ
る。……重要な訴訟当事者を和解交渉から除外すること自体は、それだけで和解の提
案を無効ならしめるものではないが、潜在的に濫用の可能性があるから、本件ではそ
のような方法がとられたため、注意深く審査されなければならない。」[89]
　よって、裁判所は本件和解を承認しなかった。

　このように、株主代表訴訟の原告株主・被告取締役間の和解の承認にあたっ
て、裁判所は通常、各事案における具体的な事実的および法的な状況を考慮し
て、かかる和解の合理性およびその公正性を判断しなければならない。その審査
の内容はケース・バイ・ケースではあるが、裁判所があえて原告と被告との合意
による和解を承認しなかった右の事案から、次のようなことが分かる。すなわ
ち、裁判所は株主代表訴訟の和解を承認するには、とりわけ①終局判決ではなく
和解により株主代表訴訟を終了させること自体に合理性があるか（事例①）、②当
該和解は会社に公正であるといえる程度の利益をもたらすか（事例②）、③会社
（取締役会）が和解案を審査するために特別な委員会を指名した場合には、まず当
該委員会が Zapata 基準の要求している独立性・誠実性の要件を満たしているか
（事例③）、それに④和解の交渉は被告と彼らが選別した当該和解に好意的な原告
だけによって行われてきたか（事例④）[90]を注意深く審査する。

88　*Id.* at 769〜775. 近藤・前掲注（67）28〜29頁を参照。
89　*Supra* note（84）, at 776.
90　Dawn A. Miello, *In Re Maxxam――Putting the Plaintiff and Defendant on Even Ground:
　　Defining Standards for Settlement Review and the Statute of Limitations in Shareholder Actions,*

218　第 6 章　株主代表訴訟の和解と裁判所の役割

（2）会社・被告取締役間の和解

　米国の株主代表訴訟では、会社が形式的に被告になるが、実質的には原告と利害が一致するため、被告取締役と会社（取締役会）との合意により和解が成立することが可能である[91]。しかし、会社・被告間の和解が制定法において定められておらず、また会社・被告間の合意による和解は実質的に被告取締役の責任の免除と同様な効果を有しているため[92]、その効力は必ずしも明らかではない[93]。さらに、利害関係のある取締役会のメンバーは和解に関与することによって自らの責任が追及されるおそれがあることから、とりわけ公開会社においては、取締役会が原告株主の反対にかかわらず被告と和解をした例はほとんどないようである[94]。

　ただ、理論的には、株主代表訴訟の原告が和解に対して不合理といえるほど譲歩しない（intransigent）態度をとった場合または訴訟の継続が会社に不利な影響を与える場合には、原告の同意を伴わない会社・被告間の和解は株主代表訴訟を終了するための効果的な方法になりうる[95]。また、米国法律協会（ALI）は会社・被告間の不当な和解を防止する[96]とともに、会社・被告間でなされた和解に拘束力（binding effect）を与え、さらに和解に関与した取締役が責任を追及される可能性を最小限にするために、会社・被告間の和解には裁判所の承認が必要であるとした[97] [98]。

---

　21 Del. J. Corp. L. 525, 563 (1996).

91　ALI, *supra* note (17), Vol. 2, § 7.15 は（原告の同意のない）被告・会社間の和解を規定している。

92　米国法律協会（ALI）は（原告の同意のない）被告・会社間の和解を規定している§ 7.15においては、被告・会社間の和解と被告役員の責任の免除を区別せずに定めている。ALI, *supra* note (17), at 189~190.

93　DEMOTT, *supra* note (35), at 984~987.

94　ALI, *supra* note (17), at 191.

95　*Id*.

96　被告・会社（取締役会）間の和解の場合には、取締役会が被告に支配されており、または仮に支配されていないときでも被告と親密な関係を有する可能性が高いので、被告・会社間においても馴れ合いによる和解が締結される可能性があると指摘されている。ALI, *supra* note (17), at 192.

97　*Id*. at 190. ただし、米国法律協会（ALI）の当該規定は連邦民事訴訟規則23.1条を解釈するためのものではなく、その関心は適切な会社の救済というより根本的なところにあるようである。*Id*. at 192.

98　なお、Wolf v. Barkes, 348 F. 2d 994 (2d Cir. 1965) では、連邦第 2 巡回区控訴裁判所は、株主代表訴訟の和解に対して裁判所の承認および他の株主への通知を要求する目的は会社を害するような原告と被告との秘密の（secret）和解を阻止するためであるため、会社が和解を申立てた際にはこのようなルールが適用されないと示した。そして傍論でありながらも、当該裁判所は会社と被告との間の合意における不正な点（misconduct）は詐欺または（会社の資産の）浪費を争う

第 2 節　米国における株主代表訴訟の和解に関する規律　*219*

　近時、とりわけデラウェア州においては、会社（取締役会）は自ら和解を申立てるのではなく、特別訴訟委員会を指名して、株主代表訴訟の和解に関する調査および勧告を行わせる傾向にあるようである[99]。その代表的な事案 Carlton Investments v. TLC Beatrice International Holdings, Inc., (Del. Ch. May 30, 1997)[100]（以下「事例⑤」という）において、デラウェア州衡平法裁判所は特別訴訟委員会により申立てられた和解に対する承認の要件を、次のように明らかにした。

　当該裁判所は、まず株主代表訴訟の和解が独立した取締役から構成された特別訴訟委員会により申立てられた場合には、デラウェア州最高裁判所が1981年に下した Zapata 判決で示された 2 段階の審査基準が適用されることを示した[101]。すなわち、第 1 段階として、裁判所は特別訴訟委員会の独立性と誠実性およびその結論を支持する根拠について検討し、第 2 段階において会社の「最善の利益」および「法と公序」の両方を考慮して、当該和解の「合理性」について裁判所自身のビジネス・ジャッジメントを行う。次に当該裁判所は当該基準にしたがって、本件における特別訴訟委員会が第 1 段階の要件を満たしていると判断したうえで、第 2 段階の審査を行い、当該委員会の行った調査の手続および結論は完全ではないものの、公正で合理的な和解であると結論付け、当該和解を承認した[102]。

　このように、和解が独立性のある特別訴訟委員会により申立てられた場合には、裁判所は原告・被告との和解において適用される伝統的な和解承認基準より緩やかに、当該委員会によって申立てられた和解の合理性のみを審査し、承認するか否かの判断を行っている。その判断にあたって、裁判所はとりわけ当該委員会の和解提案が基礎とする請求原因に関する資料・証言等を詳細に検討する必要があるが、委員会の判断は一定の合理性・公正性を有するものである限り、仮に完全なものでなくても尊重される。

　前述した原告・被告との和解において適用される裁判所の承認の基準に比較して、被告と会社（特別訴訟委員会）間の合意による株主代表訴訟の和解に対する審

　　訴訟の対象となりうることを示した。

99　COX & HAZEN, *supra* note (20), at 224~225; Gregory V. Varallo, William M. McErlean & Russell C. Silberglied, *From Kahn to Carlton: Recent Developments in Special Committee Practice,* 53 BUS. LAW. 397, 412~425 (1998).

100　No. CIV. A. 13950, 1997 WL 305829. または釜田薫子「株主代表訴訟の和解における裁判所の承認の要件」商事法務1535号（1999）48頁以下を参照。

101　*Id.* at *2. 釜田・前掲注（100）48 頁。

102　*Id.* at *20. 釜田・前掲注（100）49~50頁。

220 第6章 株主代表訴訟の和解と裁判所の役割

査の基準は緩和されたようである[103]。もっとも、仮に裁判所の承認を得て、会社・被告間に和解が成立したとすれば、このような和解の実質的な効果は会社（取締役会）による株主代表訴訟の却下と同様である[104]ため、裁判所がデマンドの段階における会社（取締役会）による訴え却下の申立てを審査するための Zapata 基準を適用して、会社（取締役会）によって申立てられた和解を審査することは適切であると考える。

4 まとめ

以上の検討から、米国の株主代表訴訟に関して、何故会社（全株主）にとって合理性のない不適切な和解を防止するための制度が必要であるか、何故裁判所の役割を重視しなければならないのか、そして裁判所はどのようにかかる和解を審査するかという本章の問題提起に対して、概ね次のように考えることができる。

まず、通常の訴訟と異なり、株主代表訴訟における重要な利害関係者——原告株主、原告側弁護士、被告取締役および会社——には会社（全株主）にとって公正かつ合理的な和解を行うインセンティブがないため、原告株主（実質的には、原告側弁護士）と被告取締役との間、および会社と被告取締役との間においては会社（全株主）の最善の利益にならない、またはその利益を害するような和解合意が締結される懸念がある。会社（全株主）の正当な利益を保護するために、そのような株主代表訴訟の和解を防止するための措置が必要となる。

次に第2の問題に関しては、合理性のない不適切な和解から会社（全株主）の利益を保護するためには、裁判所の後見的な審査のほかに、原告以外の株主の監督も一定の役割を果たしうると考えられる。しかし、訴訟の当事者である原告株主にさえ合理性・公正性のない株主代表訴訟の和解を阻止するインセンティブがないことを踏まえて考えれば、係属中の株主代表訴訟に対してより弱い利害関係しか有しない他の株主にはその役割を期待することができない。実際、米国においては、原告以外の株主への和解に関する通知が要求される場合があるものの、それは主に株主代表訴訟の和解に反対する株主に原告株主の代わりに訴訟を継続する機会や和解の審理において意見を述べる機会を与えるために過ぎない。米国

---

103 釜田・前掲注（100）51頁もこの点に言及した。ただ、当該論文はこれが原告株主・被告取締役等の間の和解と会社・被告取締役等の間の和解における違いであることを明白に述べなかった。

104 ALI, *supra* note (17), at 193.

の連邦法および州の制定法・裁判所規則には、合理性・公正性のない株主代表訴訟の和解から会社の利益を保護するという役割を主に裁判所の和解に対する承認に委ねているような規定が設けられている。

最後に、米国の判例法における裁判所の承認の要件に対する以上の検討からみたように、株主代表訴訟の和解の承認にあたって、ほとんどの裁判所は和解の合理性および公正性を審査しているが、その審査の範囲および具体的な審査内容は事案によって異なりうる。ただ、裁判所が株主代表訴訟の原告・被告間の和解を承認しなかった事例および会社・被告間の和解を承認した事例に対する検討、それに米国における学説の見解[105]から、裁判所は株主代表訴訟の和解の承認にあたって、特に次の3点を注意深く審査していることが分かる。それは、すなわち（ア）和解ではなく終局判決によって得られる賠償額およびその確率と比較衡量してみる当該和解の有する合理性（事例①）、（イ）申立てられた和解が実質的に会社（全株主）に何らかの利益をもたらすか（事例②）、または会社（取締役会）の当該和解に対する承認が信頼できるものであるか（事例③、事例⑤）を検討したうえで結論付けた当該和解の内容における公正性、および（ウ）和解の締結は、被告が当該和解に反対する利害関係者を排除して、好意的な利害関係者だけを選別したうえで行った交渉の結果である可能性があるか（事例④）等からみた当該和解のプロセスにおける公正性である。

第3節　日本における株主代表訴訟の和解制度およびその問題点

1　会社法制定前の問題状況および法改正

（1）平成13年商法改正前の問題状況

平成13年改正前の商法には、株主代表訴訟の和解に関する明文規定がなかった。もっとも、株主代表訴訟の長期化、被告取締役等の資力の限界等から、原告および被告が相互に譲歩し和解により訴訟を終了させることは現実的にありうると考えられ、また裁判実務においても、裁判所は事実上株主代表訴訟の和解を認めていた[106]。しかし、実務において行われていたこのような和解の効力をめぐ

105　DEMOTT, *supra* note（35）, at 977; Haudek, *supra* note（36）, at 793~801.
106　例えば①第1審（東京地判平成5・9・21判例時報1480号154頁）において原告側が全面勝訴し

222 第6章 株主代表訴訟の和解と裁判所の役割

り、和解の当事者である原告株主と被告取締役等のみならず、会社および他の株主まで再訴禁止の効力が及ぶのかに関して、学説では肯定説と否定説の見解が対立していた[107]。

　この議論の中心となったのは、下記の2つの問題である。すなわち①法理論上、株主代表訴訟の原告株主には会社の権利を保全するために訴え提起の権利が認められるが、訴訟物である会社の権利につき管理処分の権能が認められていないはずであるから、かかる原告は独自に会社および他の株主まで拘束する訴訟上の和解をする権限を有しないのではないか、および②和解はその性質から当事者双方による譲歩・妥協が伴うことは避けられないため、株主代表訴訟の和解の結果、実質的に被告取締役等役員の責任の免除・軽減になりうるから、それは取締役の責任免除に全株主の同意を要する平成13年改正前商法266条5項（会社法424条）に抵触するのではないかという問題である[108]。

　否定説は、主に①の問題について、代表訴訟の原告株主は会社の権利につき会社のために訴訟を提起するのであるから、このような原告株主が和解をなしうるとするなら、その株主の一存で会社の権利の全部または一部を処分することを認めるという結果になるため、原告株主は独自に会社および他の株主を拘束するような和解をすることができないと主張する[109]。しかし、この見解に対して、訴訟

　　たが、控訴審で和解が成立した日本サンライズ株主代表訴訟事件（東京高裁平成6・3・31商事法務1354号134頁）、②平成10年3月31日に東京地裁に提訴し、当該裁判所の勧告のもとで平成11年12月21日に和解が成立した日立製作所独禁法違反課徴金事件（資料版商事法務190号227頁）、③平成9年4月8日に大阪地裁に提訴し、平成13年3月15日に和解が成立した住友商事銅地金取引損失事件（資料版商事法務205号162頁）、④第1審（大阪地判平成12・9・20判例時報1721号3頁）で請求が一部認容され、被告に総額7億7500万ドル（約975億円）の支払いが命じられたが、控訴審において和解（和解金は総額2億5000万円）が成立した大和銀行株式代表訴訟事件（大阪高判平成13・12・10商事法務1618号44頁）、⑤平成12年1月21日に神戸地裁に提訴し、平成14年4月5日に和解が成立した神戸製鋼所総会屋利益供与事件（商事法務1626号52頁）等がある。

107　このような和解が会社および他の株主を拘束しないとする見解は、当該和解に対して原告株主と被告取締役等との間にある不提訴約束以上の効力を認めず、それは原告株主が自らの提訴権を処分するものに過ぎないとするという捉え方である。山田泰弘「株主代表訴訟の構造と機能——和解と多重的代表訴訟の考察を通じて——」私法63号（2001）296頁を参照。

108　以上につき、中島弘雅「株主代表訴訟の解釈論上の問題点——訴訟参加と訴訟上の和解を中心に」永井和之＝中島弘雅＝南保勝美編『会社法学の省察』（中央経済社、2012）364頁、高橋均『株主代表訴訟の理論と制度改正の課題』（同文館、2008）50頁、池田・前掲注（2）284〜285頁、小林一于「株主代表訴訟と和解」山口経済学雑誌50巻1号（2002）70頁を参照。

109　森本滋『会社法（第2版）』（有信堂高文社、1995）261頁、高橋宏志「株主代表訴訟と訴訟上の和解——民事訴訟法の観点から——」商事法務1368号（1994）74頁、大隅健一郎＝今井宏『会社法論中巻（第3版）』（有斐閣、1992）277頁、田中誠二『会社法詳論上巻（3全訂版）』（勁草書

第3節　日本における株主代表訴訟の和解制度およびその問題点　*223*

が判決まで継続するに要する時間と費用、それに終局判決により会社が得ると見込まれる金額と比較すれば、経済的に合理的な和解もありうるため、原告・被告の合意による株主代表訴訟の和解を一律に禁止すべきではないとの批判が当てはまる[110]。

　他方で、肯定説には平成5年商法改正前から存在する従来の肯定説および平成5年商法改正後に現れ徐々に有力になってきた限定的な肯定説がある。前者は、原告株主・被告取締役等の間の和解により生じる弊害は会社や他の株主の訴訟参加および詐害再審の制度によって防止または排除されるべきであって、原告株主の和解によって会社に損害が生ずるときは、その損害は会社の原告株主に対する損害賠償請求によって処理されるべきものであるとして[111]、代表訴訟係属中の原告株主は何らの制限を受けることなく自由に和解をなしうると主張する[112]。それに対し、後者は一定の条件が満たされた場合にのみ、原告株主は会社および他の株主を拘束する和解をすることができるとする。後者の限定的な肯定説の立場をとる学説は、とりわけ株主代表訴訟の訴訟上の和解を認めた初めての判決とされた日本サンライズ株主代表訴訟事件控訴審和解事件[113]の公表を契機に、前述した①および②の問題の解決に向けて、解釈論と立法論の両面から様々な議論を行った。

　具体的には、限定的な肯定説にはまず①の問題の解決に向けた解釈論として、任意の公告や通知により原告以外の株主に株主代表訴訟の提起を知らせ、訴訟参加の機会が与えられていた場合には和解の効力は他の株主にも及ぶとする見解[114]や、裁判所が和解期日あるいは最終の和解案を会社に通知し、会社が原告株主の共同訴訟人として和解に加わることによって、または会社から異議がなければ、

房、1993）704頁。
110　竹内昭夫「株主の代表訴訟」『会社法の理論Ⅲ』（有斐閣、1990）265頁（初出は、法学協会編『法学協会百周年記念論文集第3巻』（有斐閣、1983）153頁）。
111　これらの論拠に対して、その実効性が疑わしいという指摘がある。前田雅弘「株主代表訴訟と和解」法学論叢134巻5・6号（1994）256頁。
112　上柳克郎＝鴻常夫＝竹内昭夫編『新版注釈会社法（6）』（有斐閣、1987）377頁〔北沢正啓〕。
113　本件株主代表訴訟事件（前掲注（106）①事件）は、多額の株式投資により株式会社日本サンライズに損害を与えた取締役3名に対して、株主が提起した訴訟である。第1審で原告株主が勝訴した（約2億9500万円の認容額）後、控訴審で和解（和解金1億3000万円）をした事案である。
114　前田・前掲注（111）257頁。
　　この見解に対して、訴訟提起の段階において他の株主へのノーティスという手続保障を要求するが、和解の段階ではそれを要求していないこと、およびかかる手続保障では原告以外の株主との関係のみが重視され、会社への視点は全く考慮されていないことに問題があるという指摘がある。池田・前掲注（2）285頁。

224　第 6 章　株主代表訴訟の和解と裁判所の役割

原告株主は会社から和解権限を授権したとみて、原告・被告間の合意による和解を認めてよいとする見解[115]がある。次に②の問題の解決に向けた解釈論としては、免除の対象となる取締役等の責任は和解の段階ではまだ確定されていないため、判決見込額に近い金額での和解やその内容が実質的に会社の不利益とならない和解は必ずしも責任の免除に該当しないという見解[116]、または和解の内容として責任の一部免除がなされたとしても、和解合意の内容が公平に反しないか、他の株主の利益を害することがないか等について判断することなしに、裁判所が和解の成立を認めることは考えられないため、平成13年改正前商法266条5項の責任免除の要件が必ずしも適用されないという見解[117]がある。他方で、株主代表訴訟において和解を認める必要があるとしたうえで、個々の解釈論が難しいとし、立法論として米国法を参考に、和解に裁判所の認可が必要である旨を規定し、かつ和解案を原告以外の株主にも知らせ、異議があれば訴訟に参加する可能性を与えるべきであるとする立法論的な見解もある[118]。これらの見解はそれぞれ異なる部分があるものの、株主代表訴訟の和解による終了を肯定すべきであることを前提に、手続的な保障をもって原告株主の代表訴訟を和解する権限の不足を補充できると考えられる点において共通している。

（2）平成13年商法改正における代表訴訟の和解に関する法改正

　平成 5 年商法改正の前後から急増した株主代表訴訟に困惑した経済界で代表訴訟脅威論が蔓延していたことを背景に、平成13年、議員立法によりコーポレート・ガバナンス関係の改正が行われ[119]、同年12月12日に公布された「商法および株式会社の監査等に関する商法の特例に関する法律の一部を改正する法律」（平

115　池田・前掲注（2）287〜288頁。なお、この見解は、②の問題について、免責への全株主の同意要件は株主代表訴訟の和解を否定する理由になるとは考えるべきではなく、むしろ株主代表訴訟における和解を認めることを前提として、かかる和解における会社および他の株主への手続保障が不可欠になってこないかという点に積極的な意義を見出すべきであり、株主代表訴訟の和解に関しては、何よりも会社諸利益のバランスにおいてルールが構築されるよう目指すべきであると指摘した。池田・前掲注（2）300〜301頁。

116　遠藤直哉＝牧野茂＝村田英幸「日本サンライズ株主代表訴訟事件の一審判決と和解」商事法務1363号（1994）65〜66頁。

117　伊藤眞「代表訴訟と民事訴訟」柏木昇編『日本の企業と法』（有斐閣、1996）64〜65頁。

118　山田泰弘『株主代表訴訟の法理』（信山社、2000）237頁、中島弘雅「民事手続法の観点からみた株主代表訴訟」ジュリスト1191号（2000）12頁、高橋・前掲注（109）74頁等。

119　岩原紳作「株主代表訴訟」ジュリスト1206号（2001）122頁。

第3節　日本における株主代表訴訟の和解制度およびその問題点　*225*

成13年法律149号）には株主代表訴訟に関する法改正が盛り込まれた。改正後の商法には株主代表訴訟において和解をすることができることを前提とする次のような規定が設けられた。

　まず、株主代表訴訟に至らず、会社が自ら取締役等役員の責任を追及する訴えを提起した場合、会社と被告取締役等が和解をするときには、取締役等の責任の免除に関する規定が適用されず全株主の同意は不要であるとした（平成13年改正商法268条5項）。次に株主代表訴訟において原告株主と被告取締役等が和解を行う場合には、会社が和解当事者でないときは、裁判所は会社に対して和解の内容を通知しかつ和解に異議があれば2週間以内にそれを述べるべき旨の催告を行い（同法同条6項）、会社が右の異議申立期間内に書面をもって異議を述べなかった場合、裁判所から通知された内容で株主が和解をすることを承認したものとみなすこととして、このような場合には全株主の同意なくても和解が成立することとした（同法同条7項）。

　このように、平成13年改正商法は改正前に盛んに議論されてきた2つの問題に対して、それぞれ次のように対応した。すなわち、まず取締役の責任の免除に関する規定の適用除外を明文により定めることによって②の問題を解決し、次に会社に対する和解内容の通知を要求し、かつ当該和解に対する異議の申立てを催告することを通じて会社を和解に関わらせ、それによって訴訟物である会社の権利の管理処分権をめぐる①の問題に対応した。これらの規定にしたがって成立した和解は原告・被告だけでなく、会社・全株主をも拘束するため、その結果、原告株主は事実上、単独で会社・全株主を拘束する和解合意を被告取締役等との間で締結する可能性が開けたことになった[120]。

　他方で、平成13年改正商法では原告株主と被告取締役等との馴れ合いによる不当な和解を防止するための仕組みとして、次のような措置がとられている。まず、改正商法は会社が取締役等の責任を追及する訴えを提起したときおよび株主から株主代表訴訟を提起した旨の告知を受けたときは、遅滞なくその旨を公告しまたは株主に通知することを要するとし（平成13年改正商法268条4条）、原告以外の株主に（共同）訴訟参加の機会を充実させた[121]。次に、会社が和解の当事者で

120　中島弘雅「株主代表訴訟と和解」小林秀之＝近藤光男『新しい株主代表訴訟』（弘文堂、2003）143頁、田中亘「取締役の責任軽減・代表訴訟」ジュリスト1220号（2002）36頁。
121　宮島司「株主代表訴訟」法学教室264号（2002）36頁。

あるときはともかく、そうでないときは裁判所が会社に対して和解内容に関する通知をし、会社が所定の期間内に異議を申し立てる機会を与える制度を新設し、会社が異議を述べたときは、原告株主と被告取締役等は訴訟上の和解をすることができないとした[122]。さらに、それでも不公正な和解が成立した場合については、改正前より存在している再審の訴え（同法268条ノ3）という対抗手段が会社および他の株主に与えられる[123]。

上記の改正に対して、立法により訴訟上の和解を認めることは必要で適切であるとし[124]、当該改正は提訴時における他の株主への公告により訴訟参加を手続上保障するとともに、会社が和解の当事者でない場合には会社に対する異議催促を規定したため、全体としてバランスのとれた改正であると評価する学説[125]がある。それに対し、株主代表訴訟に関する平成13年の商法改正自体はほぼ必要のないものであり、出来上がった法改正についても、立法論的には不十分であるという見解[126]があり、株主代表訴訟の和解に関するこのような規定には濫用の契機が含まれていると指摘する学説[127]もある。

2　会社法上の株主代表訴訟の和解制度における問題点

（1）株主代表訴訟の和解に関する規定

平成17年会社法制定時に、株主代表訴訟の和解に関する規定には、株主代表訴訟につき和解をする場合に、会社が当該和解の当事者でないときまたは当該和解に対して会社が承認を与えないときには、民事訴訟法267条の規定（和解を調書に記載したときはその記載が確定判決と同一の効力を有するという規定）は当該訴訟物につき適用しないという内容が新たに加えられた。もっとも、それは平成17年改正前商法における規律を明文化したに過ぎず、会社法の下にある訴訟上の和解に関する規定は基本的に平成13年改正商法の規定を受け継いだものである[128]。

会社法上の株主代表訴訟の和解制度は具体的には、次のような内容を有する。

122　高橋・前掲注（108）60頁。
123　宮島・前掲注（121）36頁。
124　岩原・前掲注（119）132頁。
125　高橋・前掲注（108）60頁。
126　宮島・前掲注（121）38頁。
127　田中・前掲注（120）37頁。
128　前田庸『会社法入門（第12版）』（有斐閣、2009）445頁。

第 3 節 　日本における株主代表訴訟の和解制度およびその問題点　　*227*

まず、（株主が提起した代表訴訟と会社が提起した訴訟の両方を含む）取締役等役員の責任を追及する訴訟につき、全株主の同意を要することなく、原告と被告取締役等の間で再訴禁止の効力のある訴訟上の和解をすることができる（会社法850条4項）。ただし、剰余金の配当に関して分配可能額を超える金銭等の交付をした場合の特別な責任（同法462条1項）[129]に関しては、分配可能額を超える部分につき、かかる和解をすることができない（同法850条4項）。次に、原告と被告との馴れ合いにより不当に被告取締役等に有利な内容でなされる和解を防止するための仕組みについては、平成13年改正商法における規律と同様に、事前的措置として①訴え提起の公告または株主への通知の制度（同法849条4項5項・976条2号）、②会社が和解の当事者でない場合における和解内容の会社への通知・会社の異議の制度（同法850条2項3項・386条2項2号・399条の7第5項2号・408条5項2号）、それに事後的な救済措置として③原告と被告と共謀して訴訟物である会社の権利を害する目的で訴訟上の和解が行われたときは、再審事由にあたる瑕疵（同法853条1項）として、和解の無効原因となる[130]という規律が利用可能である。そのうち、事前の防止措置について、①は原告以外の株主に予め訴訟に参加して不当な訴訟上の和解を阻止する機会を提供するという意義を有しており、予め訴訟に参加した株主がいる場合には当該株主の同意のないまま原告株主と被告取締役等との和解合意のみでは再訴禁止の効力のある株主代表訴訟の和解が成立できない。他方で、②は和解に再訴禁止の効力が生ずるための要件であるため、会社が当該和解の内容に関する通知を受けて2週間以内に書面をもって異議を述べたときは、原告株主と被告取締役等がその内容で和解しても[131]、かかる和解は訴訟終了の効力しか有さず、会社や他の株主が当該訴訟物につき再訴することを妨げない[132]。ただ、所定の期間内に異議がなければ、会社が当該訴訟上の和解に承認したものと

129　ここでいう「特別な責任」とは、すなわち全株主の同意によっても免除できない責任である（会社法462条3項本文参照）。

130　江頭憲治郎『株式会社法（第7版）』（有斐閣、2017）490頁。

131　会社が所定の期間内に異議を述べたときは、原告株主と被告取締役等とは訴訟上の和解することができず、判決を得るまで訴訟を続けるほかないことになるという見解もある。前田・前掲注（128）445頁。

　　しかしながら、意欲のない者に訴訟の係属を強いることは現実的ではなく、合理的でもないため、原告・被告の間の単なる互譲のような行為自体を禁止するよりも、かかる和解が当事者以外の者に対して再訴禁止の効力を有しないと解したほうが適切であろう。

132　奥島孝康＝落合誠一＝浜田道代編『新基本法コンメンタール　会社法3（第2版）』（日本評論社、2015）445頁〔山田泰弘〕。または、江頭・前掲注（130）501頁（注10）を参照。

みなされ（同法850条3項）、会社には確定判決と同一の効力が及ぶ（同法同条1項但書、民事訴訟法267条）。

　もっとも、会社が和解の当事者である場合の規律については、明文で定められていない。このような場合には会社が訴訟当事者として株主代表訴訟に参加した場合のほかに、利害関係人として和解に参加した場合も含まれると解されている[133]。なお、会社の株主代表訴訟への参加は、（原告側に）共同訴訟人として参加するか、または被告を補助するために補助参加するか、もしくは独立当事者として訴訟に参加するかという3つの形態がありうる[134]。以上のいずれの場合であっても、（会社を含む）当事者の自由な合意により、株主代表訴訟を（訴訟上の）和解というかたちで終了させることができると考えられる。

　以上のような規律の理論構造については、次のように理解することができる。すなわち、前述した①ないし③の事前または事後の手続的保障を用いて、株主代表訴訟の和解における原告株主の（会社の請求権に対する）管理処分権を補充する。言い換えれば、現行法は株主代表訴訟の和解の対象になるのは会社の請求権であることを前提として、当該会社に株主代表訴訟の和解に対する異議権を留保し、会社が和解の当事者であるときはともかく、そうでないときは提訴株主の和解権限を承認するかたちで、実質的に提訴株主に和解という手続処分の権限を認めている[135]。株主代表訴訟の和解に対するこのような規律には一定の合理性があると思われる。ただ、従来から多数の学説に指摘されてきたように、和解は事件の迅速な問題解決に役立つ反面、原告と被告との馴れ合いにより不公正な内容の和解がなされる可能性がある[136]。この問題に対応するには、右の理論構造を前提とすれば、会社の有する株主代表訴訟の和解に対する異議権の行使を実質的なものにするための措置が重要である。しかし、現行法にはそれを担保するための規定が必ずしもないようである。次は従来の学説を踏まえたうえで、現行法における問題点につき若干の検討を行う。

133　中島・前掲注（108）365頁、江頭・前掲注（130）501頁、高橋・前掲注（108）60頁。

134　中島・前掲注（108）361頁。または会社法849条1項を参照。

135　河野正憲「会社事件手続法の総論的考察——手続法からの分析」法律時報84巻4号（2012）14~15頁。

136　例えば、新谷勝「判批」金融商事判例1189頁（2004年）62頁等がある。

（2）現行法における問題点

会社法における株主代表訴訟の和解に関する規律における問題点について、学説は主に次のような点を指摘してきた。

第1は、株主代表訴訟の訴訟上の和解に関する規律と役員等の責任免除に関する規定との不均衡があるという問題である。具体的には、まず会社法では、役員の会社に対する責任の免除には全株主の同意が必要であり（会社法424条）、またかかる責任の一部を免除する場合にも、一連の手続を踏まなければならない（同法425条・426条・427条）と定められている[137]。それに対し、株主代表訴訟の訴訟上の和解に限っては、取締役等役員の責任免除に全株主の同意を要する規定の適用が除外されており、責任の軽減のための一連の手続を踏む必要がなく、株主総会の特別決議があっても認められない悪意または重過失による責任の軽減も可能である。次に、株主代表訴訟の和解によって実質的に免除される取締役等の責任の限度額がなく、脱法防止の規制（同法425条4項）[138]による制限を受けることもない。訴訟上の和解の場合に限り、役員の責任の免除がこれほど簡単にできることを正当化する理由が必ずしも明らかでない[139]ため、問題があると指摘される。

第2は、原告株主以外の株主の利益の保護の点から、訴訟提起時における株主への訴訟告知のみでは十分であるかである。現行法では、株主代表訴訟に関して、原告株主以外の株主が告知を受けるのは訴訟提起時のみである。会社が和解に参加したとき、または裁判所から和解の通知を受けたときは、当該和解の事実・内容につきは、株主全体に対して、訴訟提起時と同様に公告もしくは通知す

137　責任免除の方法およびその手続については、具体的に次のような3種類がある。第1は、株主総会決議による事後的な責任免除である。この場合は総会決議に際して責任原因となる事実や賠償額、限度額と算定根拠、免除の理由とその額を開示する必要がある。第2は、事前の定款の授権に基づき、取締役会の決議によって責任を免除する方法である。この方法により免除の決議をしたときは、遅滞なく株主に対して免除額等の情報および異議あれば一定期間内に述べるべき旨を通知または公告しなくてはならず、かつ当該期間内に総議決権の100分の3以上を有する株主が異議を述べたときは、免除はできない。第3は、定款の授権に基づき、任用契約で事前に責任を制限する方法であって、社外取締役等に限って認められ、かつ現実に責任が発生したときは、株主総会で所定の事項を開示する必要がある。

　　なお、第1の方法における株主総会への免責提案、第2の方法における株主総会への定款の免責規定の提案および取締役会決議による免責の決定には、監査役等の同意が必要であるとされている。

138　具体的には、責任免除後に退職慰労金等を受け取るときや新株予約権を行使・譲渡するときは、株主総会の承認が必要であるという措置である。

139　中島・前掲注（108）366~369、田中・前掲注（120）37頁。

230　第6章　株主代表訴訟の和解と裁判所の役割

ることが会社に義務付けられていない。そのため、株主代表訴訟の和解に際して原告株主以外の株主には訴訟参加の機会が十分に与えられておらず、他の株主の利益は和解によって害されない保障がないと指摘されている[140]。

　第3は、和解に対する会社の関与方法についてである。現行法では、会社が訴訟参加していない場合に、裁判所から和解の内容に関する通知を受けるのは、和解案の段階ではなく、和解内容が確定した段階である[141]。したがって、予め訴訟参加をした場合でない限り、会社は和解が確定する前段階で当事者として関与することができないため、原告株主と被告取締役等との馴れ合いまたは共謀により、会社の利益を害する和解が成立してしまう懸念があるという。

　最後に、株主代表訴訟の和解における会社の代表機関は、代表取締役（代表執行役）であるか、それとも監査役（監査等委員会・監査委員会で選定された監査等委員・監査委員）であるかは会社法上、必ずしも明確ではないことである。この点については、会社が係属中の代表訴訟に参加する場合と同様に考えるべきであろうが、会社の訴訟参加における会社の代表機関についても、見解が分かれているようである。すなわち、会社が原告側に共同訴訟参加をするときは会社自身による責任追及の訴えに異ならないため[142]、会社の代表機関は監査役（会社法386条2項1号）または監査等委員会・監査委員会から選定された監査等委員・監査委員（同法399条の7第1項2号・408条1項2号）になり、会社が被告側に補助参加するときはその代表機関が代表取締役または代表執行役になるという見解がある[143]。他方で、利害衝突の防止という観点から、原告側への共同訴訟参加と被告側への補助参加を区別せずに、監査役（監査等委員会・指名委員会等）設置会社では監査役（監査等委員・監査委員）が会社を代表して、それ以外の会社では原則として代表取締役（代表執行役）が会社を代表して訴訟追行にあたると解すべきであるという見解もある[144]。さらに、株主代表訴訟の（訴訟上の）和解の結果は実質的に

140　中島・前掲注（108）366頁、江頭・前掲注（130）490～491頁、高橋・前掲注（108）61頁。

141　高橋・前掲注（108）61頁。

142　中島・前掲注（108）363頁。

143　奥島ほか編・前掲注（132）441頁〔山田〕、新谷勝『会社訴訟・仮処分の実務』（民事法研究会、2007）337頁、小林秀之「コーポレート・ガバナンスと手続法的整備」小林秀之＝近藤光男『新しい代表訴訟』（弘文堂、2003）131～132頁。

144　中島・前掲注（108）363頁、高橋・前掲注（108）66頁、大杉謙一「株主代表訴訟の濫用への対処——担保提供・補助参加・訴訟委員会の諸制度について——」判例タイムズ1060号（2001）52頁、荒谷裕子「株主代表訴訟における会社の被告側への補助参加の可否」菅原菊志古稀記念『現

取締役等の任務懈怠責任の免除（軽減）になりうることを踏まえて考えると、会社法においてはかかる責任の一部免除に関して発案するのは取締役会であることに鑑みれば、取締役会は和解に関する異議申立権を有すると解する余地がまったくないとは言い切れない[145]。

（3）問題点に対するする若干の検討

　以下では、従来から指摘されてきたこれらの問題点について、学説における既存の議論を踏まえながら、若干の検討を試みたい。

　まず、現行会社法における株主代表訴訟の和解に関する規定の理論構造を踏まえて考えると、第1の問題点（責任免除に関する規定との不均衡）はすなわち、株主代表訴訟を和解によって終了させる権限を訴訟当事者に対して認める前提となる手続的保障は、（株主代表訴訟の和解がもたらしうる）取締役等の責任免除に要求されるそれと同程度のものであるといえるかという問題であると思われる。これについては、株主代表訴訟の（訴訟上の）和解の濫用による弊害を防ぐための措置がすでに会社法に取り入れられたため、株主代表訴訟の和解に限って取締役等の責任免除（軽減）に関する規定の適用を除外してよいという説明がありうる。すなわち、株主代表訴訟の和解が裁判所の監督下でなされ、その内容がチェックされることが期待できるものであろうし[146]、また訴訟提起に関する公告または株主への通知を会社に行わせたため、株主全員が訴訟係属の情報を得られ、原告の訴訟追行に問題があれば訴訟参加できるはずであり、さらに原告と被告との間に共謀の詐害意図があることを立証できれば再審請求もできるため、これらの措置は取締役等の責任免除（軽減）に関する法的手続の代わりに、株主代表訴訟の和解の健全性を担保しているという説明である[147]。しかし、この見解に対しては、裁

　　代企業法の理論』（信山社、1998）92頁、岩原紳作「株主代表訴訟の構造と会社の被告側への補助参加」竹内昭夫編『特別講義商法Ⅰ』（有斐閣、1995）233~234頁、株主代表訴訟研究会「株主代表訴訟に関する自民党の商法等改正試案骨子に対する意見」商事法務1471号（1994）10~11頁等。

145　奥島ほか編・前掲注（132）446頁〔山田〕。もっとも、既述のように、取締役会が株主総会への責任免除の提案、定款の免責規定の提案および取締役会決議による免責の決定を行うには、監査役等による同意が必要とされている。

146　岩原・前掲注（119）132頁。

147　太田誠一＝鳥飼重和＝片田哲也『コーポレート・ガバナンスの商法改正——株主代表訴訟の見直し』（商事法務、2002）160頁。

232　第6章　株主代表訴訟の和解と裁判所の役割

判所の監督については和解の内容に対する裁判所の関与が事実上の期待に過ぎず、原告と被告の両当事者が合意した和解を裁判所は拒否できるという規定がない以上、この期待は根拠のないものであるという指摘がある[148]。また、提訴時の株主への訴訟告知の機能についても、提訴時に訴訟参加しなかった株主が和解に賛成しない場合も考えられるため、訴訟参加しなかったからといって、その後の和解につき同意があったとみなされ拘束されると解するのは無理があるという見解がある[149]。

　この点については、以下のように考える。まず、取締役等の会社に対する責任の免除に全株主の同意を必要とする規定には単独株主権としての株主代表訴訟提起権を保護するという意味が含まれているため、株主の代表訴訟の和解権限を制限する方向へ働く必然性がないと考える。また、会社法上の責任の免除（軽減）の規定はかかる責任が実際存在していることを前提としているのに対し、和解の場合は被告の会社に対する責任があるかさえ不明である場面がほとんどで、特に被告取締役等の責任が否定される（原告が敗訴する）可能性が高いときは被告の責任の免除（軽減）にならないはずである。仮に被告取締役等の責任が認められる可能性があるとしても、株主代表訴訟の和解の（会社の利益からみた）公正性と合理性を担保できる手続的保障があれば、制度間の不均衡は必ずしも生じない。したがって、問題は現行法ではかかる和解の公正性・合理性に対する審査が必ずしも必要とされず、会社による関与がないまま、原告株主・被告取締役等の合意のみによって和解が容易に成立できるという点にあるのではないかと思われる。言い換えれば、現に存在する問題は原告・被告の合意による和解の公正性と合理性を確保し、馴れ合いによる和解から会社の利益を保護するための手続的保障が必ずしも不十分であるという点にある。当該問題を解決するには、民事調停法14条を準用して裁判所の監督権を根拠づけることが考えられるものの、和解のプロセスに裁判所がどの程度関与すべきかは必ずしも明らかにされていない[150]ため、問題の解決としては十分とはいえない。仮に裁判所に株主代表訴訟の和解の合理性・公正性を審査させる必要性があるとすれば、多くの学説が指摘してきたように、個々の解釈論だけでは十分ではなく、裁判所による和解承認の制度を正面か

148　中島・前掲注（108）369頁、田中・前掲注（120）37頁、岩原・前掲注（119）132頁。
149　田中・前掲注（120）37頁。
150　高橋・前掲注（109）80頁（注16）を参照。

第3節　日本における株主代表訴訟の和解制度およびその問題点　　*233*

ら採用する必要がある[151]のではないかと考える。

　次に、第2の問題点（株主への告知の不十分）については、現行法においては株主に対する和解内容の開示がないため、一般株主の利益に適した和解がなされる保障がないということはしばしば指摘される。この問題に対応するには、訴訟参加の機会を十分に保障するために和解案の内容および会社としての対応方針を事前に株主全体に知らしめる公告または通知の制度を設けるべきとする見解がある[152]。しかし、仮に和解に関する通知・公告を（会社に対して）要求するとすれば、実際の問題として、個々の株主への通知は大規模の会社においては費用的に必ずしも容易ではないこと、通知が公告的なものであっても後にそれを受けなかったとする争いが二次的に生じる可能性があること、さらにかかる通知には取締役や会社のレピュテーションの毀損をもたらしうるとして通知すること自体に難色が示されるときもあることを考慮しなければならない[153]。

　もっとも、このような通知・公告を要求する意義は、原告以外の株主に対して会社にとって公正な和解がなされるようそれを監督するために訴訟参加する機会を与えることにほかならない。しかし、仮に原告が勝訴判決を得られるとしても、（その利益が直接会社に帰属するため）さほどの利益を受けられない一般株主には訴訟に参加するインセンティブが必ずしもないという問題がある[154]。さらに、訴訟の目的に関して必ずしも十分な情報を有しない一般株主は仮に株主代表訴訟への参加を申立てても、それがそもそも認められない場面[155]——すなわち、かか

151　大杉謙一「会社事件手続法の総論的考察」法律時報84巻4号（2012）10頁、江頭・前掲注（130）490〜491頁（注31）、田中・前掲注（120）37頁、山田・前掲注（118）237頁、高橋・前掲注（109）79頁。

152　具体的には、和解に関する通知を会社のインターネット上のホームページに掲載しまたは日刊新聞紙で公告すること、あるいは事業報告に記載したり、定時株主総会で説明の機会を設けたりすることを通じて、一般株主の理解を求めることが必要であるという見解がある。高橋・前掲注（108）61〜62頁。
　　そのほかに、立法により和解に対する裁判所の監督を明確にし、和解内容の全株主への通知および商業登記簿に和解が成立したことを記載したうえで、他の株主による訴訟提起や訴訟参加がなければ一定の期間が経過した時点で和解の効力が発生するとする見解もある。山田・前掲注（118）237頁。

153　高橋・前掲注（109）79頁。

154　新谷勝『株主代表訴訟改正への課題』（中央経済社、2001）211頁は同様な見解を示した。

155　原告以外の株主から共同訴訟参加の申立てがあったとき、それが認められるか否かの判断は裁判所に委ねられている。かかる判断を下す際には、最高裁判所（最判平成14・1・22判例時報1777号151頁）は①参加の申出てがどのような意図に基づくか、②参加の申出てが遅きに失しないか、③参加を認めることによる訴訟遅延の程度や、反対に④参加を認めないことによる他の株

234 第6章 株主代表訴訟の和解と裁判所の役割

る訴訟参加が不当に訴訟手続を遅延させることになり、または裁判所に過大な事務負担を及ぼすことになる場面（会社法849条1項但書）——も考えられる。

　以上を踏まえて考えると、かかる通知・公告を株主代表訴訟の和解の必要条件とする必要性については、若干疑問を感じる。実際、株主代表訴訟の和解はあくまでも（個々の株主の権利ではなく）会社の権利についての和解であるため、仮に会社の和解に対する関与によって原告・被告の馴れ合いによる和解から会社の利益を保護することが可能であれば、その反射効を受ける株主の利益が害される危険はさほどないと思われる。会社に2回の通知・公告を要求することによるコストとそれがもたらしうるベネフィットを比較衡量すれば、株主代表訴訟の和解に関して、原告以外の株主の役割を詐害的な和解が生じたときに事後的に詐害再審の訴えを提起することができるという程度にとどめてよいのではないかと思われる。

　さらに、第3の問題（和解に対する会社の関与方法）に関しては、現行法では裁判所から会社への和解に関する通知および催告は、和解が確定した後となっているため、和解に対する会社の関与が不十分であるという問題への対策として、会社が訴訟当事者でない場合には、和解案の作成ないし交渉の段階において会社に対して独立当事者として訴訟に参加することを要請するための立法を提案した学説がある[156]。当該提案については、代表取締役（代表執行役）または監査役（監査等委員・監査委員）は会社の代表機関として訴訟に参加したからといって、被告からの独立性が保障されなければ、かかる訴訟参加が形式なものに過ぎず、馴れ合いによる和解を阻止する効果が疑わしいという反論がありうると思われる。

　もっとも、現行法では、会社が裁判所から通知された和解の内容につき異議を申立てれば、原告と被告との合意だけで再訴禁止の効力のある訴訟上の和解は成立できない。言い換えれば、会社を株主代表訴訟の和解に関与させるために、会社法は会社に当該和解に対する異議権を留保した。確かに会社に当該権限を効果的に行使させるには、裁判所は和解が確定した後ではなく、その前の和解案の段階において当該和解案の内容を会社に通知し、会社の意見表明を催告すべきであると思われる。しかし、（和解への関与に積極的でない）会社に株主代表訴訟の和解

　　主の不利益の程度はどのようなものであるかという4点の要素を考慮した。奥島ほか編・前掲注
　　（132）439頁〔山田〕、森田果「株主代表訴訟における株主による共同訴訟参加」法学教室262号
　　（2000）147頁を参照。
156　髙橋・前掲注（108）338頁、池田光宏＝永井裕之＝松田道別＝斉藤毅＝倉橋明彦「訴訟類型に
　　着目した訴訟運営——会社関係訴訟」判例タイムズ1107号（2003）28頁。

第3節　日本における株主代表訴訟の和解制度およびその問題点　　*235*

に関与させる方法を強制的に独立当事者として訴訟に参加させるという形へ変更すること自体に、どの程度の意義があるかについては疑問を禁じえない。それに対し、裁判所が和解案の段階において会社に対して和解の通知・催告を行うべきであるとしたうえで、会社の現に有している異議権を維持することを前提に、（被告取締役等から）一定の独立性のある会社の代表者（監査役または監査等委員・監査委員等）に対して当該和解案の有する公正性・合理性を調査したうえでその異議権を適切に行使することを要求するという対策は、より現実的で実効性のあるものではないかと思われる。

　最後の問題（訴訟上の和解における会社の代表機関）については、基本的に法解釈の問題であると考える。被告が取締役（設立時取締役）・執行役である場合[157]の代表訴訟の和解に関する通知の名宛人は（被告を除く）監査役または監査等委員・監査委員とされていること（会社法386条2項2号・399条の7第5項2号・408条5項2号）[158]に鑑みれば、和解当事者として参加する会社の代表機関および和解に関する異議を申立てる機関はそれと同様に、原則として監査役（監査等委員会・指名委員会等）設置会社は被告を除く監査役（監査等委員・監査委員）のいずれかになり[159]、監査役（監査等委員会・指名委員会等）設置会社以外の場合または監査役（監査等委員・監査委員）全員が被告とされたときは、通常の業務執行と同じく代表取締役（代表執行役）になるという見解が適切であると思われる[160]。

　以上の検討から、次の3点が明らかになった。すなわち①現行法には株主代表訴訟の和解に関して、原告・被告の合意による和解の公正性と合理性を確保し、馴れ合いによる和解から会社の利益を保護するための手続的保障が必ずしも十分とはいえないという問題があること、②当該問題に対応するために、立法論とし

157　それに対し、被告が発起人、設立時監査役、監査役、会計参与、会計監査人、株主権行使に関し利益供与を得た者、そして不公正な払込金額により株式・新株予約権を引き受けた者である場合は、会社の通常の業務執行と同様に、（代表）取締役（執行役）である。

158　それに対する説明としては、業務監査機関のある会社では、取締役・執行役が代表訴訟の被告となった場合に、訴訟物に関して処分等を実施する権限がその業務監査機関（監査役・監査委員）に分配されるという考え方がある。奥島ほか編・前掲注（132）445頁〔山田〕。

159　もっとも、既述のように、任務懈怠の責任の一部免除に関して発案するのは取締役会であることから、取締役会にも異議申立権を認める余地があると解せなくもない。ただ、監査役・監査等委員・監査委員の判断が優先されるため、取締役会の異議申立ては監査役等の判断の参考になるにとどまると解すべきであろう。奥島ほか編・前掲注（132）445~446頁〔山田〕。

160　これまでの実務においては、和解の当事者として株主代表訴訟に参加した会社の代表機関が監査役であった事例があれば、代表取締役であった事例もある。奥島ほか編・前掲注（132）447頁〔山田〕。

236　第6章　株主代表訴訟の和解と裁判所の役割

てかかる和解の公正性・合理性に対する審査を（裁判所に）行わせるという方法
が考えられること、および③当該審査のあり方については、会社の有している株
主代表訴訟の和解に対する異議権を維持しそれを実質的なものにすることを前提
に考えたほうが現実的であることである。

　もっとも、②および③は必ずしも①の問題点を解決するための唯一の方法では
ない。以下では本章における米国法に対する検討および従来の学説の提案を踏ま
えたうえで、立法論を含め、公正かつ合理的な代表訴訟の和解を確保するための
現実的かつ実効性のある対策を検討してみたい。

第4節　公正かつ合理的な和解を確保するための対策

　日本の株主代表訴訟は米国の株主代表訴訟と異なる訴訟構造を有している[161]も
のの、米国の学説において指摘されてきたその利害関係者間にある潜在的な利害
衝突の問題を同様に有する。米国と同様に、日本においても、株主代表訴訟の重
要な利害関係者である原告株主、原告側弁護士および被告取締役等は会社（全株
主）にとって公正かつ合理的な和解を行うインセンティブを有しないと考える。
その理由については具体的に次のようである。

　まず、日本において原告の訴訟代理人の弁護士は自らの報酬ではなく原告株
主・会社の最善の利益のために訴訟活動を行なうインセンティブを有することを
示す有力な証拠がない[162]。次に、実務においては勝訴または一部勝訴の場合のみ
ならず[163]、原告株主と被告取締役らの間に訴訟上の和解が成立し、被告が会社に
対して損害賠償金を支払う旨を約束した場合にも[164]、原告株主は会社に対してそ
の代理人弁護士の報酬の「相当な額」を請求することができる（会社法852条）。
さらに、被告取締役等の支払う和解金のほとんどが会社のコンプライアンス体制
の強化に充てられ、実質的に会社の被った損害の賠償に充当する金銭が僅かに過

161　本書第3章第2節を参照。

162　江頭・前掲注（130）491頁（注31）は、この問題を指摘した。

163　具体的な事例としては、神戸地判平成10・10・1判例時報1674号156頁、東京地判平成16・3・
　　22判例タイムズ1158号244頁、大阪地判平成22・7・14判例時報2093号138頁がある。

164　具体的な事例としては、東京高判平成12・4・27、金融・商事判例1095号21頁がある。なお、
　　本件については、釜田薫子「判批」商事法務1688号（2004）56頁、中村一彦「判批」判例タイム
　　ズ1065号（2001）124頁、堀口勝「判批」金融・商事判例1113号（2001）63頁がある。

第4節　公正かつ合理的な和解を確保するための対策　　*237*

ぎないという内容で和解に達した株主代表訴訟の事例[165]も存在しており、このようないわゆる「非金銭的な和解」がなされた場合であっても、「株主が勝訴した場合」に準じて原告側弁護士の報酬の会社による償還を認める余地があると解されている[166]。したがって、米国と同様、日本においても原告株主（原告側弁護士）と被告取締役等との間で会社（全株主）の最善の利益にならない、またはその利益を害するような和解が成立してしまう懸念があると考えられる[167]。

　この問題に対して、学説は次のような対策を提示してきた。すなわち、（ア）アメリカと同様に、株主代表訴訟の和解について裁判所の許可要件（承認）を付与する制度を採用し、かつ和解の拘束力を受ける他の株主に対する手続保障として、和解案の内容を通知・公告により全株主に知らせ、異議のある株主に対して訴訟参加を認めるべきであるという見解[168]、および（イ）当事者契約自由の原則から、和解そのものは当事者間の合意があれば足りると考え、裁判所の承認の代替措置として、和解案の段階から会社を独立当事者として訴訟に参加させることを立法化するほか、会社が当該和解案を一般株主に通知・公告すべきとし、異議のある株主に対してはそれを申立てる機会および事後的に詐害的な理由で和解の無効の訴えを提起する権限を与えるべきであるとする意見[169]である。右の2つの見解はいずれも立法論として問題の解決を図ろうとしたものであるが、裁判所の許可要件（承認）を必要とするかという点において意見が分かれている。

　まず、後者（イ）の見解については、その特徴は原告以外の株主および会社による訴訟参加を重視する点にあると考える。しかし、本章第3節2の（3）における「第2」および「第3」の問題点に対する検討からみたように、（米国法に関連して論じられてきた）株主代表訴訟の結果に対して株式の所有を通じて割合的で間接にしか影響を受けない一般株主には訴訟参加のインセンティブがないことは日本においても異ならない。また、会社が現に有している原告・被告間の和解に

165　例えば、平成15年12月2日東京地裁民事第8部において和解が成立した三菱自動車工業株主代表訴訟事件がある。本件和解条項には、会社は被告取締役等が支払うべきとされた金1億6000万円の和解金を活用してコンプライアンス基金を創設することが定められた。ただし、当該和解においては、訴訟費用が訴訟当事者各自の負担となっている。なお、当該和解の条項の詳細については、商事法務1683号（2003年）48頁を参照。

166　釜田・前掲注（18）393頁以下を参照。

167　中島・前掲注（108）369~371頁を参照。

168　中島・前掲注（108）371~372頁。

169　髙橋・前掲注（108）337~338頁。

238　第6章　株主代表訴訟の和解と裁判所の役割

対する異議権の行使を実質的なものにするための措置が採用しうることを前提と
するならば、会社に訴訟参加をさせなければならない理由が必ずしもないと思わ
れる[170]。次に、（ア）の見解については、訴訟当事者でない他の株主に対する和
解通知（公告）を強制することに賛成できないものの、会社にも通常あえて株主
代表訴訟の和解を阻止するインセンティブがないため、裁判所の許可要件（承
認）を法定化することによって公正かつ合理な代表訴訟の和解を確保し、裁判所
の後見的な監督を用いて会社の利益が原告・被告間の和解に害されないことを担
保するという方法は一定の実効性を有するのではないかと思われる[171]。もっと
も、原告株主と被告取締役との合意に基づく和解の有する公正性および合理性に
対する判断は最も重要な利害関係を有する会社によって行われるべきであり、裁
判所は会社の下した判断の妥当性のみにつき審査すべきであろう。

　日本法における株主代表訴訟の和解制度にある問題点およびその可能な対策に
対する以上のような検討を踏まえて、米国法における株主代表訴訟の和解に関す
る制定法・裁判所規則の規定および判例法からみた裁判所の承認の要件を参考に
して、立法論として次のような提案をしておきたい。

　①会社法850条2項の規定を次のように変更する。
　「前項に規定する場合において、裁判所は、株式会社に対し、和解提案の内容
を通知し、かつ、当該和解に対する異議の有無およびその理由を遅滞なく、書面
により述べるべき旨を催告しなければならない。」
　②会社法850条3項の規定を次のように変更する。
　「株式会社が前項所定の書面を提出しなかったとき、又はかかる書面において
述べた当該和解を承認した理由が著しく不十分であるときは、同項規定による通
知の内容で株主が和解することを承認しなかったものとみなす。」

　最後に、この立法論の趣旨およびその運用上の留意点を付け加えたい。

170　なお、異議を申立てた株主に事後的に詐害的な理由で和解の無効の訴えを提起する権限を与え
　　ることについては、現行法においてもそれができるため、別途それを定める必要がないのではな
　　いかと思われる。
171　ただ、（イ）の見解に対する検討と同様、一般株主の訴訟参加を促進するために、会社に対して
　　全株主への和解案の通知・公告を明文により要求することの実効性については、筆者はそれを疑
　　問視する。

第4節　公正かつ合理的な和解を確保するための対策　　*239*

　まず①の変更について、それは会社の現に有している（株主代表訴訟の和解に対
する）異議権を実質的なものにすることを目的とする。具体的には、提案の（変
更後の）会社法850条2項は、裁判所は訴訟当事者より和解案の提出を受けてか
ら、会社に対して当該和解案の内容を通知しかつ会社の有している異議権の行使
を催告すること、および会社（監査役・監査等委員・監査委員等）はかかる通知・催
告を受けてから、当該和解案の内容の合理性・公正性を調査したうえで、当該和
解を承認するか否かの判断を行い、かつその調査の内容および判断の結果を反映
した書面を裁判所に提出しなければならないことを規定する。なお、会社（監査
役・監査等委員・監査委員等）が和解案の内容を十分に調査することを可能にする
ために、また事案の複雑さにより訴訟資料等に基づき和解案の内容の合理性・公
正性を検討するに所要の時間も異なりうることに鑑みれば、会社が和解に関する
通知を受けてから2週間以内に書面をもって異議を述べるべきという現行法の規
定を、会社が「当該和解に対する異議の有無およびその理由を遅滞なく、書面に
より述べるべき」とした。

　次に②の変更については、その目的は裁判所に、会社（監査役・監査等委員・監
査委員等）の提出した意見書を踏まえたうえで、訴訟当事者の合意に基づき締結
した当該和解案の内容における合理性・公正性に対する会社の調査のプロセスの
公正性およびその調査に基づく判断の妥当性を審査せしめることにある。もっと
も、会社が調査に基づき、訴訟当事者の提示した和解案に一定の合理性・公正性
があると公正に判断してそれを承認した場合には、裁判所は基本的に当該和解を
認めるべきであろう。しかし、特に会社（監査役・監査等委員・監査委員等）と被告
取締役との間の特殊な関係により、何らの調査もせずに和解案を承認することも
考えられる。したがって、承認の理由についての説明が全くないときには、裁判
所は当該和解を認めるべきではないし、承認の理由についての説明がある場合に
も、裁判所はその判断の妥当性を審査したうえで、当該和解を調書に記載すべき
か否かの判断を下すべきであろう。

　なお、裁判所が会社の提出した承認の理由を審査する際に用いる基準について
は、米国判例法における裁判所の承認の要件を参考することが可能であろう。す
なわち、裁判所は、和解までの訴訟の進行状況および会社の提出した書面に基づ
き、原告側が勝訴する可能性や終局判決まで訴訟を継続させることが会社に与え
うる影響等を考慮して当該和解に一定の合理性があるかを判断し、会社（監査

役・監査等委員・監査委員等）は当該和解が実質的に会社（全株主）にもたらしうる利益を踏まえたうえで、社外の弁護士等の意見を求めたりして、またはその他の措置をとることによって当該和解案の内容に一定の公正性があることを慎重に確認してきたかを審査すべきであろう。

第5節　小　括

　株主代表訴訟の和解に関しては、それに関する明文の規定がなかった時代から数多くの議論が行われてきた。平成13年商法改正によって、株主代表訴訟において和解をすることができることを前提とする規定が設けられるようになってきたが、原告と被告との馴れ合いによる和解の弊害から会社（全株主）の利益を保護するためのルールが十分に構築されたとはいえない。日本においては、このような馴れ合いによる和解の問題は現時点で必ずしも現実化していないとも考えられるが、それは株主代表訴訟の和解制度における右の問題の存在を正当化することができない。既述のように現行法のもとでは会社（全株主）の利益にならないまたはそれを害するような株主代表訴訟の和解が生じる危険性があるため、早急に対応する措置を施す必要性があると思われる[172]。

　本章は、何故株主代表訴訟における馴れ合いによる和解を防止するための制度が必要であるかという素朴な問題意識を出発点とし、株主代表訴訟の和解に関しては裁判実務とともに理論的な研究も発達した米国に目を向けて、米国の制定法・裁判所規則における規定および判例の状況の両面から、米国における株主代表訴訟の和解に対する裁判所の承認の意義および承認の要件を検討してみた。しかし、米国の株主代表訴訟に関する規定および米国の裁判所で用いられている承認要件を直接に日本法に当てはめることができないと考える。

　米国における株主代表訴訟の和解に関する規律の理論構造はクラス・アクションの和解制度に根源をもつのに対し、日本においてはそもそもクラス・アクションの制度が存在しない。さらに米国と異なり、日本における株主代表訴訟の和解制度は会社に株主代表訴訟の和解に対する異議権を留保し、会社が提訴株主の和解権限を承認する形で、実質的に提訴株主に和解という手続処分の権限を認める

172　田中・前掲注（120）37頁は同様の見解を示した。

という理論構造を有すると理解することができる。この理論構造を維持することを前提とすれば、日本における株主代表訴訟の和解制度の健全化には会社の有する異議権を実質的ならしめるためのルールが必要であると考える。そこで、本章は、とりわけ米国の裁判所で用いられている和解に対する承認要件（特にそれらが果たしている実質的な機能）を参考に、立法論として、会社（監査役・監査等委員・監査委員等）に対して原告・被告により提出された和解案の内容における合理性・公正性を調査する義務を課したうえで、裁判所にかかる調査の相当性およびその判断の合理性を審査させることを内容とする制度改正の提案を試みた。

終わりに

　本書は日米の比較法的視点から、とりわけ提訴段階、係属段階および和解段階における株主代表訴訟の終了制度につき、各段階の制度・規定における問題点を再整理し、その問題点を解決するための可能な対策を模索してみた。その一応の成果は、以下のとおりにまとめることができよう。

　（1）第2章の検討を通じて、以下のことを明らかにした。日米両国における株主代表訴訟制度の沿革および株主代表訴訟の利用実態に関する実証研究に対する検討からみたように、日米では当該制度の有する機能および位置づけに対する考え方が、おおむね一致している。具体的には、株主代表訴訟は主に損害回復機能および任務懈怠抑止機能を有するが、前者の損害回復機能には一定の限界があり、事実上後者の任務懈怠抑止機能がその主な機能になっている。また、日本においても米国においても、当該制度はコーポレート・ガバナンスを構成する重要な仕組み（要素）の一つであると位置づけられている。しかし、米国においては従来から当該制度の2つの機能間の均衡をどのようにとるべきかという問題が重視されてきたのに対し、日本ではそれが問題視されてこなかったようである。それは、具体的な制度設計において、とりわけ提訴段階において会社の利益にならない、または会社の利益を害するような訴訟の提起が問題視されていないことに現れている。これは株主代表訴訟制度に潜在している原告株主（原告側弁護士）のインセンティブの問題とあいまって株主代表訴訟の濫用的または不適切な利用を阻止、早期に終了させることができない問題をもたらしうるため、株主代表訴訟の終了制度のあり方を検討するには株主代表訴訟の右の2つの機能間の均衡を考慮すべきであると考える。さらに、株主代表訴訟はコーポレート・ガバナンスを構成した仕組の一つに過ぎず、諸制度・規定の機能が互いに補完しているため、株主代表訴訟の終了に関する問題点の解決に向けて対策を検討する際には企業経営の健全性を確保するための他の制度や終了制度を構成する諸規定間の整合性および補完性も重視すべきであろう。

　（2）第3章はとりわけ提訴段階における株主代表訴訟の終了制度との関係で、日米では株主の代表訴訟提起権に如何なる制限を課しているかについて、両

国における株主代表訴訟の法構造および提訴段階の法的手続に対する検討から、次の2点を明らかにした。すなわち①日本の提訴請求制度は米国法のデマンド制度の有する機能、すなわち会社の最善の利益にそぐわない訴訟、または会社の利益を害する訴訟や嫌がらせ訴訟をスクリーンアウトする役割を果たせないため、米国のデマンド制度とは似て非なるものである。②日本において従来から議論され続けてきた「取締役の責任の範囲」の問題は日本の株主代表訴訟の法構造の不明確さのほか、その制度設計（いわば定型化された制度）にもよる。もっとも、提訴請求制度であれ、「取締役の責任の範囲」に対する限定であれ、株主の代表訴訟提訴権に一定の制限を課すという効果を有するため、後者の範囲の限定は前者の提訴請求制度の役割の不十分を補うための制度として一定の意義があると考えられる。しかし、かかる範囲の限定は（提訴請求制度が果たすべきと考えられる）会社の最善の利益にそぐわない訴訟を阻止するという機能を果たすことができないため、日本法には提訴請求制度の実効性の問題が依然として存在するといえる。

（3）従来の研究では株主の代表訴訟による会社経営への介入と経営者の経営上の裁量とのバランス（均衡）を図るために、提訴段階においては株主の代表訴訟提起権に一定の制限を課すべきことが指摘されているものの、それによって特に阻止すべき訴訟の類型化は必ずしも十分に行われなかった。本書第4章は訴訟提起の段階において制限すべき訴訟を濫用的訴訟および不適切な訴訟という2つに分類し、この分類の基準およびこれらの訴訟を提訴段階において阻止すべきであると考える理由を示した。さらに、日米においてこの2種類の訴訟を制限するために用いられた法的規制を比較・検討することによって、日本においてはとくに後者の不適切な訴訟を効果的に阻止するための措置がとられていない点に問題があることを明らかにした。第4章では、従来の学説において提示されてきた右の問題（第3章において指摘してきた問題点でもある）への対策を踏まえながら、裁判所が一定の審査を行ったうえで、不適切な訴訟を却下することには一定の合理性があるという考え方を示したうえで、かかる判決を下す際の裁判所の判断基準および当事者間の立証責任の分担について、検討を試みた。

（4）株主代表訴訟の係属中には、会社の株式交換等組織再編行為によって、原告株主がその意思にかかわらず、当該会社の株主たる地位を喪失したために、株主代表訴訟は終了せざるをえない場合がある。これは代表訴訟の原告株主に対して要求しているいわゆる株式継続所有の要件を貫徹することによる必然的な結

果ではあるが、実質的にみれば組織再編の前後に（完全親会社等の株式の所有を通じて）原告の会社における事業所有に変更がなかった場合およびかかる組織再編が株主代表訴訟逃れのために利用された場合には、問題があると言わざるをえない。この問題に対応するために、米国（とりわけデアウェア州）判例法および日本の会社法は株式継続所有の要件を原則としながらも、会社の組織再編行為により株主の資格を失った者に対して、一定の場合に例外として株主代表訴訟における原告適格を認めるという点において共通している。しかし、日米ではかかる例外が認められるために満たさなければならない要件が異なる。具体的には、米国判例法上のルールは実質的要件（「いわゆる詐欺の例外」および「単なる組織再編の例外」）を要求するのに対し、平成17年会社法制定時に新設された、株主でなくなった者の株主代表訴訟の追行を定めた会社法851条は形式的な要件しか定めていない。これは会社法851条の適用が容易回避できる問題および訴えの提起が株式交換等の前か後かで、原告適格の維持を認める余地の有無につき不合理といえるほど重大な差を生じさせてしまう問題をもたらした。平成26年会社法改正により、「旧株主による責任追及等の訴え」（会社法847条の２）が認められるようになったため、後者の問題は相当程度対応されたが、前者の問題は（会社法847条の２および851条の双方に）なお残っている。右の問題を解決するために、第５章は解釈論としてかかる組織再編に株主代表訴訟の回避の目的が明らかである場合に文言上の形式的要件が満たされなくても、適用を認めることを提言した。また、組織再編後の株主代表訴訟における原告適格の維持の問題は多重代表訴訟とも一定の関連性を有すると考えられるため、本章は両者の関係を明確にしたうえで、株主代表訴訟および多重代表訴訟のそれぞれに期待できる役割が異なりうるゆえに、多重代表訴訟が認められるとしても、組織再編後の株主代表訴訟における原告適格の維持の問題は必ずしも解消せず、多重代表訴訟は会社の組織再編行為により強制的に株主たる資格を失った者が従前の会社の被った損害に対する救済を求めるために利用可能な手段の１つになりうるに過ぎないという考え方を示した。

　（5）第6章は和解による株主代表訴訟の終了のあり方について検討した。まず、米国の学説を踏まえて米国において株主代表訴訟の和解を規律すべきとされた理由は通常の訴訟と異なり、株主代表訴訟における重要な利害関係者——原告株主（原告側弁護士）、被告取締役および会社——には会社（全株主）にとって公正かつ合理的な和解合意を締結するインセンティブがないため、会社（全株主）の

最善の利益にならない、またはその利益を損なうような馴れ合いによる和解の合意が締結される懸念があるという点にあることを明らかにした。次に、米国の制定法・裁判所規則における規定および判例の状況の両面から、米国における株主代表訴訟の和解に対する裁判所の承認の意義およびかかる承認の要件（特に裁判所の審査対象となる要素）を検討した結果、以下の2点を結論付けた。すなわち①馴れ合いによる和解を阻止するには、裁判所の後見的な審査のほかに、原告以外の株主の訴訟参加等による監督も一定の役割を果たしうると考えられるが、株主代表訴訟に対して弱い利害関係しか有しないこのような株主にはその役割を期待することができず、米国では、合理性・公正性のない株主代表訴訟の和解から会社の利益を保護するという役割は主に裁判所のかかる和解に対する承認制度に委ねられていること、②株主代表訴訟の和解の承認にあたって、ほとんどの裁判所は和解の合理性および公正性を審査しており、その審査の基準および具体的な審査内容は事案によって異なりうるものの、判例の状況および米国における学説の見解からみる限りでは、株主代表訴訟の和解の承認にあたって、裁判所は特に（ア）終局判決ではなく和解によって当該訴訟を終了させることにある合理性、（イ）和解合意の内容における会社にとっての公正性、および（ウ）和解交渉のプロセスにおける他の株主にとっての公正性という3点を注意深く審査している。株主代表訴訟の和解に関する米国法のルールは一定の参考意義を有すると考えるが、日本法に存在する問題点に直接に応用できるわけではない。そのため、本章は日本における株主代表訴訟の和解制度の成立前後の議論の状況を踏まえて、現行会社法における問題の所在を検討したうえで、日本において公正かつ合理的な株主代表訴訟の和解を確保するためにはどのような対策をとるべきかを模索してみた。結論としては、日本における株主代表訴訟の和解制度が有している理論構造——会社に株主代表訴訟の和解に対する異議権を留保し、会社が提訴株主の和解権限を承認するという手続的保障および詐害再審等の事後的な救済措置を前提として、実質的に提訴株主に和解という会社請求権の管理処分の権限を認めるという構造——を維持することを念頭に置き、会社の有しているこの異議権を実質的ならしめるために、米国の裁判所が用いている和解に対する承認の要件を参考に、立法論として、会社（監査役・監査等委員・監査委員等）に対して原告・被告により提出された和解案の内容における合理性・公正性を調査する義務を課し、かつ裁判所にかかる調査の相当性およびその判断の合理性を審査させることを内容

とする制度改正を提案した。

　本書の検討を通じて以上のような成果が得られたが、各部分の検討には不十分な点が少なからず存在することも認めねばならない。

　また、本書は主として実体法の面から、株主代表訴訟の終了にあたって、株主の代表訴訟提起権の適切な行使および会社の利益の保護をいかに確保すべきかについて検討を行った。株主代表訴訟は手続法としての重要性も高いことが明らかであり、例えば濫訴を防止するとともに健訴を促進するためには、訴訟手続の面から訴訟提起の前後において原告株主の会社の情報へのアクセスをどの範囲で認めるべきか、会社の早期の訴訟参加を積極的に要請すべきか等についても検討する余地があると考える。

　加えて、本書は基本的な問題意識との関係で検討の対象を、（世界範囲でみても）株主代表訴訟が最も頻繁に利用され、制度として最も熟している日本と米国に限定しているが、筆者は会社法規制の整備と発展が顕著な中国における株主代表訴訟の実践および制度の改善に、本研究を始めた頃から注目しており、また近年制定法において株主代表訴訟制度を明文化したイギリスおよびドイツの今後の動向にも強い関心を持っている。

　さらに株主代表訴訟制度に関連する近時の大きな動向は、平成26年6月20日に成立した改正会社法（法律第90号）において多重代表訴訟制度が創設されたことにほかないが、当該制度の立法化が実現されたことを受けて、従来より議論されてきた企業集団におけるコーポレート・ガバナンスのあり方を踏まえて、その健全かつ効果的な運用をどのように図るべきかは喫緊の課題になっている。

　これらを筆者の研鑽という課題も含めて、今後の検討課題としたい。

事項索引

アルファベット

ALI（American Law Institute、米国法律協会）·················· 25, 68, 108, 114, 218

Aronson 基準·················· 69, 130-135, 139

strike suits·················· 105-114, 154, 198

summary judgment·················· 156, 159

trail（正式事実審理）··· 25, 52, 69, 198, 211, 216

Zapata 基準／Zapata 判決··· 135-138, 148, 214, 215, 217, 219, 220

あ行

アジア諸国·························· 11, 18, 104

委任関係······························ 72, 88, 89

インセンティブ········· 5, 17, 39, 49, 50, 56, 95, 96, 99, 137, 154, 195, 198, 199, 201-204, 220, 233, 236-238, 243, 245

訴えの却下····· 122, 123, 138, 139, 143-148, 150, 175

エージェント······························ 63, 198

エクイティ·························· 156, 166, 213

親会社株主の保護··········· 45, 46, 48, 186, 190

か行

会社の代表····················· 72, 230, 234-235

株式交換等組織再編···· 152, 153, 155, 170, 174-193, 244

株式継続所有の原則（要件）······ 151-155, 161, 164, 165, 172-177, 179-182, 185, 188, 190, 193

株式所有の構造························· 3-6, 9

株主権の濫用············· 37, 114-118, 123-125

株主代表訴訟逃れ／株主代表訴訟の回避······ 173, 174, 179, 180, 184, 187, 188-190, 245

カリフォルニア州会社法··········· 107, 112, 113

監査委員··· 76, 140, 230, 234, 235, 239, 240, 241, 246

監査等委員······· 76, 140, 230, 234, 235, 239, 240, 241, 246

監査役······· 16, 36, 38, 39, 40, 42, 43, 48, 54, 55, 74, 76, 78, 87, 88, 93, 97, 98, 104, 140, 141, 143-149, 181, 182, 230, 234, 235, 239, 241, 246

旧株主による責任追及等の訴え····· 47, 191, 245

吸収合併····· 155, 156, 158, 160, 163, 174, 175, 179, 186

経営上の裁量権··············· 1, 11, 17, 18, 69, 93

経営判断（ビジネス・ジャッジメント）··· 26, 39, 52, 62, 64, 69, 70, 78, 79, 97, 130-139, 141, 142, 148, 209, 211, 212, 219

経営判断原則（ビジネス・ジャッジメント・ルール）··· 26, 32, 40, 41, 67, 69, 128, 129, 133, 134, 136, 138, 148

経済的合理性······························ 50, 95

継続的不正の法理（the continuing wrong doctrine）···························· 107

経路依存（path dependency）········· 3, 6, 9, 14

健全性確保···························· 54, 89

原告適格··· 18, 20, 22, 33, 41, 43-45, 47, 52, 105, 109-111, 114, 123, 124, 139, 140, 151-153, 155-156, 168, 172-194, 245

限定債務説········· 76, 82, 83, 86, 88, 89, 91, 92

行為時株式所有····· 26, 33, 52, 104-108, 110-114, 123, 153, 154, 161, 165, 168, 170

公共財································ 29, 31, 32

合理的な疑い··············· 128, 131, 132-134

コモンファンド···························· 200

クラス・アクション········ 24, 25, 28, 36, 72, 108, 124, 204-207, 214

さ行

再訴可能な訴え却下····················· 168, 207

再訴禁止の効力····················· 222, 227, 234

裁量棄却···························· 143-145

三角合併························ 163, 166, 167

収斂　機能的収斂·························· 7-9

　　　形式的収斂···························· 8, 9

　　　契約による収斂························· 8

　　　ハイブリッド・コンバージェンス···· 8, 9

昭和25年商法改正····················· 36, 37, 61

新設合併‥‥‥‥‥152, 156, 174, 175, 179, 191
信託関係‥‥‥‥‥‥‥‥‥‥‥‥24, 63-66
信託の法理‥‥‥‥‥63, 66, 67, 70, 79, 100
信認義務違反‥‥‥26, 33, 67 ,69, 70, 97, 107, 139,
　158, 160, 163, 211, 214, 216
実証研究‥‥‥‥23, 27, 28, 29, 35, 49-51, 54, 197,
　198, 201, 243
成功報酬‥‥‥‥‥‥‥‥‥‥‥‥‥‥‥199
制度間競争‥‥‥‥‥‥‥‥‥‥‥‥‥‥‥8
制度間の補完性‥‥‥‥‥‥‥‥‥3, 6-9, 14
責任の一部免除制度‥‥‥‥‥‥‥22, 40, 41
全債務説‥‥‥‥‥‥‥‥76, 80-83, 86, 92
訴訟参加‥‥‥‥‥22, 26, 37, 41, 53, 72, 73, 77
訴訟終了の効力‥‥‥‥‥‥‥‥‥‥‥227
訴訟上の和解‥‥‥23, 40, 223, 226, 227, 229, 234,
　235, 236, 243
訴訟提起の公告・通知‥‥‥‥‥‥‥22, 40
損害回復機能‥‥‥23, 33-35, 37, 41, 46-48, 50, 51,
　54-58, 102-104, 243

た行

対価の柔軟化‥‥‥‥‥‥‥‥‥‥‥‥178
多重代表訴訟‥‥‥20, 22, 44-48, 152, 153, 162,
　163, 185-187, 189, 190, 192, 194, 245, 247
担保提供‥‥‥‥41, 49, 52, 94, 105, 106, 111-114,
　120-122, 125, 140
代位訴訟性‥‥‥‥‥‥‥‥‥‥71, 72, 124
代表訴訟性‥‥‥‥‥‥‥‥‥‥71, 72, 124
直接訴訟‥‥‥‥‥‥‥‥‥‥24, 30, 31
提訴請求制度‥‥‥20, 61, 62, 76-79, 97, 100, 140-
　144, 150, 244
適切代表性‥‥‥‥26, 37, 42, 43, 52, 73, 105, 108-
　111, 114, 123-125, 150, 205
手続的保障‥‥‥‥‥‥‥‥228, 231, 232, 235
デマンド‥‥‥26, 61, 64, 67-70, 76, 79, 96, 97, 99,
　138, 141, 146, 150, 244
デマンドの無益性‥‥68, 127-130, 134, 135, 139,
　141, 164
デラウェア州一般会社法‥‥‥‥‥‥‥156
デラウェア州衡平裁判所規則‥‥‥‥‥‥130
特別（審査）委員会‥‥‥127, 137, 138, 146, 148
特別訴訟委員会‥‥‥26, 34, 35, 52, 76, 127, 135-
　139, 146, 148, 215, 219
取締役の責任の範囲‥‥‥19, 52, 61, 62, 67, 76, 79,
　80-95, 100, 244

取締役の地位に基づく責任‥‥‥‥‥82, 85-92
取引債務についての責任‥‥‥‥‥85-87, 89-92
取引債務包含説‥‥‥‥‥‥‥‥‥‥‥86

な行

馴れ合い訴訟‥‥‥‥‥‥‥‥‥‥‥‥78
馴れ合いによる和解‥‥‥19, 20, 195, 205, 208,
　232, 234, 235, 240, 246
二重代表訴訟‥‥‥‥134, 160, 162-165, 167-171,
　184, 185
ニューヨーク州事業会社法‥‥‥‥‥‥‥112
任務懈怠抑止‥‥17, 23, 33-35, 41, 45-48, 51, 54-
　58, 102-104, 187, 243

は行

法構造‥‥‥13, 14, 19, 53, 61, 62-67, 70-76, 79, 93,
　99, 101, 244
法定訴訟担当‥‥‥‥‥‥‥‥‥‥71, 87
100％減資‥‥‥‥‥‥‥‥‥‥‥‥‥179
不提訴判断‥‥‥‥78, 97, 98, 129, 141, 144-150
不提訴理由書制度‥‥‥22, 99, 140, 143, 148-150
不適切な訴訟‥‥‥‥19, 20, 56, 95, 101-104, 120,
　125, 138-150, 244
「分析と勧告」‥‥‥‥‥‥‥25, 33-35, 68, 108
平成 5 年商法改正‥‥‥‥‥‥‥37-39, 223, 224
平成13年商法改正‥‥‥39-42, 196, 221, 224-226,
　240
平成17年改正‥‥‥‥‥‥‥‥‥‥‥42-45
平成26年会社法改正‥‥‥22, 45-48, 184-187, 190-
　193, 245, 247
弁護士報酬‥‥‥‥‥‥‥‥‥‥50, 56, 200

ま行

モニタリング‥‥‥‥‥‥‥‥7, 30, 35, 51, 59
模範事業会社法‥‥‥‥‥‥‥112, 114, 125, 127

ら行

濫用的訴訟‥‥‥20, 53, 56, 101-105, 114-125, 150,
　244
濫用防止‥‥‥‥‥‥‥‥‥‥‥‥‥37, 40
利益相反‥‥‥‥‥‥‥109, 111, 198-200, 213
利益相反取引‥‥‥‥‥‥‥‥30, 31, 81, 86-90

事項索引　　251

利害関係……26, 45, 46, 111, 127, 129-132, 135-
　　139, 164, 179, 184, 188, 191, 192, 199, 213, 214,
　　215, 218, 220, 238, 246
連邦民事訴訟規則……24, 25, 65, 105, 108, 154,
　　161, 204-208

わ行

和解案／和解提案………206, 209, 211-213, 217,
　　219, 223, 224, 230, 233-235, 237-241, 246
和解の承認………………27, 206-221, 246

判例索引

〔最高裁判所〕

最判昭和45・6・24民集24巻6号625頁……37

最判昭和51・3・23金融・商事判例503号16頁
……………………………………………37

最判平成5・9・9民集47巻7号4814頁……37, 182

最判平成6・3・10資料版商事法務121号149
頁……………………………………………38

最判平成12・9・28金融・商事判例1105号16頁
…………………………………………117

最判平成14・1・22判例時報1777号151頁
…………………………………………233

最判平成21・3・10民集63巻3号361頁……84-86

〔高等裁判所〕

大阪高判昭和54・10・30高民集32巻2号214
頁、判例時報954号89頁………………83

東京高判平成5・3・30判例タイムズ823号
131頁………………………………………38

東京高決平成7・2・20判例タイムズ895号
252頁……………………………………121

名古屋高決平成7・3・8判例時報1531号134
頁……………………………………121, 122

名古屋高決平成7・11・15判例タイムズ892号
121頁……………………………39, 121, 122

東京高判平成8・12・11金融・商事判例1105号
23頁……………………………………117

大阪高決平成9・11・18判例時報1628号133頁
…………………………………………121

東京高判平成12・4・27金融・商事判例1095号
21頁……………………………………236

広島高判平成15・3・19裁判所ウェブサイト
…………………………………………115

名古屋高判平成15・4・23判例集未掲載LEX
/DB 28082302………………………172, 173

東京高判平成15・7・24判例時報1858号154頁
……………………………………44, 172

大阪高判平成19・2・8民集63巻3号381頁
…………………………………………85

仙台高判平成24・12・27判例時報2195号130頁
…………………………………………74, 93

東京高判平成26・4・24金融・商事判例1451号
8頁……………………………………77, 93

東京高判平成28・12・7金融・商事判例1510号
47頁……………………………………149

〔地方裁判所〕

東京地判昭和31・10・19判例時報95号21頁
…………………………………………84

大阪地判昭和38・8・20下民集14巻8号1585
頁、判例時報380号78頁………………83

東京地判昭和39・10・12下民集15巻10号2432
頁……………………………………37, 77

大阪地判昭和41・12・16下民集17巻11・12号
1237頁……………………………………77

大阪地中間判昭和57・5・25判例タイムズ487
号173頁……………………………………77

長崎地判平成3・2・19判例時報1393号138頁
…………………………………………115

東京地判平成4・8・11判例タイムズ797号
285頁……………………………………38

東京地判平成5・9・21判例時報1480号154頁
…………………………………………221

東京地決平成6・7・22判例時報1504号121頁
……………………………………121, 122

東京地決平成6・7・22判例時報1504号132頁
…………………………………………122

東京地決平成6・10・12資料版商事法務130号
99頁……………………………………122

東京地決平成6・11・30資料版商事法務131号
89頁……………………………………122

東京地判平成6・12・22判例時報1518号3頁
…………………………………………83

東京地決平成7・2・21資料版商事法務134号
93頁……………………………………122

長野地裁佐久支決平成7・9・20資料版商事
法務139号197頁…………………………122

名古屋地決平成7・9・22金融法務事情1437
号47頁……………………………………122

判例索引　253

東京地判平成 8 ・ 6 ・20判例時報1578号131頁
・・・・・・・・・・・・・・・・・・・・・・・・・・・・・・115
東京地決平成 8 ・ 6 ・26金融法務事情1457号
40頁・・・・・・・・・・・・・・・・・・・・・・・121, 122
大阪地決平成 8 ・ 8 ・28判例時報1597号137頁
・・・・・・・・・・・・・・・・・・・・・・・・・・・・・・122
大阪地決平成 8 ・11・14判例時報1597号137頁
・・・・・・・・・・・・・・・・・・・・・・・・・・・・・・122
岐阜地決平成 9 ・ 1 ・16資版版商事法務155号
148頁・・・・・・・・・・・・・・・・・・・・・・・・・・122
東京地決平成 9 ・ 5 ・30資版版商事法務159号
103頁・・・・・・・・・・・・・・・・・・・・・・・・・・122
神戸地判平成10・10・ 1 判例時報1674号156頁
・・・・・・・・・・・・・・・・・・・・・・・・・・・・・・236
東京地判平成10・12・ 7 判例時報1701号161頁
・・・・・・・・・・・・・・・・・・・・・・・・・・・・・・ 84
東京地決平成11・ 3 ・30資版版商事法務190号
240頁・・・・・・・・・・・・・・・・・・・・・・・・・・122
松山地判平成11・ 4 ・28判例タイムズ1046号
232頁・・・・・・・・・・・・・・・・・・・・・・・・・・117
大阪地判平成11・ 9 ・22判例時報1719号142頁
・・・・・・・・・・・・・・・・・・・・・・・74, 77, 84
東京地決平成12・ 4 ・ 3 判例時報1738号111頁
・・・・・・・・・・・・・・・・・・・・・・・・・・・・・・122
東京地決平成12・ 4 ・28（判例集未登載）〈第
一勧業銀行事件〉・・・・・・・・・・・・・・・・・・・122
東京地決平成12・ 4 ・28（判例集未登載）〈日
本興業銀行②事件〉・・・・・・・・・・・・・・・・・122
東京地決平成12・ 5 ・ 8 資料版商事法務203号
217頁・・・・・・・・・・・・・・・・・・・・・・・・・・122
東京地決平成12・ 5 ・25資料版商事法務207号
59頁・・・・・・・・・・・・・・・・・・・・・・・・・・・122
大阪地判平成12・ 5 ・31判例時報1742号141頁
・・・・・・・・・・・・・・・・・・・・・・・・・・・・・・ 77
大阪地判平成12・ 6 ・21判例時報1742号146頁
・・・・・・・・・・・・・・・・・・・・・・・・・・・・・・ 78
大阪地判平成12・ 9 ・20判例時報1721号 3 頁
・・・・・・・・・・・・・・・・・・・・40, 77, 222
東京地判平成13・ 3 ・29判例時報1750号40頁
・・・・・・・・・・・・・・・・・・・・・・・・・・・・・・118
東京地判平成13・ 3 ・29判例時報1748号171頁
・・・・・・・・・・・・・・・・・・・・・・・・・・・・・・172
名古屋地判平成14・ 8 ・ 8 判例時報1800号150
頁・・・・・・・・・・・・・・・・・・・・・・・172, 173
東京地判平成15・ 2 ・ 6 判例時報1812号143頁
・・・・・・・・・・・・・・・・・・・・・・・・・44, 172

東京地判平成16・ 3 ・22判例タイムズ1158号
244頁・・・・・・・・・・・・・・・・・・・・・・・・・・236
東京地判平成16・ 5 ・13判例時報1861号126頁
・・・・・・・・・・・・・・・・・・・・・・・・・・・・・・179
大阪地決平成16・12・22判例時報1892号108頁
・・・・・・・・・・・・・・・・・・・・・・・・・・・・・・ 78
大阪地判平成18・ 5 ・25民集63巻 3 号370頁
・・・・・・・・・・・・・・・・・・・・・・・・・・・・・・ 84
東京地判平成19・ 9 ・27判例時報1992号134頁
・・・・・・・・・・・・・・・・・・・・・・・・・・・・・・181
東京地判平成20・ 1 ・17判例時報2012号117頁
・・・・・・・・・・・・・・・・・・・・・・・・・・・・・・ 84
東京地判平成20・ 3 ・27判例時報2005号80頁
・・・・・・・・・・・・・・・・・・・・・・・・・・・・・・182
大阪地判平成22・ 7 ・14判例時報2093号138頁
・・・・・・・・・・・・・・・・・・・・・・・・・・・・・・236
東京地決平成24・ 7 ・27資料版商事法務347号
19頁・・・・・・・・・・・・・・・・・・・・・・・・・・・122
東京地決平成25・12・26金融・商事判例1451号
17頁・・・・・・・・・・・・・・・・・・・・・・・・・・・ 77

〔外国判例〕

Abbey v. Computer & Comm. Tech. Corp.,
457 A. 2d 368 (Del. Ch. 1983)・・・・・・・・・・・137
Arkansas Teacher Retirement System v.
Caiafa, 996 A. 2d 321 (Del. supr., 2010)
・・・・・・・・・・・・・・・・・・・・・・・・・・・・・・161
Arkansas Teacher Retirement System v.
Countrywide Financial Corp., 75 A. 3d 888
(Del. 2013)・・・・・・・・・・・・・・・・・・・・・・・162
Aronson v. Lewis, 473 A. 2d 805 (Del. 1984)
・・・・・・・・・・・・・・・・・・・・・・・・・・69, 130
Auerbach v. Bennett, 393 N.E. 2d 994 (N.Y
1979)・・・・・・・・・・・・・・・・・・・・・・・・・・135
Brady v. Calcote, 2005 WL 65535 (Tenn. Ct.
App. 2005)・・・・・・・・・・・・・・・・・・・・・・・137
Brehm v. Eisner, 746 A. 2d 244 (Del. 2000)
・・・・・・・・・・・・・・・・・・・・・・・・・・68, 130
California Pub. Employees' Ret. Sys. v.
Coulter, 2002 WL 31888343 (Del. Ch., 2002)
・・・・・・・・・・・・・・・・・・・・・・・・・・・・・・133
Carlton Investments v. TLC Beatrice
International Holdings, Inc., No. CIV. A.
13950, 1997 WL 305829 (Del. Ch. May 30,
1997)・・・・・・・・・・・・・・・・・・・・・・・136, 219

City of Detroit v. Grinnell Corp., 495 F. 2d 448 (C.A.N.Y. 1974) ……………………… 209

Delaware & Hudson Co. v. Albany & Susquehanna R. R. Co., 213 U.S. 435 (U.S. 1909) …………………………………… 125

Desimone v. Barrows, 924 A. 2d 908 (Del. Ch. 2007) ……………………………………… 135

Dodge v. Woolsey, 59 U. S. (18 How.) 331, 15 L. Ed. 401 (1855) ………………… 24, 64, 67

Feldman v. Cutaia, 951 A. 2d 727 (Del. 2008) ………………………………………………… 171

FLI Deep Marine LLC v. McKim, 2009 WL 1204363 (Del Ch Apr. 21, 2009) ……… 130

Fricke v. Daylin, Inc., 66 F.R.D. 90 (E.D.N.Y. 1975) ……………………………………… 212

Geer v. Cox, 292 F. Supp. 2d 1282 (D. Kan. 2003) ……………………………………… 133

Grobow v. Perot, 539 A. 2d 180 (Del. 1989) ………………………………………………… 132

Hawes v. Oakland, 104 U. S. 450 (1881) …… 24

In re Bank of New York Deriv. Litig., 320 F. 3D 291 (C. A. 2. 2003) ……………… 107

In re Extreme Networks, Inc. Shareholders Deriv. Litig., 573 F. Supp. 2 d 1228 (N.D. Cal. 2008) ……………………………… 107

In re KLA-Tencor Corp. Shareholder Derivative Litig., 2008 WL 2073936 (N.D. Cal. 2008) ………………………………… 138

In re MRV Communications, Inc., 2010 WL 1891717 (C.D. Cal. May 10, 2010) ……… 107

In re Oracle Sec. Litig., 829 F. Supp. 1176 (N.D. Cal. 1993) …………………………… 214

In re PSE & G Shareholder Litig., 173 N. J. 258 (2002) …………………………………… 129

In re Walt Disney Co. Derivative Litig., 825 A. 2d 275 (Del. Ch. 2003) …………… 132

In re Walt Disney Co. Derivative Litig., 906 A. 2d 27 (Del. 2006) ……………………… 133

Kramer v. Western Pac. Indus., 546 A. 2d 348 (Del. 1988) ……………………………… 158

Lambrecht v. O'Neal, 3 A. 3d 277 (Del. 2010) ………………………………… 168, 184

Lerner v. Allaire, 2003 WL 22326504 (D. Conn. Sept. 30, 2003) ……………………… 108

Levine v. Smith, 591 A. 2d 194 (Del. 1991) ………………………………………………… 130

Lewis v. Anderson, 477 A. 2d 1040 (Del.

1984) …………………………………… 154, 184

Lewis v. Hirsch, Fed. Sec. L. Rep. P98382, 1994 WL 263551 (Del. Ch. June 1, 1994) ……………………………………………… 211

Lewis v. Ward, 2003 WL 22461894 (Del. Ch., 2003) …………………………………… 166, 168

Lewis v. Ward, 852 A. 2d 896 (Del. 2004) ……………………………………………… 166, 184

Madvig v. Gaither, 461 F. Supp. 2 d 398 (W.D. N.C. 2006) ……………………………… 138

MAXXAM, Inc. Federated Dev. S'holders Litig., 659 A. 2d 760 (Del. Ch. 1995) …… 216

Mills v. Esmark, Inc., 91 F.R.D. 70 (N.D. Ill. 1981) ……………………………………… 126

Mozes ex rel. General Elec. Co. v. Welch, 638 F. Supp. 215 (D. Conn. 1986) ………… 127

Off v. Ross, 2008 WL 5053448 (Del. Ch. Nov. 26, 2008) ………………………………… 210

Pogostin v. Rice, 480 A. 2d 619 (Del. 1984) ………………………………………………… 131

Polk v. Good, 507 A. 2d 531 (Del. 1986) …… 209

Rales v. Blasband, 971 F. 2d 1034 (3d Cir. 1992) ……………………………… 163, 166, 184

Rales v. Blasband, 634 A. 2d 927 (Del. 1993) ……………………………………… 134, 164

Ritter v. Dollens, 2004 WL 1771597 (S.D. Ind. July 13, 2004) ………………………… 127

Robinson v. Smith, 3 Paige Ch. 222, 24 Am. Dec. 212 (N.Y. 1832) ……………………… 63

Spiegel v. Buntrock, 571 A. 2d 767 (Del. 1990) …………………………………… 70, 127

Stepak v. Addison, 20 F. 3d 398 (11th Cir. 1994) ……………………………………… 128

Scattered Corp. v. Chicago Stock Exchange, Inc., 701 A. 2d 70 (Del. 1997) ………… 130

Schreiber v. Carney, 447 A. 2d 17 (Del. Ch., 1982) ……………………………………… 159

Shilling v. Belcher, 582 F. 2d 995 (5th Cir. 1978) ……………………………………… 154

Sternberg v. O'Neil, 550 A. 2d 1105 (Del. 1988) ……………………………………… 164

Telxon Corp. v. Meyerson, 802 A. 2d 257 (Del. 2002) ……………………………… 133

Wolf v. Barkes, 348 F. 2d 994 (2d Cir. 1965) ………………………………………………… 218

Zapata Corp. v. Maldonado, 430 A. 2d 779 (Del. 1981) ……………… 69, 128, 135, 214

著者略歴

顧　丹丹（こ たんたん）

1985年　　中国河南省に生まれる
2006年　　華中師範大学外国語学部日本語学科卒業
2009年　　上海外国語大学国際貿易研究科修士課程修了
2010年　　首都大学東京社会科学研究科博士後期課程退学
同　年　　首都大学東京都市教養学部法学系助教
2014年　　法政大学ボアソナード記念現代法研究所客員研究員
2015年　　首都大学東京都市教養学部法学系准教授，現在に至る
　　　　　博士（法学）

株主代表訴訟の終了制度

2018年 3 月20日　初版第 1 刷発行

著　者　顧　　丹　　丹
発行者　阿　部　成　一

〒162-0041　東京都新宿区早稲田鶴巻町514
発行所　株式会社　成文堂
電話03（3203）9201代　FAX03（3203）9206
http://www.seibundoh.co.jp

製版・印刷　藤原印刷　　　　　　　　　　　　　　製本　佐抜製本
©2018　顧 丹丹　　　Printed in Japan
☆乱丁・落丁本はおとりかえいたします☆
ISBN978-4-7923-2713-2 C3032　　　　　検印省略

定価（本体5,800円＋税）